LA PUERTA de RETORNO

Rafael Torres Ortega

con

Claribel Hernández Colón

La puerta de retorno por Rafael Torres Ortega
con Claribel Hernández Colón
Publicado por Publicaciones Casa Creación
Una parte de Strang Communications Company
600 Rinehart Road
Lake Mary, Florida 32746
www.casacreacion.com

A menos que se indique lo contrario, todos los textos bíblicos
han sido tomados de la versión Reina-Valera,
de la *Santa Biblia*, revisión 1960. Usado con permiso.

Editado por *María del C. Fabbrí Rojas*

Diseño de portada por *Terry Clifton*

Diseño interior por *Grupo Nivel Uno Inc.*

ISBN: 1-59185-419-9 - Tapa rústica
ISBN: 1-59185-432-6 - Tapa dura

Impreso en los Estados Unidos de América

04 05 06 07 08 09 ❖ 9 8 7 6 5 4 3 2 1

Dedicatoria

Dedico este libro a mi amada esposa doña Iris. Mujer de la cual quedé prendado hace cincuenta años y a quien sigo amando como el primer día; y aún más porque ahora nos unen los lazos inquebrantables de una vida unidos. Juntos hemos compartido logros, fracasos, días largos y días plenos en los que nuestro corazón ha rebosado de gozo. Mujer con la cual he procreado cinco hermosos hijos que han llenado nuestro hogar de vida y felicidad haciéndonos sentir realizados. También para ellos va este legado que es el testimonio vivo de lo que el Dios que siempre le hemos predicado es capaz de hacer.

A mis nietos que son la prolongación de ellos mismos y de nosotros y a nuestra amada Iglesia de Cristo Defensores de la Fe de Bayamón, Puerto Rico, nuestra familia extendida. Ellos han sabido luchar a nuestro lado batallas de eternidad.

A todos mis hermanos y compañeros de milicia cristiana, a la Iglesia que ama a Cristo diseminada por todo el mundo y a aquellos que anhelan llegar al cielo, al que yo estoy ansioso por regresar. ¡En la lucha hasta el fin!

Rafael Torres Ortega

Agradecimientos
... Desde el escritorio pastoral ...

Agradezco desde lo más profundo de mi corazón:

A mi Señor y Salvador Jesucristo, porque escuchó mi clamor en la angustia y no me dejó perecer en la noche obscura de mi alma... Gracias Padre, por devolverme a mi padre... Te amo con toda mi vida.

A nuestra amada Iglesia de Cristo Defensores de la Fe de Bayamón, P.R. por los largos días de ayuno y oración que compartieron junto a mí. Por su fidelidad y compromiso con su Dios, por su amor y respaldo incondicional hacia mi padre, mi persona y mi familia. Saben que los amo con todo el corazón...

A la Junta de Gobierno de nuestra iglesia, por ser facilitadores; por su disposición y apoyo en todo lo que fuese necesario. Estoy profundamente agradecida de ustedes. Gracias.

A todos los Líderes de Grupo, por cumplir eficientemente su labor, aliviándome la carga. Gracias por dejarse usar tan hermosamente del Señor.

A nuestra secretaria (antes de mi padre, ahora mía, la heredé) la Sra. Iris Vázquez, por su eficiencia, efectividad y entrega constante. Por tu profesionalismo en todos los asuntos oficiales de la iglesia, y por tu cariño en todos los asuntos personales de nuestras vidas; Iris, te amamos y estamos muy agradecidos de ti.

A Lilliam Pérez, Ayudante Especial en Asuntos Generales de nuestra iglesia; por ser tan trabajadora, leal, dedicada, profesional, discreta y fiel. Lilliam, te amamos, ¡eres muy especial!

A todo el personal administrativo del Hospital Hnos. Meléndez, su presidente el Dr. Richard Machado y su esposa, médicos, enfermeras, personal de sala de emergencia e intensivo; por su esmerada atención, cuidado, cariño y dedicación.

A todo el personal del Hospital Health South en Miami, Florida. En donde nos recibieron como "exiliados" y con su cariño, dedicación, esfuerzo y entrega hacia todos sus pacientes, nos hicieron sentir lo más en "casa" posible.

Al Dr. Miguel Muñiz, internista destacado y médico de cabecera de mi padre. Estamos en deuda contigo, Doctor, te amamos.

Al Dr. David Khosner, afamado neurólogo de origen judío y sobre todo, mejor ser humano, por su capacidad y excelencia, nunca le olvidaremos.

Al Dr. Jaime Rosa, neurólogo puertorriqueño que al llegar de Miami examinó a mi padre y me dijo: "Tu papá es un milagro". Gracias por su esmerada atención.

A todos los pastores de Puerto Rico y de Estados Unidos que se comunicaron con nosotros en medio de la crisis, nos escribieron, nos visitaron y sobre todo, se comprometieron a cubrir a mi padre y a mi familia en oración, junto a sus congregaciones. ¡Mil gracias por su gesto de incalculable valor! Sabemos lo que vale un príncipe de Dios.

A nuestros hermanos de la Iglesia Católica de P.R., que levantaron clamor a favor de mi padre, por sus llamadas y sus cartas, mil gracias.

Al Senado de P.R. y sus honorables miembros, por su Resolución en sesión especial, y por su legítimo interés en la salud de mi padre. A todos, gracias.

A la Cámara de Representantes, por su Resolución Cameral y su deseo real por la pronta recuperación de mi padre. Por la visita de su presidente al hospital, Hon. Carlos Vizcarrondo Irizarry. A todos, gracias.

Al Honorable Alcalde de Bayamón, Ramón Luis Rivera, hijo y a su padre, por su disposición incondicional al ayudarnos en todo lo que fuese necesario; por su amistad e interés real hacia mi padre y mi familia, gracias.

A todos los medios de comunicación del país (prensa, radio, televisión) y a todos los reporteros y hombres anclas que se interesaron sobre lo acontecido a mi padre y tuvieron la deferencia de entrevistarnos. Muchas gracias.

A Víctor Vargas, fisiatra y Director Médico de la Clínica de Medicina Deportiva en P.R. y a todo su eficiente personal, por su trato tan especializado en favor de la recuperación de papi. Gracias. A doña Rosa María Cancel, por su tiempo, por su conocimiento y sobre todo, su amor y corazón depositado en lo que hace. Gracias doctora, gracias Mima, gracias Aleida. Les amamos.

A todos los amigos, ministros de la música, misioneros, hermanos y familiares que visitaron a mi padre en su estadía en el Hospital Health South de Miami. Gracias Orlando Pérez (aunque saliste llorando y hubo que darte terapia en el pasillo, dijiste presente). Gracias Pastor Nino González, por hacer un alto en tus vacaciones familiares en Miami, para pasar un tiempo con papi. Gracias Iván Rivera, Roberto Fortis, Pastor Rigoberto Carrión, hermana Noemí Morales, Lic. Pedro Cintrón y esposa, Roberto Tirado, Pastor William Carrión, Pastor Mario Marrero, Roberto Orellana y su esposa Waleska, al Dr. Carlos Ignacio Pesquera, Edison Misla Aldarondo, al Lic. José Alfredo Hernández Mayoral, al Evang. David García Madera, Evang. Maelo Rodríguez, Evangs. Eugenio y Raimundo Jiménez, al Hno. Luzunaris, al Representante Luis "Junior" Pérez, a la hermana Nilsa Collazo y Ana María —el Señor te dejó tu hermano por mucho tiempo— y al Comité de Actividades que presides por su labor incansable en todo aquello que se relacionó para construir el ascensor en la casa de mis padres. A todos le guardamos profundo respeto y agradecimiento.

Al Evangelista Yiye Ávila, por su visita inmediata al hospital y su oración de guerra e intercesión. Hoy sabemos que fue escuchada. Para usted nuestro respeto y cariño.

Al Pastor Teddy Ferrer y a su esposa, por su constante oración y súplica ante el Señor por la vida de papi. Por tu amistad de siempre y por tu palabra profética, gracias.

Al Pastor Andrés Rosa, la "vieja guardia" de mi padre. Por tu amistad, cariño y por tus correcciones tan "eternamente valiosas" en este libro para el capítulo del cielo. Mil gracias...

Al Lic. Rafael Hernández Colón, ex Gobernador de P.R., por su amistad sincera para con mi padre a través de los años. Gracias porque recién llegado de España, salió directamente del aeropuerto rumbo a la sala de intensivo del hospital para ver a mi padre, junto a su esposa doña Lila (qepd). Allí juntos oraron a favor de la salud de papi. ¡Usted sabe que le amamos!

Al Honorable Juez de Apelaciones Jorge Lucas Escribano, por su amistad, apoyo y respaldo, sobre todo a mi persona y ministerio. Gracias por su escudo y su lanza de escudero, siempre listos para defender. Le amamos.

A todo el personal de la editorial Casa Creación y Strang Communications. A su Directora Internacional, Tessie DeVore por recibirnos muy amablemente y sobre todo, a Lydia Morales, Coordinadora de Publicaciones, por todo su esfuerzo, dedicación y por su excelente labor de día a día junto a Claribel hasta la realización total de este proyecto. Lydia, muchas gracias, ¡Dios te bendiga siempre!

A Nilsa Collazo de Goveo por ser fiel representante de lo que es una intercesora y guerrera espiritual. Porque tu oración ha sido clave en más de una ocasión. Gracias, nuestra familia te ama y te distingue.

A las hermanas de oración de nuestra iglesia, por separar de su tiempo para ir a orar y ayunar en nuestra casa junto a mis padres por muchas semanas luego de que regresaron de Miami. Las amamos y les tenemos en alta estima.

A Carmen Sylvia, hermana amada de nuestra iglesia, gracias por tus tardes entregadas por espacio de cuatro meses, acompañándome fielmente como compañera terapista en la casa de los viejos. Fueron muchas las caras largas y los malos humores de papi a los que tuviste que sobreponerte. ¿Recuerdas cuando te veía llegar?... Mil gracias.

A nuestro amado hermano Melvin Ortiz por su constancia, su temperamento lleno de paz y por fielmente buscar a mi padre cada mañana y acompañarlo a sus terapias en Medicina Deportiva. Muchas gracias.

A Juanita, por permanecer junto a nuestra familia por los últimos treinta años, por ayudar y cuidar a mis padres. Gracias.

A todos los hermanos que les llevaban "gustitos" de comer a mis padres a nuestra casa a su regreso. A Jorge Caraballo (casi vitali-cio en la imprenta de nuestra iglesia) por su amor y fidelidad ha-cia nuestra familia, gracias... A Freddy Díaz, gracias por tu cariño y amistad, ¡por tu sentido del humor que en medio de la fatiga del camino nos ha sacado unas cuantas y buenas carcajadas! A ambos gracias... y por el pan calientito de La Cialeña.

Al hermano Jesús Sánchez, ¡único e inconfundible! Por su fideli-dad y su amor hacia mi padre por más de veinticinco años. Nues-tra amistad será hasta que la muerte nos separe.

A Enid Torres, por recomendarnos al Dr. Khosner, por el provi-dencial abrigo que tenías en tu guagua y que era de papi, por tus visitas, las flores y la 'comprita'.

A Laura Colón, por ser el contacto con el Dr. Miguel Muñiz y por el amor, ¡qué mucho lloramos!

A Jorge Negrón, gracias por alumbrarnos el camino y abrir paso para nosotros con el ruido de la sirena de tu auto "aquella noche" en nuestro viaje hacia el hospital.

A Daisy García, enfermera graduada y hermana de nuestra congre-gación, por toda tu gestión, aquella terrible noche y por todos los cuidados y atenciones que has tenido siempre para con mis padres.

A la hermana Griselle Baéz, por llevarnos a la casa editora Strang Communication, Casa Creación, por su oración y amor constante a favor de este proyecto, de mi persona, de mi familia y de Claribel... Gracias por tu intercesión continua, te amamos. Eres muy valiosa.

A Mary y Edwin Medina, por bendecirnos consiguiéndonos refu-gio para la "trulla de los Torres" en nuestras anheladas vacaciones en Orlando, Florida. Nunca les olvidaremos.

Al Sr. Agustín Palomo, por tomar de su tiempo para reunirse con nosotros y dialogar sobre nuestros planes para un libro. Gracias por sus sabias recomendaciones.

A Judith Collazo por ser la primera persona en recomendarnos la casa editora. Por tu amistad y todos tus consejos y por tus gestio-nes, lo sabes, silenciosas. Gracias.

A Dianne Collazo, por todo su trabajo de computadora, durante la primera etapa de montaje de este proyecto. Gracias por las largas horas frente a "la pantalla" y por las clases de computadora vía telefónica que le dabas a Clari en la segunda etapa de corrección de este libro. Te amamos y te agradecemos mucho.

A Migdalia Rodríguez "Kuky", por tu afán en resolver el "corre, corre del flopy", que no abría en ninguna computadora. Por tu amistad, tus palabras de aliento, y tu apoyo de siempre; aún en la distancia, gracias. ¡Eres especial!

A los Pastores Dámaris y René González, por toda su aportación tan valiosa a este proyecto en más de una forma. René, gracias por tu talento, tu sencillez, tu humildad y sobre todo, por tu corazón; nunca cambies, ¡te amamos!

A la familia Montañez por ser autores inéditos de una historia que Dios escribió hace mucho tiempo. Gracias por dejarse usar por el Señor; ¡su corona les espera! Les amamos.

Al Evangelista Luis de Jesús Ginestre, amigo querido y voz profética en tiempo de angustia. Cuando todo esto era un sueño, te sentaste en tu computadora y formaste el bosquejo inicial de lo que sería este libro ¡y escogiste su título! Por nuestra amistad inseparable... Gracias.

A Claribel, mi hermana por decisión. Qué mucho hemos vivido en veinte años, cómo hemos aprendido, por donde Dios nos lleva... ¡y lo que nos falta! Vienen tiempos buenos. ¿Cómo pagarte todo el amor y el compromiso? Tú conoces... El amor entre nosotras es recíproco, ¡hasta el fin!...

A mis hermanos... Cuando las palabras se extinguieron y sólo quedaba un amargo y doloroso sabor a soledad e incertidumbre, nos unimos como un solo hombre, y Dios cumplió. Sin ustedes no hubiese podido. Dorcas, tu lugar todavía te espera. Vanessa, creciste en la fe. Rafy, fuiste testigo del milagro. Roly, Dios no te dejó huérfano. A todos los amo, ¡sin ustedes no hubiese podido!

A Sheryl, mi hija amada de mi corazón, y a Daphne, mi sobrina "casi hija"; cuántas veces me preguntaban: "¿Por qué a abuelo?" Pero su amor superó aún su propio dolor y estuvieron "ahí".

A Fabián, mi hijo, que todavía escribe y expresa su mayor petición, "Dios restaura a mi abuelo por completo". Hijo, te amo profundamente. Recuerda tu llamado... ¡Te voy a ungir!

A Alfonso, mi sobrino querido, que no le importó pasar largas horas esperando para ver a su abuelo.

A Moisés Ortega, mi cuñado; tu abrazo llegó a tiempo, gracias por llorar conmigo y por amarme. También te amo, tú lo sabes.

A Nitza Ibarra, mi amada cuñada: mujer de oración, tus rodillas son poderosas para mover el trono de Dios...

A mi madre, Rosa Iris Padilla; ¡qué alto calibre de mujer posees y eres!... ¡Cuánto has dado por amor!... ¡Qué mucho amas a mi viejo! ¡Te amo, mami!

A mi esposo Ricardo, mi amado compañero de risas, llantos, soledades y alegrías. ¡Te amo, mi amor!... Me has dado tanto, me siento tan amada y protegida. Gracias...

A mi amado padre, Lic. Pastor Rafael Torres Ortega, por haberme engendrado, por darme el privilegio de tener un padre insuperable, que es un caballero, hombre sabio, amante y fiel esposo. Gracias papi, por presentarnos a Dios y dibujarlo con tu vida... Gracias, una vez más por enseñarnos con tu ejemplo los quilates que posees como hombre de Dios; ¡valiente guerrero! Sin esta experiencia que has vivido, tan dolorosa y gloriosa al mismo tiempo, este libro no existiría. Te amo con todo mi corazón...

A todos los que en una forma u otra, fueron partícipes anónimos de este drama real que vivimos... Gracias... Si por descuido, prisa u olvido no te incluí en estos agradecimientos, gracias... Si nunca nos conocimos y oraste por nosotros, gracias... Por tu sonrisa, por tu abrazo, por tu empatía, por ese identificarte, por tus gestos nobles, gracias... Recibe de parte de toda nuestra casa el cariño, el respeto, el amor en Cristo y el abrazo fraternal de una familia agradecida. ¡Nunca lo olvidaremos!... Hasta siempre...
En la lucha hasta el fin,

Iris Nanette Torres Padilla
Pastora General
Iglesia de Cristo Defensores de la Fe
Bayamón, Puerto Rico
defensores167@hotmail.com

CONTENIDO

Prólogo

Durante los años que se ha proclamado en Puerto Rico el Evangelio de Jesucristo, Dios ha honrado su Palabra, levantando hombres y mujeres que no se avergüenzan del Evangelio, porque saben que es "poder de Dios para salvación" (Ro 1:16).

Uno de esos hombres llamados por Dios lo es nuestro "compañero de milicia cristiana", Rafael Torres Ortega, abogado y pastor quien ejerció su ministerio por más de cuarenta años en la Iglesia de Cristo Defensores de la Fe, cuyo templo está situado en la Carretera Estatal 167 de Bayamón a Comerío.

Dieciocho años tenía yo cuando conocí a Jesús y me enamoré del Maestro. Ya para el año 1981, era abogado admitido al ejercicio de la profesión cuando por primera vez escuché el nombre del pastor Lic. Rafael Torres Ortega. El Rev. Félix Castro, quien ya partió para estar con el Señor, era mi mentor en aquellos días. Él nos expresó, y cito: "Por este hombre hay que orar, es uno de los profetas de Dios para este tiempo". Recibí una impresión tan grande en mi espíritu, que desde ese momento su nombre quedó grabado en mi mente para siempre.

Acto seguido, un día nos encontrábamos mi esposa Madeline y yo en nuestro hogar listos para salir hacia una actividad cuando Jorgito, nuestro hijo, que para esos días tenía siete años de edad, irrumpió en nuestra habitación preguntando: "Papi, ¿llamas tú o llamo yo?; quiero hablar con ese señor y darle mi vida a Cristo".

Él había estado observando la programación televisiva que transmitía el culto al Altísimo, plataforma que utilizaba el reverendo Torres para proclamar el mensaje de la cruz. Desde ese día en adelante, comencé a escuchar su programa mañanero "Encuentro" a través de la emisora Radio Redentor, y veía con regularidad sus programas televisivos. Quería saber y conocer más de cerca, quién era aquel hombre, que había logrado captar la atención e impactar el tierno corazón de un niño.

Ese hombre ha sido para mí un paradigma, un modelo a emular, una norma a seguir. El apóstol Pablo exclamó: "Sed imitadores de mí, así como yo de Cristo" (1 Co 11:1). El ejemplo del licenciado Torres Ortega ha demostrado claramente que se puede ser un abogado, un profesional estimado y al mismo tiempo vivir una vida comprometida con los postulados sagrados de la fe.

Su integridad y constancia en este particular no ha dejado la menor duda de que él si es "hombre de una sola pieza".

Por tratarse de un libro de género biográfico, conocerás más de él en estas páginas, que son el testimonio de una familia que decidió colocarse en las manos del Alfarero divino, para tomar la forma que el Reino de los cielos requiere. Aunque es de esperarse que el autor nos hable de sí mismo, notarás que la atención principal de la narrativa está dedicada a exaltar y a honrar el nombre del "Alfarero" y no al "vaso de barro".

Torres Ortega y su casa han vivido un proceso formativo colmado de luchas y fuegos para finalmente ser convertidos por la presencia divina en "barro fino". Como el siempre ha expresado: "Dios te saca del babote del pecado" y con un solo toque te limpia y te transforma en sal de la tierra; así poseemos la plasticidad que el barro necesita, para continuar siendo formados a su imagen misma cumpliendo su voluntad por medio de su espíritu y de su palabra.

Hace varios meses tuve el privilegio de reunirme con el pastor en su hogar. Allí compartimos los alimentos que nutren el cuerpo y hablamos varias horas de los asuntos del Reino que nutren el espíritu. Su reciente experiencia, en mayo del 2001, cuando llegó hasta "su misma presencia" es el testimonio escrito que posees en esta obra. Aprovechando la lección que estaba recibiendo de labios de un anciano del Señor, de un patriarca, le pregunté al pastor Torres Ortega qué tema le gustaría predicar si tuviese nuevamente la oportunidad de ocupar el púlpito. Sin vacilación me contestó: "Hablaría de Jesús, el Caballero de la cruz". Estoy convencido de que esta lectura bendecirá tu vida. Si conoces al Señor como tu personal Salvador ¡te gozarás! Si no le conoces, te aseguro que podrás tener, como bien recitaba el pastor, "un encuentro con Él".

Jorge Lucas Escribano Medina
Juez del Tribunal de Apelaciones
Lucasbiff@msn.com
San Juan P. R.

Con su amigo de siempre, en ese entonces Gobernador de Puerto Rico, Hon. Rafael Hernández Colón, en una visita a la Fortaleza.

Desde el escritorio de un amigo

El encuentro con la muerte y las incapacidades limitantes son lo que más ayuda al hombre a valorarse con el rigor más penetrante dentro de eso que llamamos amor propio. Tener un encuentro así y continuar la vida con serenidad, es gracia de Dios que nos permite enfrentar los años que nos quedan con perspectiva de eternidad. De los defectos humanos nadie está exento. Las experiencias que nos cuenta mi buen amigo Rafael Torres Ortega en este libro así lo demuestran. Reconocerlos ante Dios, quien sabemos los conoce mejor que nosotros y que es misericordioso, resulta más fácil que reconocerlos ante los hombres, pues nuestro orgullo —gran enemigo— se interpone y la misericordia de los hombres no se parece a la de Dios.

Contar con humildad lo que aquí cuenta Torres, es llevar la luz a quienes caminan en tinieblas. Este libro es una nueva aportación del pastor a su iglesia. Es la aportación de quien ha trascendido al ministerio del púlpito y de la pantalla de televisión y se encuentra en etapa superior en la jornada por la vida. Es la aportación de un pastor que ama a la iglesia que levantó y quiere iluminarla con visión de eternidad...

Rafael Hernández Colón
Ex Gobernador del Estado Libre Asociado de Puerto Rico

Prefacio

Cuando de imprevisto fui injertada por Dios para colaborar, embarcándome en este proyecto tan maravilloso, fui yo la más asombrada. Recordé a Pablo cuando se llamó a sí mismo "abortivo"; y comprendí una vez más que nuestro Dios es tan fiel y literal como para sacarnos del "muladar" y hacernos sentar con los príncipes de su pueblo.

Hablar del licenciado y pastor Rafael Torres Ortega, puede convertirse para mí en un asunto de parcialidad absoluta con una retórica cargada de preferencia y un juicio totalmente a su favor. ¿Por qué? Porque es alguien a quien respeto, admiro, conozco y sobre todo amo. Alguien que nos ha enseñado sobre el amor de Dios, sobre el amor propio, respetándonos como individuos pensantes sin perder nuestra dignidad de ser humano que, como él siempre ha repetido, "es inviolable"; porque fue y es mi mejor modelo de lo que debe ser un buen padre, esposo, amigo, ciudadano y pastor.

"Hombre de acero y de terciopelo", que como bien dijera Charles Stanley, es la imagen de lo que debe ser el hombre total en toda su perfección e imperfección. Su vida, ejemplo contradictorio, misterio indescifrable, enigmático, impenetrable ante la mirada inquisitiva y la percepción óptica de aquel que no logró traspasar su caparazón. De actitudes frías, calculadas, seco de entrada, con rostro de pocos amigos para quien le conoce de lejos. Intimidante para el que se acerca con doble agenda, y con una mística perceptiva conocedora de las reacciones humanas. Su elocuente silencio te puede dictar un discurso: "No te acerques, acércate, te acepto, te veo por dentro, eres bienvenido, puedes irte". Riguroso y de paso apresurado, sin medias tintas ni regodeos, con conductas nacidas de su anhelo por proteger su corazón; mecanismos de defensa para evitar "más" dolor. Todo característico de esas insuficiencias emocionales que a todos nos dejó la crianza y la niñez.

Su forma de amar no verbal, ni expresiva al tacto, hay que leerla... Las disciplinas autoimpuestas, chocaron en más de una ocasión con su receptor, dando así una falsa impresión de rudeza o lejanía. Solía caminar por los pasillos internos de las oficinas de la iglesia, con paso ligero y envuelto en mil cosas. Te pasaba por el lado como si fueras invisible, y yo le decía: "Pastor, ¿no me piensas saludar?" A lo que él respondía: "Para qué, hija, yo te saludé ayer", siendo causa de risa para todos nosotros que lo conocíamos y que estábamos dispuestos a cubrirle "sus cositas" con amor.

Durante los catorce años que fui pastoreada por él, tuve y tengo la bendición de estar íntimamente ligada a esta familia pastoral. Saborear los suculentos platos que cocina doña Iris era uno de los lujos de nuestra "soltería". Esa casa era dulce para los jóvenes. ¡Había piscina y comida caliente a toda hora! Allí se cocinaba para los amigos de Roly y Rafy, los primos, los nietos que hacían su primera parada luego de salir de la escuela; las muchachas que, aunque ya casadas, siempre daban su destapadita de ollas y cargaban con la "fiambrera", y como se dice en buen puertorriqueño, ¡también había para "los allegaos"! Compartí junto a ellos muchas Navidades (ya me incluían en los regalos debajo del arbolito), días de fiesta, barbacoas en la piscina, exagerando un poco hasta los cumpleaños de "Rambo" y cuanto "Quince" se celebraba en la casa de los Torres; ¡porque ellos todo lo celebran! ¡El que llega a su casa jamás pasa hambre! ¡Es un buen lugar para romper un ayuno! El Pastor no es de mucho comer, pero sí le gusta ver que los demás coman; así que mientras Juanita te ofrece de la sopa que hizo, doña Iris te sirve el plato del día y él te ofrece todo lo que encuentra, pan, bizcocho, frutas y por último, tenía la costumbre de abrir de par en par las puertas de la alacena de la "casa vieja" en el Barrio Pájaros, para que escogieras, ¡por si apetecías algo más! Luego el café, los postres, la sobremesa... ¡Se imaginarán que de allí se salía casi en ambulancia! Así es mi pastor, un ser muy "particular". Tenía una chaqueta roja –de sus favoritas– con unos botones dorados, en hilo, muy fina; se la regaló su hermana Ana. Siempre ha tenido muy buen gusto en su vestir. En ocasiones, estando yo en su casa, lo veíamos salir vestido de su cuarto rumbo a la iglesia antes que todos los demás, ¡con su chaqueta roja! Yo le decía: "Pastor, hoy estás bien tímido, bien discreto, te aseguro que nadie te va a notar, pasarás desapercibido". Se detenía y me miraba por sobre sus lentes con una media sonrisa, haciéndome entender que su personalidad excéntrica era incapaz de adjetivarse de ese modo. Desapercibido, jamás; porque a Torres Ortega, lo amas o ¡lo amas!

Al que sí conocían todos era al "Hombre del púlpito". Férreo guerrero contra las fuerzas del maligno, elocuente exponente de los principios eternos. Apasionado discípulo, entregado en amor por el Maestro y en quien volcaba su ser entero. Pulcro hasta lo sumo, tenía un detalle muy característico. Cuando oraba por ti, sentías la presencia del Espíritu Santo, el poder y el fuego, la imposición de sus manos con aceite mezclando con la fragancia varonil "del momento" que te impregnaba. Todavía no ha cambiado en eso, le gustan los buenos perfumes, los relojes y las sortijas grandes. Tenía una que le regalaron y la utilizó por mucho tiempo; solía decirme: "¡Esta sortija va a llevar a muchos al infierno!" Lo decía por aquello de las murmuraciones. ¡Usted sabe!

El que logra descubrir a este hombre, posee la seguridad de haber hallado el tesoro valioso que encierra su alma noble; el beneficio de su intelecto, los valores morales arraigados, la semilla que crece en buen terreno, el caudal de sabiduría y conocimiento que la vida le ha entregado como premio; y el privilegio de sentarse cerca de un hombre que es "amigo de Dios".

En su acero; comprometido, hombre de convicciones profundas, decidido y enérgico, íntegro, hombre de palabra y carácter. Constructivo y precavido. En fin, alguien en quien se puede confiar. Sensible, tierno, considerado, de ánimo alegre y afable, con buen sentido del humor, respetuoso, amoroso; observa la conducta de un caballero... y sabe escuchar.

Su nombre de pila, Rafael Torres Ortega. Nació en el Barrio

Nuevo de Bayamón Puerto Rico, donde vivió la mayor parte de su infancia, adolescencia y juventud. Siempre fue altruista; soñaba alto, quería llegar. Tenía dentro de sí una fuerza motora que lo impulsaba hacia adelante. Sin recursos, pero con anhelos; sin la meta clara, pero con horizontes fijos; con esfuerzo y dedicación, valorando lo poco como mucho y utilizando sus capacidades hasta lo sumo. Criado a la usanza antigua, su abuelo la cabeza rectora, y su amada abuela Eustaquia, la dulce y recia campesina puertorriqueña. Don Cristino, su abuelo, a pesar de no saber leer ni escribir, tenía el garbo; era refinado, muy creído de sí; características que adoptó nuestro pastor y que hasta hoy son visibles en su carácter. Todo era parte de un plan. Su familia natural no tenía recursos para mantener a la decena de hijos que procreó, además de ser el clásico de una familia disfuncional de las muchas que existían en nuestro país en medio del analfabetismo y que aún existen en la época de la tecnología. Sus hermanos y él fueron repartidos. Cada uno creció distante del otro en familias diferentes; y lo que en un tiempo para él fue motivo de un gran dolor, hoy le hace sentir privilegiado. Dios preparaba al siervo, al caudillo, así como Moisés cuando flotó río abajo hasta llegar a la casa del Faraón y crecer en las faldas de su hija; fue esto el aguijón que le impulsó a pelear, a luchar, a brillar, a valorar y querer ser alguien de provecho en esta vida... Dios es así. Se vale del quebranto para sacarnos lustre, y lo que puede ser el "menosprecio de esta vida" como lo llamó el profeta Ezequiel, se convierte en una gran promesa.

"Y en cuanto a tu nacimiento, el día que naciste no fue cortado tu ombligo, ni fuiste lavado con aguas para limpiarte, ni salado con sal, ni fuiste envuelto con fajas... sino que fuiste arrojado sobre la faz del campo ... Y yo pasé junto a ti ... y te dije: ¡Vive! Y te di juramento y entré en pacto contigo, dice Jehová el Señor y fuiste mío" (Ez 16:4-7).

Así como la cisterna, el destierro y la cárcel fueron para José su entrenamiento para gobernar, el Señor preparaba a aquel hombre, que mandaría y guiaría la gente a la guerra.

Un día terminaron sus estudios en el campo y llegó a la ciudad. Y así como recitó el gran poeta puertorriqueño Luis Lloréns Torres, partió hacia nuevos rumbos.

"...Cuando salí de Collores fue en una jaquita valla, por un sendero entre mallas arropas de cundiamores... adiós malezas y flores de la barranca del río y mis noches de bohío y aquella apacible calma y los viejos de mi alma y los hermanitos míos." ¡La torre de la Universidad le pareció un monumento, y el hambre de conocimiento inundaba sus sentidos!

"No recuerdo como fue, aquí la memoria pierdo, pero en mi oro de recuerdos, recuerdo que al fin llegué... La urbe, el teatro, el café, el parque, la acera..." (del poeta Lloréns Torres). Comenzó sus estudios. El leer era su fascinación. ¡El Quijote, Isla Cerrera, las clases de don Juan Ramón Jiménez, la época de oro de la Universidad de Puerto Rico y su teatro español, las conferencias de don Jaime Benítez! ¡Cuántas experiencias maravillosas! Luego, el Colegio de Leyes, la fascinación que sentía por el interrogatorio legal, el cultivo de la palabra, la retórica y el verbo flamante de los cuales siempre ha sido un amante asiduo.

¿Y Dios...? Al rescoldo, sin ser descubierto, muy bien protegido por su actitud religiosa. Entonces llegó su gran pasión, la política. ¡Anhelaba escalar! Asumió la posición de Secretario de la Juventud de un partido de importancia en el país. A esa afiliación destinó toda su credibilidad. Admiraba los hombres extraordinarios que la representaban y por esa causa estaba dispuesto a morir. Así como Saulo de Tarso, convencido y entregado totalmente a sus convicciones, respiraba ambición, hasta que "repentinamente le rodeó un resplandor de luz del cielo" (Hechos 9:3).

A sus 27 años contrajo matrimonio con una hermosa joven de Naranjito, doña Rosa Iris Torres Padilla, con la cual procreó cinco hermosos hijos que constituyen su tesoro más preciado. Mujer inteligente y capaz en todos los sentidos, madre y esposa abnegada, compañera idónea, doña Iris ha sabido tomar su lugar al lado del hombre que Dios escogió para Él y para ella. Han sido un matrimonio de cuarenta y seis felices años.

Políticamente activo e identificado totalmente con el partido de su preferencia, y fiel creyente de los postulados de la Iglesia Católica Apostólica y Romana, continuaba la vida sintiéndose totalmente encaminado hacia lo que debe ser el modelo perfecto de un hombre exitoso. Su carrera de abogado no podía estar mejor. Prosperidad financiera, fama profesional y metas para un futuro prometedor en el ámbito político. Entonces, llegó Dios..., y de eso se encargará de contarles mi amado pastor.

El pastor Torres Ortega es hoy el vivo reflejo de una vida entregada a Dios, con unos frutos visibles de cuarenta y cinco años en el ministerio, que ha alcanzado a más de una generación. Su misión, educar a un pueblo sobre los negocios del Reino, ya fuera en el templo, en la academia, y a través del canal de televisión que Dios le ha permitido obtener. Muchos han sido afectados por su ejemplo, siendo así mentor, pastor y padre espiritual de profetas, pastores, evangelistas y líderes. Digno representante de los valores cristianos.

"Como obrero que no tiene de qué avergonzarse, que usa bien la palabra de verdad" (2 Ti 2:15).

La periodista Mónica Gutiérrez en una ocasión escribió en un periódico local de nuestro país así: "Divina, terrenal, aguda, boricua, contagiosa es la chispa de Torres Ortega. No es casualidad que una congregación de más de cinco mil miembros, se reúnan semanalmente a escucharle. Así también que su programa radial mañanero y los programas del Canal tengan una audiencia respetable en el país. Torres Ortega, el reverendo, es sin que quepa la menor duda, un líder espiritual con características variadísimas, que del cielo a la tierra conforman un ser humano fascinante para conocer."

Con motivo de su instalación oficial como pastor principal de la congregación Iglesia de Cristo Defensores de la Fe, de la cual fue miembro activo y pastor asociado, el Rev. Melvin Torres escribió:

"Esta noche hablaremos del hombre que permanece, aquel hombre que definió Unamuno como el hombre de carne y hueso, el que nace, sufre y muere; el hombre que se ve y a quien se oye, el verdadero hermano. No hablaremos de la niñez y de la adolescencia que imprimieron a su espíritu la fuerza viril, el indomable carácter, el abnegado altruismo, el espíritu sensible y fino que le caracterizan. No hablaremos de sus luchas por sobreponerse a las limitaciones que la vida le impuso y que venció con esfuerzo titánico y heroico. No hablaremos del prominente abogado, que con verbo encendido e inspiradora oratoria defiende los eternos postulados de la justicia. Hablaremos de aquel hombre de carne y hueso, el que sufre y llora, el que ríe y goza, aquel que en medio de sus sueños de redención social le sorprendió el Evangelio y trocó la oratoria por la predicación. Dejó de lado la insignia de la colectividad política por el estandarte de la cruz. Aquel que renunció a la gloria humana, para aceptar gozoso el vituperio de Cristo, para seguir a Aquél que hace de los hombres ilustres, humildes servidores de sus hijos. Domésticamente, Dios le ha brindado la dicha de su abnegada esposa, que es corona de su honra y unos hijos que son bendición de la herencia divina. Socialmente goza de la estimación de la comunidad entera. Su estentórea risa refleja el gozo de la vida en Cristo, del deber cumplido. Su mirar melancólico refleja el dolor de un Dios que se duele de los yerros de su pueblo. Ha rehusado ser servido de los grandes para servir a los pequeños".

Era el 3 de marzo de 2002. Noche de grandes emociones. Lágrimas y gozo, abrazos, besos y salutaciones; amigos y familia. Todos unidos para presenciar un acto de cambio generacional, se pasaba el bastón, y con ello grandes promesas de Dios para un presente nuevo. Se llevó a cabo la toma de posesión de Iris Nanette Torres Padilla como pastora general de la Iglesia de Cristo Defensores de la Fe de Bayamón. Personalidades de la Rama Ejecutiva del gobierno del país, príncipes de Dios, hermanos y amigos todos, se dieron cita en aquel lugar, para presenciar lo que sería un acto histórico en el ámbito eclesiástico del país.

El alcalde de Bayamón, "La ciudad del milenio", honorable Ramón Luis Rivera hijo, dio la más cordial bienvenida a su pueblo y expresó: "Quisiera en estos momentos agradecer, a nombre de todos los residentes de Bayamón, a una persona que le sirvió, y yo sé que continuará sirviendo a esta ciudad. Alguien que hizo grandes cosas, y a quien me unen lazos de amistad profunda. Alguien por quien siento un gran aprecio, pero sobre todo, un gran respeto; no sólo lo considero el pastor de esta iglesia, lo considero mi amigo, el Reverendo don Rafael Torres Ortega."

El Lic. Rafael Hernández Colón, ex gobernador del Estado Libre Asociado de Puerto Rico, orador invitado para la ocasión nos dijo, y cito: "Ni Rafael Torres Ortega ni yo sabíamos, cuando estudiábamos derecho, que la vida nos depararía otros caminos que aquel para el cual nos preparábamos en el viejo almacén de la industria del tabaco en donde estaba ubicada la Escuela de Derecho de la Universidad de Puerto Rico para aquellos días. Pero el Señor de la historia tenía otros planes para nosotros. A mí me llamó a la política y al servicio público, a los cuales dediqué los mejores años de mi vida. A Rafael lo llamó al ministerio al cual le ha dedicado toda su vida. Así son las cosas de Dios. La obra ministerial de Rafael Torres Ortega ha impactado, no sólo a esta ciudad de Bayamón sino a todo Puerto Rico. Su figura tiene el respeto de todos los puertorriqueños, de todas las religiones y de todos los colores políticos. Hoy presenciamos un cambio generacional en este ministerio. Se traspasa el bastón de una generación a otra. Rafael y yo vivimos estos tiempos cuando comenzábamos en el ejercicio de nuestras profesiones de abogado en los años sesenta. Fue aquel el momento en que las generaciones anteriores nos traspasaron la antorcha para que cada cual en su lugar continuara guardando la fe de modo que cuando llegaran de nuevo los tiempos de cambio, pudiéramos entregarla intacta a las nuevas generaciones. La generación de Rafael y mía está terminando su tiempo; la nueva generación, la de Iris Nanette, está comenzando el suyo. Los de la nuestra podemos decir como Pablo: 'Hemos peleado la buena batalla, hemos acabado la carrera, hemos guardado la fe'".

El Rev. Dr. Ángel Marcial Estades, obispo nacional de las iglesias Mission Board de Puerto Rico, expresó: "'No fui rebelde a la visión celestial', decía el apóstol Pablo. Parece que Pablo le estaba diciendo a Agripa: 'El llamado de Dios es algo irresistible'. Cuando Dios llama, uno siente una voz poderosa que agita el alma y el espíritu. La gente que responde a los llamamientos es bendecida por el Señor. Y Dios prospera todo lo que tocan. Cuando hablamos de llamamientos, hablamos de gente comprometida con el Reino, con la proclamación del Evangelio, y sobre todo con el pueblo. Pastor, represento una nueva generación ministerial, pero cuando echamos un vistazo a la historia evangélica en Puerto Rico, ¡tenemos que mencionarlo a usted! Muchas gracias por su legado, muchas gracias por su vida, muchas gracias por su visión, muchas gracias por su dedicación, muchas gracias por su compromiso. Gracias pastor; Jehová te bendiga y te guarde, Jehová haga resplandecer su rostro sobre ti, y tengas paz".

El evangelista y profeta Luis de Jesús Ginestre comunicó a los presentes: "El pastor Torres Ortega nació y creció, se hizo abogado, soñó con ser un gran político, y Dios hoy lo llama "Patriarca", padre de muchos... Sus enseñanzas, su predicación y, sobre todo, su ejemplo de vida le han hecho convertirse en el modelo espiritual de tantos. Por más de cuarenta años ha cumplido el propósito de Dios, para la visión que Él le mostró. En ésta noche, así te dice el Señor:

'Entras en otra etapa, te subo a otro nivel. Serás pastor de pastores. Cumplirás tu misión, edificarás para Mí. No te irás hasta que hayas cumplido todo lo que he pensado para ti. Tu voz no se callará para siempre. Volverás a hablar con claridad y se te escuchará por lugares que jamás hayas soñado. En mi tiempo cumplo mi propósito. He puesto en tu corazón un mensaje, en tu boca un fuego y saldrás, y lo hablarás, y a muchos enseñarás, por lo que has visto escuchado y entendido'".

Como se dice en mi tierra, "Nada más con el testigo". La Biblia dice: "Alábete el extraño y no tu propia boca: el ajeno y no los labios tuyos" (Pr 27:2).

¡Qué maravilloso completar una etapa de tu vida con honra! Así le ha sucedido a nuestro amado pastor. Todos los que le conocemos tenemos mucho que decir, y miles de testimonios permanecen en el silencio de un corazón agradecido; registrados en el cielo, y todo ¡para la gloria de Dios!

Una vez más, Dios llama a este hombre..., el segundo llamado. Ahora para compartir con nosotros una experiencia que no es de este mundo. Incapaz de mentir, con la misma integridad y seriedad en cuanto a su fe que siempre le ha caracterizado, Torres Ortega nos relata lo que ha sido su vivencia en "La puerta de retorno".

Este dolor y esta gloria que le ha hecho morir y nacer nuevamente. Una segunda oportunidad para creer, testificar, aprender, crecer y también, ¿por qué no?, ¡cosechar con gozo el fruto de tanta siembra!

Claribel Hernández Colón
Biggirl1958@cs.com
Orlando, Florida

EDRIC E. VIVONI FARAGE
abogado-notario
mediador-certificado

HC-01 Buzón 3933
Adjuntas, Puerto Rico 00601

Tel. 829-9095
833-3207

6 Calle Pablo Casals Suite 2
Mayagüez, Puerto Rico 00680

1-800-759-1255
unidad 516-7692
vivoni@coqui.net

21 de mayo de 2001

Pastor Rafael Torres Ortega
Iglesia Defensores de la Fe
P.O.Box 310
Bayamón, P.R. 00960-310

Estimado Pastor y familia;

El lunes de la semana pasada compartimos en tu oficina. Sí, fue una de esas visitas que suelo hacerte una vez al año. Hablamos de la iglesia, del país, de la salud, de cosas muy serias y otras irrelevantes; hicimos nuestro comentario jocoso y nos despedimos. A la salida me cruzó por la mente los muchos años que has transmitido por Radio Redentor el programa Encuentro, el que usas para presentarle al pueblo al Caballero de la Cruz. No sabes las veces que en tantos de los viajes de Adjuntas a San Juan, Ponce, Mayagüez...Dios te usó para consolarme o encausarme. Conoces cuánto te aprecio y aunque a ti nunca te interesó el reconocimiento, son muchos los puertorriqueños, dentro y fuera de nuestras convicciones, a quienes le has enseñado el valor y la estatura del Evangelio. Lo demás son cuentos.

Ayer mi esposa Luchy me dijo que habías tenido un infarto y que estabas hospitalizado. Supongo que lo más prudente sea dejarte descansar; no sé cuan grave sea tu condición. Sólo elevé mi pensamiento a Dios por Doña Nilda y por los muchachos. Es posible que haya llegado el tiempo de que vayas al encuentro con Él y aunque sabemos que el cielo es tu destino, pensar en tu ausencia duele.

Todos tenemos una deuda de gratitud hacia Dios por habernos permitido tenerte entre nosotros durante tanto tiempo. Has sido de mucha bendición. A Él damos gracias por tu vida y a tu familia por haberte compartido con tantos de nosotros.

Dios los bendiga a todos ahora y siempre, hermano.

En Cristo Jesús;

Édric E. Vivoni Farage

Calle Comerío #234 Bayamón, P. R.
Apartado 7 Bayamón, Puerto Rico 00960
Teléfonos: 786-5626 & 786-7640
Fax: 786-1717

Entidades:
◻ Academia Discípulos de Cristo
◻ Égida Los Cántaros
◻ Hogar Fermandad de Oro
◻ Instituto Musical

Rvdo. Edwin Marrero, Pastor

En lo esencial, unidad,
en lo no esencial, libertad,
en todo; AMOR...

23 de mayo de 2001

Iglesia Defensores de La Fe Cristiana
Carr. 167
Bayamón, Puerto Rico

Amados hermanos en Cristo:

Reciban un saludo solidario de sus hermanos en la Iglesia Cristiana (Discípulos de Cristo) de Calle Comerío y del que suscribe, el Rvdo. Edwin Marrero Serrano, su Pastor.

La noticia de la enfermedad de vuestro pastor y mi "compañero de milicia cristiana", como él siempre expresa, nos ha entristecido profundamente. Estamos elevando oración al Señor por su pronta y total recuperación, sabiendo que Siervos de Dios como él son valiosos para el Reino.

Queremos ponernos a la completa disposición de ustedes en todo momento y circunstancia.

Confiamos en que el Dios que nos llama y nos sustenta, está al control de todo lo que ocurre en y a nuestra vida.

Reiteramos nuestra disponibilidad para lo que fuere menester y el compromiso de oración por que podamos verle en pie y sano, para gloria y honra del Señor.

En la confraternidad de Cristo,

Edwin Marrero Serrano
Pastor

EMS/mr

Rubén A. González Medina, c.m.f.

OBISPO DE CAGUAS

PO Box 8698
Caguas, Puerto Rico 00726-8698

Tels. (787) 747-5885
(787) 747-5787
Fax (787) 286-7656

25 de mayo de 2001

Sra. Iris de Torres Ortega
Apartado 635
Bayamón, P.R. 00960

Sra. Iris de Torres Ortega:
Paz en nombre del Señor Jesús.

Me he enterado por la prensa, de la condición delicada de salud de su Sr. esposo el Rvdo. Rafael Torres Ortega. Me uno a usted y a su familia, lo mismo que a su Iglesia en oración, para pedir al Buen Dios por su pronta recuperación. Si en algo les puedo ayudar o servir no dude en avisarme.

Sinceramente en Cristo Buen Pastor,

+Rubén A. González Medina/CMF
Obispo de Caguas

ESTADO LIBRE ASOCIADO DE PUERTO RICO
COMISION DE DERECHOS CIVILES

APARTADO 192338
SAN JUAN, PUERTO RICO 00919-2338
TEL. (787) 764-8686 FAX (787) 765-9360
1-800-981-4144

23 de mayo de 2001.

Rev. Rafael Torres Ortega
Carretera 167 Km. 18.9
Bayamón, Puerto Rico

Estimado Reverendo:

Reciba un cordial saludo de la Comisión de Derechos Civiles.

Recientemente nos enteramos por los medios noticiosos de su hospitalización.

Los Comisionados y el personal que labora en la Comisión de Derechos Civiles ruegan al Todopoderoso por su pronta recuperación y reincorporación a sus labores.

Cordialmente,

Lcdo. Antonio J. Bennazar Zequeira
Presidente

AJB/MAR/meq

Estado Libre Asociado de Puerto Rico
Cámara de Representantes

Hon. Víctor García San Inocencio
Representante por Acumulación

Portavoz
Partido Independentista Puertorriqueño

23 de mayo de 2001

Rvdo. Rafael Torres Ortega
Apartado 310
Bayamón, Puerto Rico 00960

Muy estimado pastor Torres Ortega:

Me he enterado a través de los medios sobre su condición de salud. Sabiendo que solo Dios puede hacer las cosas que el hombre no puede hacer, y valiéndome de ese privilegio inmenso de la oración, uno mi voz a la de todo el pueblo cristiano que clama al Todopoderoso por su pronto restablecimiento.

¡Que El Señor Jesús le bendiga y sostenga en esta hora de quebranto!

Fraternalmente,

Víctor García San Inocencio

VGSI/yo d/torres ortega

Estado Libre Asociado de Puerto Rico
El Capitolio
San Juan, Puerto Rico 00902

Sub - Secretaría

22 de mayo de 2001

Rvdo. Rafael Torres Ortega
Iglesia de Cristo
Defensores de la Fe
PO Box 663
Bayamón, Puerto Rico 00956

Estimado reverendo:

El Senado de Puerto Rico, en la Sesión del lunes, 21 de mayo de 2001, aprobó por unanimidad el siguiente acuerdo:

"El Senado de Puerto Rico le expresa un pronto restablecimiento al Reverendo Rafael Torres Ortega."

Este acuerdo surgió mediante moción presentada por la senadora Yasmín Mejías Lugo y suscrita por los demás señores Senadores.

Cordialmente,

José Ariel Nazario Álvarez
Secretario del Senado

dtl

Introducción

Distinguido lector:

Hoy, y a medida que te introduzcas en las páginas de este manuscrito, compartiremos juntos lo que ha sido mi vivencia; obviamente no te contaré mi vida, pero sí tendrás la oportunidad de conocer "la nueva", la segunda etapa de la misma. Por mandato de mi Dios, a quien sirvo y amo, comparto las páginas más profundas de mi corazón contigo, en la esperanza de que mis palabras puedan ser de ayuda, bendición e inspiración en el ascendente camino de la vida hacia el cielo.

¡Dios es maravilloso! A Él sea toda la gloria, y todo el honor vayan dirigido hacia Él. No busco gloria para mí mismo. "Gloria de hombres no recibo", —dijo Jesús— y añadió, "el que habla por su propia cuenta, su propia gloria busca; pero el que busca la gloria del que le envió, éste es verdadero y no hay en él injusticia" (Jn 5:41; 7:18).

Yo simplemente soy un hombre normal, común y corriente que Dios se plació un día en llamar, y que por su gracia, respondí

35

a su llamado. Envuelto en mi vida religiosa entre ritos, latín y obediencia absoluta; buen católico, buen esposo, buen padre, buen ciudadano, profesional exitoso. ¡Me pensaba casi perfecto! Mi conocimiento sobre la iglesia protestante era poco. En mi ignorancia siempre la consideré una subcultura plagada de herejes y manipuladores sin libre albedrío ni poder de decisión. Así crecí, y así pensaba aun en mi adultez, hasta que recién casado fui a vivir a una comunidad donde mis vecinos eran unos cristianos evangélicos.

En mi vida no existía una relación con el Dios del altar. Sólo había barreras de separación; entre Dios y yo estaba la religión. Aquellos vecinos fueron fundamentales en el plan de Dios para mi vida. Se pusieron a mis órdenes tan pronto llegué. Su estilo de vida era diferente, una sal de gozo, un cariño especial, comunicaban con respeto, jamás me impusieron sus creencias religiosas. Simplemente eran gente maravillosa.

Así pasó el tiempo entre bondades y matutinos, aquella música hermosa que yo escuchaba en la casa de mis vecinos para la época navideña. El 11 de julio de 1960 nació nuestra primera hija. Iris Nanette, quien a los seis meses de edad enfermó de pulmonía doble y requirió ser hospitalizada. En ese momento difícil, la familia Montañés, cuna de príncipes de Dios, doña Amalia, doña Beni y todos ellos se mostraron más amables que nunca; inclusive doña Beni ofreció quedarse con la niña regalándole así un poco de descanso a mi esposa. "¿Por qué? —me cuestioné—, sin poder entender el noble gesto a cambio de nada". "Licenciado, somos cristianos, la Biblia nos enseña a amar a nuestro prójimo; es nuestra obligación hacerlo." La niña se recuperó y muy pronto llegó la primera invitación.

—"Licenciado, quisiéramos llevar su niña al templo y presentarla al Señor"—. Siendo así, mi hija Nany fue la primera que llegó al templo Defensores de la Fe de la Calle Comerío en Bayamón. Segunda invitación: —"Licenciado, acompáñenos a la iglesia sin compromiso alguno"—. A causa de mi agradecimiento, no podía rehusar. Les acompañé al templo, ocupando la última banca en caso de que tuviese que salir de inmediato. Comenzaron a manifestarse mis pensamientos. El predicador de la noche era don Jaime Cardona, evangelista del Señor. La música era agradable a mis oídos, alegraba mi alma y cautivó mi espíritu. La dinámica y el

ambiente me resultaban muy familiares. En un momento determinado, el predicador se acercó a mí y me comunicó que luego del
servicio le gustaría hablar conmigo. Por respuesta recibió un ru-
do y poco deferente, "No... no puedo, no tengo tiempo, además no
voy a convertirme en nada". *"Huye el impío sin que nadie lo per-
siga, mas el justo está confiado como un león"* (Pr 28:1).
Por la insistencia me vi obligado a comprometerme para el
próximo día, cita que olvidé. Un anciano apareció a buscarme a mi
casa, emisario que envió el predicador. En camino hacia la iglesia
y abogado al fin, comencé a negociar con Dios: "No voy a dejar que
ese hombre me toque, dame evidencia de que todo lo que he visto
es cierto". Ya en la casa de don Lolo Castro, pastor de la iglesia para ese tiempo, me senté a distancia cuando se escuchó la voz de
Dios manifestada en profecía: "Tú me retaste a que te mostrara
que yo soy Dios; tú eres abogado y yo también, te voy a elegir, te
escojo para hacer en ti una gran obra". Sentí un poder sobrenatural que vino sobre mí, me paralicé; quería escapar, sin embargo no
podía moverme. Mi corazón comenzó a palpitar aceleradamente y
entonces dije: "No puedo, no tengo tiempo, además, yo me confieso y comulgo, soy católico". En ese momento sentí una mano que
penetró mi pecho, como abriendo mis costillas, sentí un dolor
profundo... "¿Me aceptas o me rechazas?", escuché una voz decir.
—¡No!— contesté enérgicamente. Esa mano continuó apretando
mi corazón tan fuertemente que finalmente grité: —"¡Sí, te acepto como mi Salvador!" Después, todo desapareció y caí de rodillas
humillado ante Él.
Así comenzó el trato de Dios conmigo, un hombre que resistía
su llamado. Para Dios no hay nada imposible. Cuatro meses más
tarde, renuncié a mis cargos en el partido político de la colectividad a la cual estaba afiliado. Luego de otros tratos más profundos
que se develan al leer este libro, renuncié a mi carrera de abogado
para convertirme en pastor. Mucho tiempo ha pasado desde entonces, y ahora te hablaré de otras cosas.
Quiero, estimado lector, que vivas junto a mí, aquí y ahora, la
sensación ilimitada de la eternidad; en ésta, la que fue mi experiencia, los lindes entre lo natural y lo sobrenatural se entrelazan.
En esta historia no añadiré ni quitaré absolutamente nada. Somos
criaturas de Dios, pero más aún aquellos que hemos nacido de
nuevo, somos sus hijos, seres espirituales que participamos del

misterio insondable de su gracia y de su salvación. Lo que para el mundo es locura y para los sabios herejía, para nosotros se ha constituido en la esperanza de vida eterna, ese cordero inmolado que quita el pecado del mundo y que por su sangre nos ofrece redención.

No te ofrezco nuevas revelaciones sino la vieja historia de la cruz, los clavos y la sangre; la vieja historia del hijo de un carpintero nacido de una joven virgen, sencilla, en la aldea de Belén. Mi base doctrinal está claramente expuesta junto a mi experiencia personal. He caminado junto a ese Dios por cuarenta y seis años y nunca antes lo había sentido ni conocido tan de cerca. Termino este breve introito, citando unas palabras del bien conocido predicador escocés George Matheson, quien era ciego y no hace mucho se marchó a casa con el Señor; él dijo: "Señor, nunca te he dado gracias por mi espina, millares de veces te he dado gracias por mis rosas, pero ni una sola vez por mi espina. He estado anhelando un mundo donde recibiría compensación por mi cruz; pero nunca pensé que mi cruz fuese una gloria presente. Enséñame la gloria de mi cruz, enséñame el valor de mi espina, enséñame que he ascendido a ti, por el sendero del dolor. Muéstrame que mis lágrimas han formado mi arco iris".

¡Dios te bendiga amado! Y es mi oración que a través de este relato, el mismo Señor te revele lo hermoso de sus misterios ocultos en medio del conflicto. Dios es capaz de sustentarnos y darnos la gracia para sobrellevar cualquier situación. Toda mi vida prediqué los argumentos verídicos del Evangelio de un Dios vivo. Hoy sostengo el mismo fundamento de mi fe, con un testimonio firme de un Dios que ha prometido ser fuerte cuando yo soy débil. ¡A Él sea la gloria!

Rafael Torres Ortega
defensores167@hotmail.com

El pastor Torres Ortega se dirige al pueblo en su forma
característica de buen orador, en un "Día de Humillación Nacional",
evento que realizó por varios años a través de toda la isla.

Capítulo 1

El día aquel de la noche aquella

Todo estaba bien. Era una hermosa mañana de un domingo de mayo. Los domingos tienen un sabor espccial, me saben a adoración. Las brisas suaves de mi tierra que tienen olor a isla, soplaban sobre los bambúes majestuosos y espigados de mi patio en medio de un ambiente cálido y tranquilo. La gallina con sus pollitos, como siempre, correteaba huyéndole al gallo celoso, que pretendía toda la atención aun a costa de la vida de los recién nacidos. Rambo, mi perro fiel desde hace más de veinte años, divagaba en su devenir rutinario marcando su territorio. Juanita, la hermana que vive con nosotros hace más de treinta años y que ha ayudado a mi esposa con la crianza de nuestros hijos más pequeños, caminaba por la casa con su paño en mano, limpiando todo lo que encontraba en el camino. Doña Iris, mi esposa, se regodeaba felizmente en su cocina como la reina del hogar disfrutando de su espacio y preparándome mi cafecito de las tres de la tarde. Mientras, yo observaba la cosecha de mi huerto casero —plátanos, guineos, guayabas, caimitos, gandules, carambolas, papaya— todos frutos de mi tierra que sembré junto a Sánchez, mi viejo y fiel amigo (quien ha sido diácono vitalicio de mi iglesia por los últimos veinte años) mi compañero, mi escudero. Así cortaba la grama, agradecido a Dios. Miré por un momento hacia el monte poblado de árboles y vi cerca del risco las casitas que se observan a distancia como entretejidas en medio de la naturaleza, el paisaje y las montañas. Disfruté de la hermosa vista, respiré hondo... El ruido de la cortadora de grama sonaba melódico. ¡El olor a café recién colado de doña Iris, mezclado con el olor a hierba fresca despertaban mis sentidos! El ambiente en general de mi hogar en su realidad, me provocaba gozo y satisfacción. Estaba entusiasmado con mis vacaciones familiares, faltaban pocos días y ya todo estaba listo; sería algo único, lo habíamos planificado por años y al fin lo lograríamos. Mis cinco hijos todos juntos, mis siete nietos, y mi amada esposa doña Iris partiríamos el próximo jueves hacia la ciudad de Orlando a disfrutar de unos días de asueto. ¡Qué bendición! Pero, Dios tenía otros planes. Cuán incierta puede ser la vida y cuán real se me hizo el verso que dice: "No te jactes del día de mañana porque no sabes qué dará de sí el día" (Pr 27:1). ¡Pero cuán seguros estamos en las manos de mi Señor! Había otro destino preparado para mí, un destino doloroso, pero lleno de bendición al mismo tiempo, lleno de aprendizaje. ¿Para quién?... Para todos.

No sucedió como lo soñé, mucho menos como lo planifiqué. "Del hombre son las disposiciones del corazón; mas de Jehová es la respuesta de la lengua" (Pr 16:1). Él tiene la última palabra.

A las seis y treinta de la tarde, me alisté para ir a la iglesia junto a mi esposa. Como siempre me tomé todo el tiempo del mundo en el baño, mi afeitada al ras, escogí mi ropa meticulosamente combinada, me peiné mis canas colocando cada cabello en su lugar y me perfumé como siempre suelo hacerlo, exageradamente. Mi esposa por su parte lucía hermosa. ¡Doña Iris, cuánto la amo! Eran las siete y treinta de la noche y el culto al Altísimo se levantaba como nuestro tributo al Dios vivo. La iglesia estaba hermosa, el brillo de la presencia de Dios se reflejaba en el rostro de mis hermanos y mis compañeros de milicia cristiana. El devocional se erigía como olor fragante y el pueblo subía la alabanza... En medio de esa efervescencia espiritual hablé al pueblo. Mi tono enfático y melancólico al mismo tiempo, describía mi sentir interior. Había una cuita oculta en mi voz, la nostalgia y la añoranza de los que extrañan el hogar eterno y el descanso que sólo te ofrece el abrazo de tu Señor. Al mismo tiempo me proyectaba enérgico, pujante, brioso, incitando al pueblo a seguir adelante, ¡siempre adelante! Mi hija Nany me escuchaba y mis palabras le parecían un discurso de despedida. Yo no lo entendía así; nadie lo sabía. Existía un misterio de Dios envuelto en aquel momento. Estaba cansado de los embates del camino, la fuerza de la guerra, y cuarenta y tres años de ministerio comenzaban a sentirse. En ese instante le dije a mi hija: "Canta Nany".

Caminando hacia mi silla en el altar sentí un pequeño vahído. Nada de cuidado. Tantas veces en estos años me he sentido desvanecer en el altar, que pensé como Sansón: "Esta vez saldré como las otras" (Jue 16:20) La iglesia cantaba: "Temprano yo te buscaré, de madrugada yo me acercaré a ti...". Todo comenzó a obscurecerse y como en una tenebrosa lobreguez me sentí desvanecer. "Mi alma te anhela y tiene sed para ver tu gloria y tu poder..." ¿Habría llegado el momento?... "Para ver tu gloria y tu poder." Lentamente salí del mundo natural. Mi último recuerdo es haberle repetido a mi hija: "Canta Nany, canta". "Mi socorro has sido Tú, en la sombra de tus alas yo reposaré..." De repente, me vi frente a una puerta de dos hojas gigantesca que se abrió ante mí. Entonces llegó Él. Tantas veces le había visto antes. Alto, fornido, valiente, anciano y guerrero. Era mi ángel, el que Dios me asignó hace mucho tiempo.

"¿No son todos espíritus ministradores, enviados para servicio a favor de los que serán herederos de la salvación?" (Heb 1:14). Cuántas veces me ha cubierto, me ha fortalecido y ha peleado batallas junto a mí y por mí. "Pues a sus ángeles mandará acerca de ti, que te guarden en todos tus caminos, en las manos te llevarán para que tu pie no tropiece en piedra" (Sal 91:11). Una vez más oí su potente voz, aquella que en años anteriores me decía: "Rafael", en esta ocasión me dijo: "Sígueme", y comenzó nuestra jornada. "He aquí yo envío mi ángel delante de ti para que te guarde en el camino y te introduzca en el lugar que yo he preparado" (Éx 23:20).

Hoy, y al comienzo de este libro, puedo relatar lo que sucedió mientras yo dejé de ser en mi cuerpo humano y fui llevado en una travesía en mi espíritu.

Hubo un caos total. Mi esposa, que había estado en el altar junto a mí al comienzo del culto, bajó hasta su oficina a resolver un caso de consejería de emergencia. Enviaron por ella, explicándole que aparentemente me había bajado el azúcar; he sido diabético por muchísimos años. Mi hija, al percatarse de lo que sucedía, ordenó suspender la programación televisiva y clamó a la audiencia por un médico. Mi hijo mayor Rafy estaba en su hogar mirando el culto a través de la televisión, y también notó que algo fuera de lo normal acontecía. Sin pensarlo dos veces salió en su automóvil hacia la iglesia. Entre tanto, me aplicaban los primeros auxilios. Doña Iris me dio lo usual, café con leche, bombón de menta, galletas, pero al darse cuenta de que yo no reaccionaba se preocupó. De repente, mi brazo derecho cayó sobre ella; entonces le gritó a Nany: "Es un derrame, es un derrame". Una enfermera de la iglesia me tomó una prueba de azúcar y estaba normal, la presión estaba altísima, mi mirada perdida y mi brazo derecho yacía totalmente relajado como si no fuese parte del cuerpo. En la desesperación trataron de incorporarme y mi pierna derecha no respondió. Cuatro varones de la iglesia, incluyendo a mi yerno Ricardo, me cargaron en la misma silla hasta mi oficina. Llamaron al número de emergencias médicas de mi país, que es el 911, y mientras esperaban, llegó mi hijo que desesperado le dijo a mi hija: "Nany, vamos a llevarnos a Papi". Ricardo, esposo de Nany, me tomó en brazos y me cargó hasta el automóvil. Rafy era el chofer, mi esposa a su lado y en el asiento posterior iba yo acostado sobre la falda de mi hija Iris Nanette.

Era el 20 de mayo de 2001, fecha que cambió mi vida radicalmente. Esa vida que Él me dio y que en ese instante, pendía de un hilo divino. Todo estaba suspendido en sus manos. La voluntad de mi Padre determinaría el futuro. ¿Y aquí en la tierra qué? La iglesia clamaba. Es lo único que puede hacerse cuando Dios ha tomado el control absoluto de una situación.

El automóvil se movía a velocidad vertiginosa, raudo y veloz hacia el hospital. Mientras, en el templo se escuchó la profecía. Dios habló a la iglesia y dijo: "Qué impide que yo me quede con el deseo de su corazón; treinta días de ayuno y oración". Así habló el Señor a la iglesia en labios de la hermana Dafne Linares.

Tantas veces en mi vida, repetí la frase con certeza en mi corazón y seguridad absoluta: "Nadie puede quitarle a Dios el privilegio de llamar a sus hijos, y estimada es a los ojos de Jehová la muerte de sus santos, pues se goza en recibirlos" (Sal 116:15).

Cuántas veces repetí mi deseo manifiesto de morir en el altar... Estaba a punto de cumplirse mi deseo, pero existen misterios... La luz intermitente del automóvil de Jorge Negrón, miembro de nuestra iglesia, nos abría camino en medio del tráfico. ¿Cómo puede todo cambiar tan de pronto? Apenas treinta minutos atrás estaba en control total de mi cuerpo, articulando, comunicando, y ahora, sólo Dios conocía el futuro.

Eran exactamente las ocho y cinco minutos de la noche cuando mi cabeza cayó rendida sobre el pecho de mi hija Iris Nanette que clamaba incesantemente por un milagro: "Padre, tú eres soberano, poderoso, dueño de la vida, bendito sea tu nombre, toma control de la situación. Papi, por favor despierta". Mi esposa por su parte glorificaba a Dios, reclamando las promesas de su Padre, perdida como en otro mundo. Mi hijo Rafy, envuelto en su mutismo, oprimía el acelerador con fuerza. Llegamos al hospital Hermanos Meléndez en Bayamón, en menos de diez minutos. Daysi García, enfermera graduada y miembro de nuestra iglesia, se había adelantado a nosotros, preparando el camino para nuestra llegada, ya que se desempeñaba como supervisora de enfermeras de esa institución. Trajeron rápidamente una camilla que me trasladó a una sala donde estabilizan enfermos graves que como dice el dicho: "El que entra no sale vivo para contarlo". Las enfermeras de turno hicieron lo propio, conforme al cuadro clínico que presentaba, me inyectaron un antiinflamatorio y me ordenaron una tomografía computarizada (CT Scan) como examen primario. A los veinte minutos se personó el Dr. Miguel Muñiz, médico internista, confirmando el diagnóstico: "Infarto hemorrágico cerebral, aumento de presión intracerebral y edema intracerebral"; parálisis de su extremidad superior e inferior derecho, asociado a una afasia sensorial y motora, secundaria a una crisis hipertensiva". Mi vista totalmente nublada y mi sistema respiratorio muy débil.

Entre tanto, los hermanos de la congregación comenzaban a acercarse a los predios de la iglesia, en su ansiedad de conocer algo sobre mi estado y manteniendo una comunión fuerte y una oración constante en sus corazones y en sus mentes a mi favor. Mis otros hijos fueron llegando al hospital, todos afectados por la crisis. Dorcas, Vanesa, Rolando; se miraban unos a otros, se abrazaban apoyándose en medio de un silencio asustadizo y de unas emociones reprimidas que no podían manifestar. En medio de cortinas, cubículos, ruidos de máquinas de examen, monitores, enfermeras que entraban y salían, médicos que consultaban, sueros y tubos de sangre, se desarrollaba una escena totalmente desconocida para nuestra familia.

Mientras tanto, yo me hallaba "totalmente feliz". Es como mejor puedo describirles lo que sentía. Mi caminar junto al ángel había comenzado. Yo delante y él detrás de mí. Yo vestido con una túnica blanca, descalzo, con una espada pequeña envainada en el lado derecho de mi cinto, y en mi cabeza una corona sencilla y dorada. Era joven, aproximadamente tendría de treinta a treinta y tres años de edad, con un vigor y con una fuerza que nada tienen que ver con esta tierra. Estaba lleno de vitalidad y pujanza. Me invadía un sentido de libertad que me hizo olvidar absolutamente todo lo que había quedado atrás.

No puedo decir lo mismo del ambiente que permeaba acá abajo, pero en medio de toda la crisis, se movía Dios. Nunca faltó palabra, ni profeta, ni aliento para mi casa y para la iglesia. Dos semanas antes de lo sucedido, Nany recibió la llamada de mi amigo Teddy Ferrer, profeta de Dios, quien le advertía que levantase una cadena de oración y ayuno con personas cercanas a ella. El Señor le había mostrado que se avecinaba un ataque fuerte a mi salud, le dijo que aunque sería quebrantado, Dios me levantaría. Mi hija fue obediente y así lo hizo. La semana siguiente llegó a mi oficina la hermana Goveo, sierva y profeta del Señor; quería ungirme la cabeza, el pecho y los pies. Hoy entiendo lo que Dios estaba protegiendo. "Porque no hará nada Jehová el Señor, sin que revele su secreto a sus siervos los profetas" (Am 3:7).

Ya en el hospital llegó nuevamente Nilsa Collazo de Goveo. Ella no había podido asistir al culto esa noche por razones de salud, ya que batalla incesantemente con una enfermedad que le diagnosticaron como terminal, ¡pero aún sigue viva! Le pidió a mi hija Nany que por favor le permitiera orar por mí y quería a la vez ungirme con aceite. Luego de cumplir su encomienda le dijo a mi hija Vanesa: "Voy a orar, si mañana me ves arreglada es que Dios lo va a levantar". Nilsa llegó al hospital un poco desaliñada por la prisa y por su estado, cosa que no es usual en ella. Al otro día reapareció, como decimos nosotros, "de punta en blanco".

Luego de ese suceso, me trasladaron a la unidad de cuidado intensivo, donde permanecí postrado por seis días en estado de gravedad absoluta. El jueves en la noche los médicos anunciaban que mi estado se complicaba con una "insuficiencia renal aguda" o sea, mis riñones dejaron de funcionar y por lo tanto mi sangre estaba totalmente ácida. Si mi cuerpo no reaccionaba, tendría que ser sometido a tratamiento de diálisis en el Hospital Auxilio Mutuo, donde me trasladarían de inmediato. La iglesia continuaba orando fielmente y continuaban con su ayuno de treinta días ordenado por el Señor. En medio de todo, mi hija Iris Nanette, angustiada, quería oír la voz de Dios. El grupo intercedía en el Aposento Alto de la iglesia, lugar que utilizamos precisamente para clamar sin tregua, para pelear batallas y conquistar victorias espirituales. La hermana Betty Moreno, movida por el Espíritu, comenzó una oración de guerra en el espíritu, donde reprendió el espíritu de la muerte. Mi hija en su rincón continuaba clamando. La hermana Vilma Pizarro se acercó a ella y usada por el Señor le dijo: "¿Qué quieres que haga, que lo sane? Lo sano ahora".

El próximo día en la mañana mi sistema urinario respondió normalmente y hasta el día de hoy mis riñones funcionan mejor que antes. El ácido de mi sangre desapareció totalmente. La creatinina, ingrediente que determina si el riñón esta funcionando bien, se estabilizó.

Y al sexto día desperté... Allí estaba en el hospital, mi estuche totalmente quebrantado, viviendo una crisis muy íntima y personal. Venía de estar en un lugar del que no hubiese querido regresar jamás. ¡Qué carga, qué peso tan enorme! Miraba mi cuerpo del cuál hacía sólo siete días tenía total control, y ahora era sólo un invitado de aquella carne y aquellos huesos que no podía manejar.

Sentía como si una tonelada de arena y piedras me mantuvieran inmóvil, mi boca parecía estar cosida, mis palabras solas viajaban por mi mente turbada como un mazo de pensamientos desorganizados que no lograban salir. Yo no sabía aún el diagnóstico médico, pero si tenía al Divino, sabía exactamente lo que me esperaba. Pero aun así mi carne se resistía a vivirlo. Éramos dos personas diferentes, el que yacía acostado en aquella cama y el que llegaba a morar en aquel cuerpo. Ahora comenzaría el forcejeo entre ambos. Trataba de librar mi batalla íntima, orando esperanzado en que el Señor se arrepintiera y volviese por mí en cualquier momento. ¡Si tan sólo pudiese explicarles a ellos que yo estaba feliz, bien, que no sufran si me voy! Pero no, ni siquiera podía desarrollar ese pensamiento en mi mente con claridad. Entonces lloraba, no podía comunicarme y mucho menos me podían comprender. Mi esposa me miraba desesperada, yo la conocía y no la conocía, mi familia angustiada esperaba reacciones y no existía forma posible en la cual pudiéramos entendernos. Era como si toda mi carne resistiera el regreso.

Los días transcurrieron lentos y mi espíritu se iba asentando. Mis hijos me visitaban fielmente, diariamente dos veces al día, que era todo lo permitido por el hospital. Cantaban himnos, leían la Biblia, me explicaban lo que había sucedido. Mi esposa pasaba largas horas junto a mi, masajeando mis débiles músculos, hablándome como si yo pudiese comprenderla y esperando el milagro total de mi sanidad. Yo; yo era un indefenso pedazo de carne que rebuscaban los médicos y las enfermeras, lleno de tubos, agujas y cables por todos lados que apenas podía decir, "¡Eeeeehh!".

Mi hija Nany llegaba todos los días y me saludaba: "Papi, yo soy Nany. Hoy es martes, 7 de junio de 2002, son las diez de la mañana y tu nombre es Rafael Torres Ortega y estás en la sala de intensivo del Hospital Hermanos Meléndez en Bayamón". Utilizaba una pizarra para escribirme las cosas y me daba las terapias que le había enseñado la fisiatra. Mis hijos y mi esposa esperaban ansiosos la salida hacia Miami, donde me llevarían a un hospital especializado en terapia física. El médico quiso retenerme unos días más, asegurándose así de que la hinchazón de mi cerebro, o sea el edema, cediera completamente. El miércoles antes de salir me efectuaron un examen de Imágenes por Resonancia Magnética (IRM o MRI en inglés) y un CT Scan. Había sangrado un poco más después de sufrir el derrame y había desarrollado un coágulo diminuto, pero al no haber hemorragia no significaba un problema mayor. Esperar, sólo restaba esperar.

La próxima sorpresa para todos era el asunto de abandonar la isla para trasladarnos a Miami donde continuaría la rehabilitación. Yo me resistía a dejar la isla. Los que me conocen de cerca saben de mi amor hacia mi patria, de mi chauvinismo y sobre todo, de mi amor a la iglesia, mi amada iglesia. ¡Cómo era posible que yo pudiera abandonarla!

El martes 12 de junio salimos rumbo al *Health South Hospital* en Miami. Sería transportado en una ambulancia aérea, tipo jet. Al salir a los predios del hospital, en las afueras estaban aglomerados alrededor de cien hermanos que querían despedirse de mí y algunos miembros de mi familia cercana. Fue un momento difícil, pero de victoria al mismo tiempo. Llegamos a la base aérea en una ambulancia del hospital. Inmediatamente, abordamos el jet. Los pasajeros eran: el piloto y su copiloto, dos enfermeros que me atendían constantemente, la camilla donde iba yo acostado que estaba en medio de ambos y en la parte trasera del avión, mi esposa doña Iris y a su lado mi hija Nany. Durante todo el vuelo los enfermeros iban tomándome la presión arterial, haciéndome electrocardiogramas y todos los procedimientos rutinarios conforme a la necesidad de mi estado. Aterrizamos en Miami, Florida a las 4:35 de la tarde del martes 12 de junio de 2002. El vuelo fue excelente y arribamos a un aeropuerto privado donde nos esperaba una ambulancia del hospital. Me dice mi hija que yo respondía alerta, pero a la vez asustado. Para mí, yo ni sabía donde estaba, me sentía como en otro mundo. Simultáneamente, mi hijo Rafy estaba sosteniendo conversaciones telefónicas con mi amigo Luis de Jesús Ginestre, que para esa hora venía por la autopista Ronald Reagan de Orlando hacia Miami acompañado de su esposa Claribel, ultimando los detalles en cuanto a mi llegada.

Enid Torres, fue otra hermosa sorpresa de Dios. Unos años atrás, ella había llegado a ese hospital con su esposo el Dr. Héctor Rodríguez, quien había sufrido un derrame cerebral y con su hijo Fernando, quien había sufrido un accidente automovilístico. Allí permaneció por espacio de un año. Ambos estaban en estado grave para recibir tratamiento. Ella nos recomendó a mi médico de cabecera, el doctor David Khosher, galeno respetado en materias de neurología, de nacionalidad judía y muy dulce al trato.

Me asignaron la habitación 112-B, donde muy amablemente un enfermero hispano me ubicó en mi cama. Estaban conmigo mi esposa, mi hija Nany, Luis y Claribel. Al otro día, llegarían mis hijos, los que restaban, porque todos querían acompañarme y apoyarme. Así comenzó mi estadía de dos semanas en el hospital *Health South* de Miami, la cual se convirtió en una de cuatro largos meses. Salí de allí el día 12 de octubre de 2001. El doctor me rogaba: "Por favor, don Rafael, deme un mes más. Usted es un milagro, usted es un milagro". Esa era su frase, y para mí ser "un milagro" era realidad, certeza, convicción, mi confianza y mi evidencia.

El Lic. Torres Ortega, el día de su boda con Rosa Iris Padilla,
el 26 de julio de 1958 en Naranjito, Puerto Rico.

Capítulo 2

Doña Iris...
El relato de una esposa

El domingo 20 de mayo de 2001 era un día precioso. El sol estaba radiante y el viento soplaba un aire fresco y húmedo. Nuestras orquídeas florecieron preciosas y el *cockatiel* comenzó a cantar alegremente. Me levanté y le di gracias a Dios. Era domingo, nos preparábamos para asistir a la escuela bíblica, donde mi esposo Rafael y yo éramos maestros. Yo con mis damas y él con los recién convertidos. Ese era nuestro deleite, alimentar el corazón y el alma de los creyentes. Antes de llegar a la iglesia desayunamos juntos en un pequeño restaurante de comida rápida y luego tuvimos una maravillosa mañana junto a nuestros hermanos en la iglesia. Al salir, nos detuvimos a comprar el almuerzo; los domingos en mi casa es el día libre en la cocina. Aun así, mis hijos acostumbran dar la vuelta y comer algo. Siempre le tenemos listo su platito. Tenemos cinco hijos a quienes amamos profundamente, tres mujeres y dos varones. Todos están casados y de ellos tenemos siete nietos. Ese día almorzamos junto a Rolando, nuestro hijo menor y repartimos a Rambo, nuestro perro, su porción acostumbrada. En la tarde, mi esposo se fue a la biblioteca a preparar su sermón de la noche. Su base de referencia fue el Salmo 20: "Jehová te oiga en el día del conflicto; el nombre del Dios de Jacob te defienda, te envíe ayuda desde el santuario, y desde Sion te sostenga. Haga memoria de todas tus ofrendas, y acepte tu holocausto. Te dé conforme al deseo de tu corazón y cumpla todo tu consejo. Nosotros nos alegramos en tu salvación, y alzaremos pendón en el nombre de nuestro Dios; conceda Jehová todas tus peticiones. Ahora conozco que Jehová salva a su ungido; lo oirá desde sus santos cielos con la potencia salvadora de su diestra. Éstos confían en carros y aquellos en caballos; mas nosotros del nombre de Jehová nuestro Dios tendremos memoria. Ellos flaquean y caen, mas nosotros nos levantamos y estamos en pie. Salva, Jehová; que el rey nos oiga en el día que lo invoquemos".

Cuán profética sería esa palabra en las próximas horas y días que nos tocaba vivir. ¡Ya mi esposo les relató cada suceso de esa inolvidable noche!

El derrame que sufrió fue terrible. Solamente el quince por ciento de los que lo han sufrido sobreviven y quedan confinados para siempre a una silla de ruedas. ¡Qué noche, qué agonía! Todo pasó tan de repente que me tomó mucho tiempo reaccionar y aceptar la realidad. Regresar a mi casa sola. No lo asimilaba, era una pesadilla. Al llegar, y luego de estar sentada junto a Roly en total silencio por algún tiempo, subí a mi recámara, acomodé una almohada en el suelo y comencé a orar. ¡Rafael, Señor, Rafael!... Allí pasaron las horas sin que yo las contara; clamé, lloré y gemí ante mi Dios hasta que amaneció.

Llegó otro día, pero qué diferente. Nuestra rutina de siempre había cambiado súbitamente. Observaba la mesa en donde acostumbrábamos desayunar juntos. Pensé en su café con espuma que tanto le gusta, su pancito caliente de una panadería pueblerina llamada La Cialeña, sus periódicos en la mañana y su voz cuando subía al cuarto a despertarme al llegar de su programa radial: "Iris, café. Hoy vengo contento, me gané veinticinco almas para el Reino de los cielos". Esa triste mañana yo me preguntaba: "¿Señor, dónde está Rafael? ¿Qué ha pasado? ¿Vivirá? ¿Sanará?..." Las lágrimas corrían por mi rostro. Pensé si aquellas cosas simples de todos los días podíamos repetirlas. El salmista David exclamó: "Fueron mis lágrimas mi pan de día y de noche, mientras me dicen todos los días: ¿Dónde está tu Dios? Me acuerdo de estas cosas y derramo mi alma dentro de mí; de como yo fui con la multitud y la conduje hasta la casa de Dios" (Sal 42:3,4). Ese era mi sentir. Me pregunté tantas cosas. Trataba de racionalizar el por qué de algo que para mí no tenía explicación lógica. Y llegaron las culpas: «fue por causa de esto, o tal vez de lo otro». Mi mente confusa no podía coordinar bien los pensamientos. El dolor traspasaba mi corazón y entonces, ¡pensé en la ingratitud! Rafael siempre decía en sus predicaciones, que al Señor le dolió más la ingratitud que los clavos. Mi recuerdo se paseaba en el pasado, en el servicio que ambos habíamos prestado al Señor e irracionalmente en mi dolor, traté de inculpar y a la vez reclamar mis derechos en Dios. En realidad, ¡nada de eso era importante en ese momento! Mi esposo estaba gravemente enfermo, morir podía convertirse en una realidad. Yo tenía que confiar en mi Dios como nunca, como la primera vez. No había tiempo para mucho análisis. ¡Cuán misericordioso es nuestro Dios que comprende más allá de nuestra torpeza! Todo estaba en sus manos poderosas y sus juicios son perfectos; nos correspondía callar, esperar y confiar en sus promesas eternas. "Tú guardarás en completa paz a aquel cuyo pensamiento en ti persevera, porque en ti ha confiado" (Is 26:3).

Los días subsiguientes, 21, 22, 23 y 24 de mayo, fueron de oración intensa. Su condición muy grave, sus riñones se paralizaron, los médicos determinaron trasladarlo de hospital para hacerle diálisis. Su cuerpo estaba deforme a causa de la retención de agua, su mano derecha y su pierna eran algo irreconocible. No podía tragar y sus intestinos no funcionaban. Estaba lleno de gomas y aparatos médicos por todas partes, totalmente fuera de este mundo. Me informó Daysi, la enfermera del doctor, que no esperaba que para el día 25 de mayo estuviese vivo. Fue una noticia que mi cerebro jamás registró. Me apegaba como nunca a las promesas y a las misericordias de nuestro Dios.

Amaneció el temido día, el 25 de mayo. En la iglesia no cesaba el clamor y el ayuno. El Señor nuevamente habló diciendo que Él tocaría sus riñones. El día 26, comenzaron a funcionar y no hubo que dializarlo. Su condición y su estado continuaban siendo críticos, pero el Señor prometió y cumplió su Palabra. ¡Ese fue el primero de tantos milagros!

"Porque el que habita al abrigo del altísimo morará bajo la sombra del omnipotente" (Sal 91:1).

Recuerdo que escribí en mi diario: "Hoy 26 de mayo del 2001, su condición ha mejorado grandemente, despertó, ya abre sus ojos y creo que nos conoce. En la noche me dijo que el Señor lo visitaría en la noche..."

"Alma mía en Dios solamente reposa, porque de Él es mi esperanza" (Sal 62:5).

Continué con mi diario. "Hoy es 27 de mayo de 2001. Rafael continúa en intensivo, su memoria no alcanza a recordar muchas palabras. Continúan alimentándolo por una goma. Mi vida es otra... Llego a mi casa y lo extraño por todas partes, lo busco en nuestro lecho y me siento tan sola, tan triste... A veces pierdo las esperanzas. Dios mío, no me abandones, me siento desfallecer, fortaléceme con tu palabra."

"Oh Señor, Jehová! he aquí que Tú hiciste el cielo y la tierra con tu gran poder, y con tu brazo extendido, ni hay nada que sea difícil para ti. He aquí que yo soy Jehová, Dios de toda carne, habrá algo que sea difícil para mí" (Jer 32:17,27).

28 de mayo de 2001... "Hoy las enfermeras me permitieron quedarme con mi esposo en intensivo por seis horas. Rafael está muy deprimido, llora mucho, sabe que no puede moverse y eso lo angustia mucho más. ¿Qué estará pasando por su mente? Sé que no es fácil para un hombre como él que ha sido incansable, que ha trabajado arduamente predicando el Santo Evangelio, ahora verse y sentirse imposibilitado. ¡Oh Dios, necesitamos de ti más que nunca, sobre todo en estos momentos de dolor y angustia! A veces me siento en un túnel sin salida, ayúdame Señor, necesito escuchar tu voz. Clamo a ti en mi soledad y tristeza."

"¡Cuán hermosos son sobre los montes los pies del
que trae alegres nuevas, del que anuncia la paz, del que
trae nuevas del bien, del que publica salvación, del que
dice a Sión: ¡Tu Dios, reina!" (Is 52:7).

29 de mayo de 2001... "Un día más Jesús, esperando tu dirección; la condición de Rafael ahora es estable. Continúa en cuidado
intensivo. La iglesia, nuestros amados hermanos, continúan orando y ayunando, agradecidos de Dios, por los milagros que va realizando de día en día. Dios no nos has dejado huérfanos de tu voz;
qué maravilloso eres. Te has movido en la iglesia de una forma tan
real y has alentado nuestras almas en estos momentos difíciles de
sufrimiento y prueba. Sólo tu palabra nos ha confortado."

"En el día de la angustia te llamaré, porque Tú me
respondes" (Sal 86:7)

30 de mayo de 2001... "Ya han pasado diez días, desde que
mi esposo está en intensivo. Día a día vemos la obra maravillosa
de nuestro Dios obrando milagros en su cuerpo. Todavía lo alimentan por tubos, no puede hablar, sólo monosílabos. Me an-
gustio porque tiene procesos de mucha depresión, llora mucho,
apenas sonríe. En las noches llego a nuestra casa y me invade un
sentimiento de soledad profunda. ¡Cuánto lo extraño! La casa se
siente vacía sin él. Anhelo nuestras conversaciones, sus consejos,
sus palabras de aliento en mis momentos tristes. Rambo también extraña a su amo. Cuando miro las plantas que él tanto ama,
su siembra de guineos y plátanos, me parece verlo junto al hermano Sánchez cultivándolos con esmero, gozándose en sus faenas, en esas pequeñas cosas que le causan tanta alegría. La vida
de un pastor no es una fácil, ¡se sufre! El pastor es un hombre solo, incomprendido y que probará de los padecimientos y el bautismo de Jesús. Por ese camino transitaron los más grandes
hombres de Dios; solamente el consejo divino y la presencia continua del Espíritu Santo les permite proseguir adelante por el camino angosto, pero glorioso, que nos lleva a vida eterna. Señor,
yo sé que Tú me comprendes, son cuarenta y tres años casados;
por eso acudo a ti en oración y en súplica. Tú eres el único que
puedes sostenerme."

"No temas porque yo estoy contigo; no desmayes porque yo soy tu Dios que te esfuerzo; siempre te ayudaré, siempre te sustentaré con la diestra de mi justicia" (Is 41:10).

31 de mayo de 2001... "Once días. Hoy comenzó a hablar algunas palabras, dice amén, gloria a Dios y tararea el corito: "Jehová es mi Pastor nada me faltará". Me permiten quedarme con él ocho horas diarias, que para mí pasan volando. Hay en él una tristeza profunda en sus ojos que no logro descifrar. Llora mucho y me duele sobremanera verlo sufrir; está tan indefenso dependiendo totalmente de otros hasta para su aseo personal. Él, que siempre ha sido un hombre tan pulcro y sobre todo muy pudoroso y recatado con su cuerpo. Ahora, las enfermeras ven y tocan sus partes más íntimas y él está inmóvil para evitarlo. ¿Cómo se sentirá? A la hora de la visita, mis cinco hijos están presentes. Dios ha sido muy bueno con nosotros ya que ha preparado a Iris Nanette a través de los años y la incorporó al pleno ministerio y ella se ha hecho responsable totalmente de la iglesia. Dios la está usando de una manera poderosa y me gozo de ver mayor asistencia que antes. Todos los ministerios, la academia, el canal televisivo, han continuado su funcionamiento perfectamente. Dios está en control. Todas las iglesias de Puerto Rico están orando por Rafael, y aun gente fuera de la isla nos ha llamado para comunicarnos que también están orando. Jamás pensé que la gente lo amara tanto. Aun aquellos amigos que no comparten nuestra fe, también están orando y clamando por su recuperación. En la Cámara de Representantes y en el Senado del país han orado por él. Yo estoy muy agradecida de todos especialmente del pueblo de Dios en y fuera de mi país. Mi esposo ha mantenido un testimonio intachable por años, transparente, dedicado totalmente al ministerio de rescatar almas perdidas para el Reino celestial. Gracias Señor por tu fidelidad."

"Conozco, oh Jehová, que tus juicios son justos. Y que conforme a tu fidelidad me afligiste. Sea ahora tu misericordia para consolarme" (Sal 119:75,76).

1º de junio de 2001... "¡Han pasado doce días que parecen una eternidad! La situación continúa estable, me preocupa su condición diabética en cuanto a úlceras que puedan desarrollarse en su piel, por hallarse confinado en una cama por tanto tiempo. Su lado derecho está completamente paralizado. Trata de hablar y no puede, eso le causa mucha ansiedad pero, gracias a Dios, sus riñones están funcionando muy bien y ha comenzado a tragar líquidos. Pienso en los imprevistos de la vida y veo que ciertamente el mañana no nos pertenece. Pasan por mi mente tantos momentos felices que hemos vivido juntos, nuestros planes futuros, la casita que queríamos construir a la orilla del mar en Salinas, el viaje a Disney que emprenderíamos el jueves luego de lo sucedido... Y aquí estamos, Señor; viendo a alguien que amamos profundamente sufriendo, pero al menos está vivo. Y aunque no comprenda todo, te doy gracias por cuarenta y tres años de felicidad y salud; y también por la bendición de poder estar con él ocho horas diarias. Aprecio mucho el cariño y las atenciones que nos han brindado el personal y los directores de esta institución, el Hospital Hermanos Meléndez."

"Ciertamente los justos alabarán tu nombre; los rectos morarán en tu presencia" (Sal 140:13).

2 de Junio de 2002... "Mi vida se ha convertido en una carrera de mi casa al hospital. Nada más tiene importancia ni sentido en este momento. Se ha hablado de que cuando se estabilice lo mejor será trasladarlo a Miami a una clínica de rehabilitación llamada *Health South*. Será trasladado en un avión ambulancia, solamente estamos esperando la orden médica para los arreglos finales."

"Jehová Dios mío, a ti clamé, y me sanaste" (Sal 30:2).

4 de Junio de 2001... "Apenas pude dormir anoche con lo ilusionada que estoy con la idea de darle a Rafael terapia intensiva. Pero, al recibir los resultados del MRI los médicos se percataron de que el edema no ha cedido y su cerebro continúa muy hinchado. Aunque nos reconoce, no puede coordinar sus pensamientos, ni emitir palabra alguna. Su memoria ha borrado muchas cosas, lo veo tan frágil. No sabe decirme dónde le duele y llora continuamente."

"Pero fiel es el Señor, que nos afirmará y guardará del mal" (2 Tes 3:3).

5, 6 y 7 de Junio de 2001... "Todavía continúa en intensivo, aunque ya no lo alimentan a través de tubos. Han comenzado a darle comida blanda por boca y la ha asimilado muy bien. Sus riñones y sus intestinos han comenzado a funcionar. Me hace falta escuchar su voz. Extraño aun sus malos humores de diabético cambiante. Sus manías de cerrar todas las ventanas y las puertas, su inquietud de que no me quedara solo en la casa. Te amo, Rafael, mejórate por favor."

"Jehová, roca mía y castillo mío, y mi libertador; Dios mío, fortaleza mía, en él confiaré, mi escudo y la fuerza de mi salvación, mi alto refugio" (Sal 18:2)

Junio 8, 9 y 10 de 2001... "Rafael continúa en intensivo, pero ya le quitaron el "foley" (la sonda) y su vejiga está funcionando bien. Cada día, Dios hace un nuevo milagro. Hoy el doctor me informó que si continúa su mejoría, el día 12 de junio podemos salir hacia el hospital *Health South* en Miami para comenzar sus terapias intensivas. A veces siento temor; tengo ansias de volver a escucharlo hablar, caminar, sostenerse en pie y me invade una profunda duda y tristeza."

"¿Por qué te abates oh alma mía y te turbas dentro de mí? Espera en Dios porque aún he de alabarle, salvación mía y Dios mío" (Sal 42:5).

Junio 11 de 2001... "¡Buenas noticias! El 12 de junio recibirá la salida de intensivo y volaremos en el avión ambulancia hacia Miami. Hoy tengo esperanzas de que, mediante esas terapias, pueda volver a ver a mi esposo usando nuevamente su brazo, sus piernas y sus cuerdas vocales..."

"Mi alma espera a Jehová, más que las centinelas a la mañana, más que los vigilantes a la mañana" (Sal 130:6)

Junio 12 de 2001... "¡Llegó el día tan anhelado! Hoy se cumplen veintitrés días desde que Rafael sufrió el derrame cerebral. A las 9:30 de la mañana, le han dado de alta de la sala de intensivo. ¡Nos vamos! Muchos hermanos y familia cercana se han allegado al hospital para despedirse de él. Nos transportamos en ambulancia hasta el lugar donde nos esperaba el avión. Siento una mezcla de sentimientos; alegría, tristeza, dejar mi hogar, mis hijos, mis nietos, mi iglesia y mis hermanos para llegar a una tierra que no es la mía... Pero tengo que hacer lo que estoy haciendo. Llegamos al aeropuerto con escolta policíaca e inmediatamente abordamos la ambulancia aérea y despegamos de suelo boricua en un jet pequeño y estrecho. Estaba un poco asustada, pero gracias a Dios el vuelo fue muy bueno. En la noche llegarían el resto de mis hijos y mis nietos, en un vuelo de una línea aérea comercial. Todos se hospedaron en un hotel cerca del hospital. Todos querían estar allí en demostración de apoyo a su papá. Rafy, mi hijo varón mayor, se quedó en Puerto Rico a cargo del canal y supervisando todo lo demás junto a Nitza, su amada esposa y los sus dos pequeños varones.

Ya establecidos, comenzó la evaluación inicial de Rafael, y al otro día comenzaron con el programa de terapias diseñado para él. En medio de todo lo difícil de esta situación, he crecido mucho espiritualmente... Mi nido, que era cómodo y perfecto, fue de repente azotado y Dios me ha enseñado cosas que de otro modo jamás hubiese aprendido. Tengo una nueva escala de valores en todas las áreas... Mis hijos, la iglesia y nuestros amigos, no nos han dejado solos... Estoy agradecida.

Gloria a Dios que en medio de toda prueba que pueda sobrevenirnos, tiene el control y aun en medio de nuestro dolor, Él aplica el bálsamo y nos da la ayuda y fuerza necesaria para cargar la cruz y vencer. Sabemos que pronto habrá un nuevo amanecer y que el sol brillará con más fuerza y luz que nunca...

Rafael, mi amor, lucha, aférrate a la vida... Yo te necesito, nuestros hijos te necesitan, tu iglesia te necesita.

"Esforzáos todos vosotros los que esperáis en Jehová, y tome aliento vuestro corazón" (Sal 31:24).

El pastor Torres Ortega desde el altar del templo a su regreso
a la isla, luego de una larga ausencia

Capítulo 3

El cielo: "Lo que vi y escuché; Más allá del sol..."

"Jehová está en su santo templo; Jehová tiene en el cielo su trono; sus ojos ven, sus párpados examinan a los hijos de los hombres" (Sal 11:4).

Mi viaje al cielo no fue precisamente las vacaciones que yo había planificado, y mucho menos imaginaba que el descanso que anhelaba, fuese a ser tan profundo. Así sucedió; y como le ocurrió al apóstol Pablo, fui llevado a una experiencia que jamás pensé vivir. "Para con el Señor un día es como mil años, y mil años como un día" (2 P 3:8). Acá en la tierra sí se contaban; fueron seis días. Los médicos no lograban comprender mi condición. No me hallaba en estado de coma, ni tampoco de inconsciencia. Simplemente no despertaba, y ellos se preguntaban el porqué...

Me hallaba en una dimensión en donde mi cuerpo físico permanecía en la tierra, pero mi estructura espiritual se encontraba en la presencia de Dios. Esto se define en el lenguaje escatológico como "estado de éxtasis". O sea que no me hallaba en un estado de muerte, sino en una travesía espiritual.

"Ciertamente no me conviene gloriarme; pero vendré a las visiones y a las revelaciones del Señor. Conozco a un hombre en Cristo, que hace catorce años (si en el cuerpo, no lo sé; si fuera del cuerpo, no lo sé; Dios lo sabe) fue arrebatado hasta el tercer cielo. Y conozco al tal hombre (si en el cuerpo, o fuera del cuerpo, no lo sé; Dios lo sabe), que fue arrebatado al paraíso, donde oyó palabras inefables que no le es dado al hombre expresar" (2 Co 12:1-4).

Poco a poco comenzó mi travesía junto al ángel, que era mucho más alto que yo, como de unos siete pies de estatura. Siempre iba a mi retaguardia. De pronto llegamos a un lugar determinado y desde allí divisamos un camino que se dividía en dos; uno era más ancho que el otro. De inmediato advertí que el angosto sería el camino de la vida, ese camino que te lleva hasta la misma presencia de Dios.

"Porque ancha es la puerta y espacioso el camino que lleva a la perdición y muchos son los que entran por ella; porque estrecha es la puerta y angosto el camino que lleva a la vida y pocos son los que la hallan" (Mt 7:13-14).

Ciertamente, el angosto era el camino de verdad. Aquél por el cual yo había decidido caminar cuarenta y ocho años atrás.

Nos apresuramos a entrar, yo al frente y el ángel detrás. Fuimos adentrándonos en esos parajes totalmente desconocidos para mí, y en un momento nos hallamos en un lugar oscuro, de sombras, terrible y tenebroso como el que describe Job en la Palabra:

"Tierra de tinieblas y de sombra de muerte; tierra de oscuridad, lóbrega, ... y sin orden, y cuya luz es como densas tinieblas" (Job 10:21-22).

"Aunque ande en el valle de sombra de muerte, no temeré mal alguno, porque Tú estarás conmigo" (Sal 23:4 énfasis del autor).

No sé por qué Dios me permitió visitar ese terrible lugar. No quisiera haberlo visto jamás; y aunque ahora sé que es normal para toda persona que experimente el estado de éxtasis, mi viaje por el Seol no fue del todo agradable. Transitar esos caminos sin la presencia del Dios Altísimo resultaría imposible. Yo sentía la cubierta de Su presencia todo el tiempo sobre mi cabeza y escuchaba esporádicamente Su voz que me decía: "No temas". Además de la compañía del ángel, esa presencia de Dios era como una pared, un muro invisible que me cubría y protegía. Yo la percibía fuerte y real. Amigo, el viaje de la muerte es demasiado largo, solitario y peligroso para atravesarlo solo y sin un Salvador. Aun hoy, la humanidad piensa que el infierno es un cuento de viejas y el cielo un cuento de ignorantes que utilizan las religiones para manipular a las masas; ya que los intelectuales le llaman el "Opio de los Pueblos".

"El Seol y el Abadón están delante de Jehová; ¡cuánto más los corazones de los hombres!" (Pr 15:11).

Todos los años de mi vida cristiana he predicado el Evangelio de Jesucristo con la certeza de saber que el cielo no es una utopía, y que el infierno es una realidad. Pero otra cosa es ser llevado en una travesía real, donde permanecí por más de cinco días viendo y escuchando "Cosas que ojo no vio, ni oído oyó, ni han subido en corazón de hombre, son las que Dios ha preparado para los que le aman" (1 Co 2:9).

En su infinita misericordia, me mostró verdades tan terribles que ni mis cinco sentidos y todas mis capacidades intelectuales podrían describir con exactitud. No obstante, trataré de ser lo más preciso y certero posible sin añadir sensacionalismos, ni adornos, ni medias verdades. No se trata de una novela, ni de un cuento; ésta es la realidad, la realidad de mi vivencia.

"Ligaduras del Seol me rodearon, me tendieron lazos de muerte, En mi angustia invoqué a Jehová, y clamé a mi Dios. Él oyó mi voz desde su templo, y mi clamor llegó delante de Él, a sus oídos" (Sal 18:5 énfasis del autor).

Mientras caminaba, a mi paso se acercaban miles de seres con sus rostros cubiertos con velos de diversos colores brillantes. Tuve una visión de lo que es el infierno. Los demonios tienen movilidad, al igual que los seres humanos perdidos; pero como su espíritu no posee un cuerpo, se encapuchan para esconder su horripilante identidad y para tomar forma manifestada. Rostros sin cuerpo, eso vi, todos cubiertos con un antifaz o con capuchas. Pero, cuando llegue el día final en el cual sean lanzados al lago de fuego y azufre, se verán tal como son.

"Y a los ángeles que no guardaron su dignidad, sino que abandonaron su propia morada, los ha guardado bajo oscuridad, en prisiones eternas, para el juicio del gran día" (Jud 6).

Había miles de ellos, todos de diferentes tamaños, altos y bajos. Mi primer choque fue con el líder de un grupo. No sé con claridad su rango en la jerarquía demoníaca, pero muy bien puede haber sido un gobernante, un principado o un querubín caído. Tenía como una especie de espiga en la mano y me retaba, apuntándome a la cara como a unos cinco pies de distancia. No podía cruzar; me la acercaba tratando de tocarme, pero a ninguno le era permitido. La espiga representaba el fruto seco y muerto de la cosecha de alguien caído. Yo comencé a declarar la Palabra, la Palabra como arma de guerra segura. Y ellos, en su intento de que renegara de Cristo, única alternativa de los ya perdidos, repetían: "Lo que tú predicabas de Cristo no es cierto, no es cierto, no, no, no, no, no, no es cierto". Sus voces resonaban como un eco agudo de maldad. "Sí, es cierto; Jesucristo es el Señor, es cierto; Jesucristo es el Señor, es cierto". Su burla era obvia. Yo tomaba la espada del lado derecho de mi cinto y la levantaba en señal de defensa y de victoria. Cuando la alzaba, gritaban más: "No, no, no, no Cristo no, Cristo no, Cristo no, no..."; a lo que yo insistía: "Sí, sí, sí es cierto, es cierto, es cierto, es cierto. Jesucristo es el Señor..."

Disputamos por mucho tiempo y su intención era hacerme declarar, finalmente, que todo el Evangelio de Jesús era una gran mentira. Hoy sé con certeza que Dios, en su infinita misericordia, me mostró todas las batallas retroactivas que tuve por años con el enemigo de las almas, y con todos sus demonios mientras estaba en mi cuerpo. Batallas que se pelearon en el campo espiritual, donde no podía verlos.

"Porque no tenemos lucha contra sangre y carne, sino contra principados, contra potestades, contra los gobernadores de las tinieblas de este siglo..." (Efesios 6:12).

Siempre conocí sus artimañas, reconocía las legiones, las potestades y los principados que trataron sin éxito de destruir la obra del Señor que Él mismo me asignó dirigir. Vi claramente los poderes con los cuales me enfrenté en mis guerras en el espíritu, aquí abajo en la tierra. La espada significaba la fuerza invencible del poder de su Palabra. Cuando la levantaba y avanzaba en el camino, era el símbolo de aquellas conquistas espirituales que el Señor me permitió obtener.

El ángel permanecía todo el tiempo a mi lado; no sentía miedo, pero sí la urgencia de salir de aquel lugar tan terrible. Luché con miles de ellos, desaparecía uno y llegaba otro; así conforme a la cantidad de años que los había enfrentado.

"Porque también Cristo padeció una sola vez por los pecados, el justo por los injustos, para llevarnos a Dios, siendo a la verdad muerto en la carne, pero vivificado en espíritu; en el cual también fue y predicó a los espíritus encarcelados, los que en otro tiempo desobedecieron" (1 P 3:18-20).

Sobre mí continuaba la presencia de Dios, la nube, el muro, la pared que me protegía, y yo la sentía como algo tangible. Su voz me repetía constantemente: "No temas, no temas, no temas". Proseguimos nuestro camino hacia el lugar en donde encontraríamos al Maestro; por fin veríamos a Jesús.

"¿Quien midió las aguas con el hueco de su mano y los cielos con su palmo, con tres dedos juntó el polvo de la tierra, y pesó los montes con balanza y con pesas los collados?" (Is 40:12).

Llegamos a otro lugar, menos oscuro pero muy nublado. De lejos divisábamos un valle de tierra muy seca, con tres montes en forma de picos, y en medio una gran asamblea: miles y miles y miles de demonios estaban allí reunidos. Repentinamente, una voz estrepitosa salió de entre ellos, emitiendo tres alaridos como de bestia; pero ni aun eso podría describir lo que se escuchaba en todo el litoral. Era la voz del averno; quien otro, sino el mismo Satanás.

"La serpiente antigua, que se llama diablo y Satanás, el cual engaña al mundo entero" (Ap 12:9).

Yo jamás lo vi, pero estaba seguro de que era él. Sentí una sensación indescriptible. No puedo decirte si era miedo, pánico, asombro, terror; sólo Dios lo sabe. De lo que sí estoy seguro es que a ese engendro, a quien pintan de rojo y negro con rabo y lanza, no se lo vence solo y sin la ayuda del Cordero.

Luego de profundo análisis espiritual, estoy seguro de que mi Señor me permitió tener una visión del futuro que se avecina para los habitantes de la tierra. Aquellos que no se levanten en el rapto de la iglesia, acontecimiento que será una realidad ineludible y que está próxima a ocurrir.

"Porque el Señor mismo con voz de mando, con voz de arcángel, y con trompeta de Dios, descenderá del cielo; y los muertos en Cristo resucitarán primero. Luego nosotros los que vivimos, los que hayamos quedado, seremos arrebatados juntamente con ellos en las nubes para recibir al Señor en el aire, y así estaremos siempre con el Señor" (1 Tes 4:16,17).

Por eso, cuando el Señor mismo llamó a Saulo de Tarso, que también es Pablo, derribándolo de su caballo, lo envió de inmediato a hablarle a los gentiles y les dijo:

"Para que abras sus ojos, para que se conviertan de las tinieblas a la luz, y de la potestad de Satanás a Dios; para que reciban por la fe que es en mí, perdón de pecados y herencia entre los santificados" (Hch 26:18).

Esos tres montes que vi, y que eran en forma de pico, representan los tres pilares satánicos que emergerán para el tiempo de la gran tribulación.

Los tres espíritus que se moverán en toda la faz de la tierra alcanzando a todas las naciones. Ellos lograrán que billones de personas se alineen tras esos tres poderes. El primero de ellos será Satán, el antiDios, el poder absoluto del mal; el segundo será el Anticristo, hombre en el cual Satanás se personificará; y tercero, el Falso Profeta, hombre a quien el Anticristo entregará el poder y la autoridad para establecer el sistema religioso apóstata.

"Y vi salir de la boca del dragón, y de la boca de la bestia, y de la boca del falso profeta, tres espíritus inmundos a manera de ranas; pues son espíritus de demonios, que hacen señales y van a los reyes de la tierra en todo el mundo, para reunirlos a la batalla de aquel gran día del Dios Todopoderoso" (Ap 16:13,14).

Esa gran asamblea estaba compuesta por todos aquellos espíritus que serán desatados sobre la tierra para atormentar y torturar a los hombres que no tengan el sello de Dios en sus frentes... Allí, en el Apolión, en el Abismo, o en el Tártaro, se encuentran en espera; y los que están en el cielo estelar, debajo del cielo de Dios, se les unirán.

"Y en aquellos días los hombres buscarán la muerte, pero no la hallarán; y ansiarán morir, pero la muerte huirá de ellos" (Ap 9:6).

"Y tienen por rey sobre ellos al ángel del abismo, cuyo nombre en hebreo es Abadón y en griego Apolión" (Ap 9:11).

El ángel avanzó y me dijo: "Cambia ahora de posición, ven detrás de mí, yo iré delante. Avanza, avanza". Él me cubría, me protegía. Recuerdo que corrimos apresuradamente, con la sensación que se siente cuando sueñas que te están persiguiendo. Advertí que si no corría los demonios tratarían de agarrarme.

Subimos corriendo velozmente por una ladera, y llegamos hasta un valle, al lugar de bendición. Todo había quedado atrás, ¡estábamos a salvo!

"Aconteció que murió el mendigo, y fue llevado por los ángeles al seno de Abraham; y murió también el rico y fue sepultado. Y en el Hades alzó sus ojos, estando en tormentos y vio de lejos a Abraham, y a Lázaro en su seno. Entonces él, dando voces, dijo: Padre Abraham ten misericordia de mí, y envía a Lázaro para que moje la punta de su dedo en agua, y refresque mi lengua; porque estoy atormentado en esta llama. Pero Abraham le dijo: Hijo, acuérdate que recibiste tus bienes en tu vida, y Lázaro también males; pero ahora éste es consolado aquí, y tú atormentado. Además de todo esto, una gran cima está puesta entre nosotros y vosotros, de manera que los que quisieren pasar de aquí a vosotros, no pueden, ni de allá pasar para acá" (Lc 16:22-26).

Esa ladera significaba el haber llegado a la presencia de Dios, al Seno de Abraham; al Paraíso que antes estaba "abajo", o sea en el mundo de los espíritus que estaba ubicado en las profundidades inferiores de la tierra. Allí esperaban los santos que morían con la esperanza. Aquellos que por medio de la resurreción conquistó, llevando el paraíso al cielo y a Su presencia.

"Conforme a la fe murieron todos éstos sin haber recibido lo prometido, sino mirándolo de lejos, creyéndolo, y saludándolo, y confesando que eran extranjeros y peregrinos sobre la tierra " (Heb 11:13).

"Por lo cual dice: Subiendo a lo alto, llevó cautiva la cautividad, y dio dones a los hombres. Y eso de que subió, ¿qué es, sino que también había descendido a las partes más bajas de la tierra? El que descendió, es el mismo que también subió por encima de todos los cielos para llenarlo todo. Y él mismo constituyó a unos, apóstoles; a otros, profetas; a otros, evangelistas; a otros, pastores y maestros" (Ef 4:9,11).

Desde aquel lugar divisamos el trono. Lo vi como mirándolo desde abajo. ¡Es que Dios siempre habita en las alturas! Resplandecía, y estaba lleno de su gloria... Ansioso, quise allegarme, pero no se me permitió entrar.

"Y me llevó en el espíritu a un monte grande y alto, y me mostró la gran ciudad santa de Jerusalén, que descendía del cielo, de Dios, teniendo la gloria de Dios. Y su fulgor era semejante al de una piedra preciosísima, como piedra de jaspe, diáfana como el cristal. Tenía un muro grande y alto con doce puertas; y en las puertas, doce ángeles y nombres inscritos, que son los de las doce tribus de los hijos de Israel... El material de su muro era de jaspe; pero la ciudad era de oro puro, semejante al vidrio limpio; y los cimientos del muro de la ciudad estaban adornados con toda piedra preciosa. Las doce puertas eran de perlas, cada una de las puertas era una perla. Y la calle de la ciudad era de oro puro, transparente como vidrio. Y no vi en ella templo; porque el Señor Dios Todopoderoso es el templo de ella, y el Cordero" (Ap 21:10-12,18-19,21-22).

Al instante, mi ropa se mudó. Ya no llevaba la túnica ni la espada, y la corona había desaparecido de mi cabeza. Era el mismo Rafael que se había ido aquella noche desde el altar de la iglesia; ataviado con mi ropa de civil y mi piel de casi 70 años... Imposible entrar al trono de Dios sin un cuerpo transformado y glorificado. En lo que componía mi estructura espiritual, alma y espíritu, no me era permitido llegar a su presencia.

"Pero esto digo, hermanos: que la carne y la sangre no pueden heredar el reino de Dios, ni la corrupción hereda la incorrupción" (1 Co 15:50).

"Mas nuestra ciudadanía está en los cielos, de donde también esperamos al Salvador, al Señor Jesucristo; el cual transformará el cuerpo de la humillación nuestra, para que sea semejante al cuerpo de la gloria suya, por el poder con el cual puede sujetar a sí mismo todas las cosas" (Fil 3:20-21).

Entonces escuché su voz: "Mi siervo, tienes que regresar". "Pero, ¿por qué...?", pregunté. "¿Ves esas miles de luces? Es la gente que está orando por ti en la tierra". El Señor me mostró y enseñó como nunca antes, la importancia del ministerio de la intercesión. Existen guerreros de oración esparcidos a travez de todo el mundo. Son ellos los héroes ocultos que laboran sin fanfarrias ni reconocimientos. Dios bendiga a aquellos hombres y mujeres que renunciando al egoísmo, interceden a favor de sus hermanos; su esfuerzo no es en vano. ¡¡Ellos son las lámparas encendidas del cielo que, en medio de las tinieblas de esta tierra, con su oración pelean gigantescas batallas en el espíritu, conquistan terreno de Dios, deshacen las maquinaciones del maligno, reclaman promesas, y al fin vencen a las huestes espirituales de maldad en regiones celestes en el nombre del Cordero!!

"Orando en todo tiempo con toda oración y súplica en el Espíritu, y velando en ello con toda perseverancia y súplica por todos los santos" (Ef 6:18).

"Porque los ojos del Señor están sobre los justos, y sus oídos atentos a sus oraciones" (1 P 3:12).

"La oración eficaz del justo puede mucho" (Stg 5:16).

"Pero espero que por vuestras oraciones os seré concedido" (Fil 22).

"Pero la iglesia hacía sin cesar oración a Dios por él" (Hch 12:5).

"Y cuando hubo tomado el libro, los cuatro seres vivientes y los veinticuatro ancianos se postraron delante del Cordero; todos tenían arpas, y copas de oro llenas de incienso, que son las oraciones de los santos" (Ap 5:8).

Entonces bajé la cabeza y asumí una postura de sumisión, de obediencia. "Tendrás que sufrir un poco más de tiempo", me dijo. Luego, el mismo Señor testificó de mí al Padre, diciendo: "Éste es mi guerrero". Yo, humillado, le contesté: "No me digas guerrero, yo soy tu siervo". Y Él volvió a repetir: "No, tú eres mi guerrero. Regresarás a la tierra y sufrirás mucho. Vuelve a tu casa, puedes irte". Entonces escuché el cántico de ángeles como en la lejanía, algo que jamás podré describir con palabras, una melodía que nunca antes había escuchado en la tierra. Demás está decirles que mi deseo no era regresar. En el cielo no existen emociones, ni recuerdos, ni ataduras, ni fuertes pasiones de amor con nadie. Sólo existe un deseo inmenso de sumergirse en Su presencia, descansar, adorar; y una paz que ninguna expresión imaginable puede describir; una libertad sin barreras que te invade totalmente...

"Porque sabemos que si nuestra morada terrestre, este tabernáculo, se deshiciere, tenemos de Dios un edificio, una casa no hecha de manos, eterna en los cielos. Y por esto también gemimos, deseando ser revestidos de aquella nuestra habitación celestial" (2 Co 5:1-2).

Pero ya nada podría evitarlo. La orden divina había sido manifestada. Tendría que regresar. El clamor de un pueblo fiel había movido la mano de Dios. La oración de mi hija Iris Nanette, que se sentía huérfana en más de un área, mis hijos divagando solitarios sin comprender claramente lo que sucedía, y mi esposa doña Iris que no concebía la vida sin mí. Dios fue tan bueno con todos, y tan misericordioso, que escuchó su clamor.

Comencé a descender del cielo a la tierra lentamente por un lugar amplio y espacioso, como suspendido en el aire. Mi alma y mi espíritu se preparaban para entrar nuevamente a la dimensión donde moraba mi cuerpo. Tenía la impresión de que, a una distancia considerable detrás de mí, venía un hombre. Entonces pregunté: "Señor, ¿eres tú?". Me respondió: "Sí, soy yo, y vengo pronto". Fue entonces cuando vi al Señor rodeado de coros celestiales.

"¡Oh, si rompieses los cielos y descendieras, y a tu presencia se escurrieran los montes, como fuego abrasador de fundiciones, fuego que hace hervir las aguas, para que hicieras notorio tu nombre a tus enemigos, y las naciones temblasen a tu presencia!" (Is 64:1-2).

"Gocémonos y alegrémonos y démosle gloria: porque han llegado las bodas del Cordero, y su esposa se ha preparado. Y a ella se le ha concedido que se vista de lino fino, limpio y resplandeciente: porque el lino es las acciones justas de los santos" (Ap 19:7-8).

Jesús venía conmigo. ¡Vi al Maestro! ¡Qué privilegio!... Jamás podré describirlo; es una experiencia demasiado única, mía y muy personal. Con todo respeto, temo exponerla ante los seudoteólogos que quieran examinarla. Así como esa, tuve muchas otras experiencias que no me es permitido revelar. Prefiero guardarlas en el secreto de mi corazón como un tesoro muy personal. Son esas las mismas que en todo el proceso que he vivido batallando con mi cuerpo, me han sustentado, ayudado, y consolado mi alma en momentos de profunda crisis, permitiéndome vencer.

Hoy puedo asegurarte, amado, ¡que Jesús es real! Mi Señor y tu Señor vive, y nunca abandonará ni desamparará la obra de sus manos.

"Entonces aparecerá la señal del Hijo del Hombre en el cielo; y entonces lamentarán todas las tribus de la tierra, y verán al Hijo del Hombre viniendo sobre las nubes del cielo, con poder y gran gloria" (Mt 24:30).

Comencé a presagiar que nuevamente entraría al estuche, al tabernáculo, a aquella habitación de carne y hueso que se hallaba totalmente quebrantada... Entonces, desperté. ¡Oh, mi Dios, desperté! "¿Que hago yo aquí, Señor?" Qué horrible sensación sentirme preso de aquel cuerpo que no me respondía. "Sufrirás mucho", fueron sus palabras. "Sufrirás mucho"... Ahora se convertían en el eco agudo de mis sentidos. "Pero, Señor, ¿por qué? ¡Por favor, Señor, no me dejes aquí! ¡No me dejes, te lo ruego!". Y lloré; lloré amargamente. Mi esposa y mis hijos me miraban sin comprender, y yo, yo comenzaba a experimentar nuevamente lo que son las miserias de esta vida. La tierra me parecía más que nunca un lugar sucio y maloliente, porque el alma y el espíritu están totalmente desligados de los padecimientos físicos de esta carne.

...Cuán paradójica puede ser la respuesta a una oración. Para mí comenzaba el calvario de una disciplina corporal que me obligaría a comenzar nuevamente en muchas áreas. Para mi esposa, mis hijos, mis nietos, la iglesia y los amigos que me aman, era un motivo de victoria y de regocijo. La alegría de saberme vivo y tenerme frente a ellos, aunque divagara perdido con una mirada errática. Estaban felices; aunque yo sólo podía emitir sonidos guturales y mi elocuencia al hablar fuera parte del pasado, y ni siquiera podía sostener mi cuerpo sentado, estaba vivo y había esperanza...

"¿A quién tengo yo en los cielos sino a ti? Y fuera de ti nada deseo en la tierra" (Sal 73:25).

Así comenzó la mañana de aquel día en "la puerta de retorno". Y el principio de mi aprendizaje, ya de regreso en esta tierra, estaba por comenzar. Tantas veces me repetí a mí mismo: "Rafael, un hombre como tú no huye". Ésta no sería la excepción; cumpliría el propósito de Dios, porque ciertamente había un propósito aunque yo me negara a verlo.

"Porque el Seol no te exaltará, ni te alabará la muerte; ni los que descienden al sepulcro esperaran tu verdad. El que vive, el que vive, éste te dará alabanza, como yo hoy; el Padre hará notoria tu verdad a los hijos" (Is 38:18).

Faltan algunas cosas que debo completar aquí, y me determiné ser valiente. Valiente hacia la nueva vida que apenas comenzaba, llena de retos y luchas, pero llena de nuevas victorias y logros. Dios sabe que sólo espero su regreso, sea que Él venga o que yo vuelva a Él. Después de haber experimentado esa sensación, ese sabor de "cielo", aquí nada me llena lo suficiente; solamente el cumplir Su voluntad. Mientras vivo este momento, le serviré con todo el corazón. No sé cuántos días me queden sobre la faz de la tierra, pero sí estoy seguro de que seguiré adelante, siempre adelante, mirándolo sólo a Él.

Miguel de Unamuno exclamó "Si no ahora, ¿cuándo?; y si no tú, ¿quién?". Acepto el reto Señor; ¡¡cumpliré la meta!!

"Porque así dijo el Alto y Sublime, el que habita la eternidad, y cuyo nombre es el Santo: Yo habito en la altura y la santidad, y con el quebrantado y humilde de espíritu, para hacer vivir el espíritu de los humildes, y para vivificar el corazón de los quebrantados" (Is 57:15).

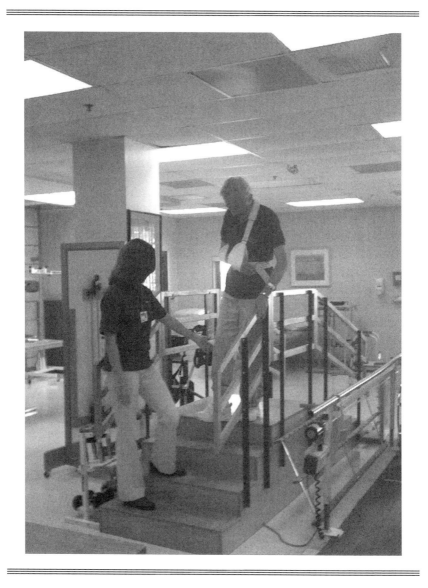

Recibiendo su tratamiento de terapia física en el hospital
Health South de Miami, Florida.

Capítulo 4

Mi experiencia en Health South...

Pienso que una de las experiencias más dolorosas que un ser humano puede vivir, es el verse privado de sus habilidades motoras, de su capacidad de articular y hablar correctamente, y todo aquello que le convierte en una persona dependiente. Es comenzar otra vida, ser otra persona. Cambia tu perspectiva respecto a todo; se modifica tu manera de ver y analizar la vida... y el fenómeno mayor es que la forma en que te ven los demás, y cómo te tratan, también cambia.

Health South fue para mí una experiencia dolorosa. Cuando recuerdo lo vivido aún siento dolor. Pero ninguno de nosotros puede escapar de los procesos de dolor que la vida trae consigo. Teorizar la fe es cosa fácil; vivirla es otra cosa. El maestro lo dijo claramente:

"En el mundo tendréis aflicción; pero confiad, Yo he vencido al mundo" (Jn 16:33 énfasis añadido).

Fue duro, muy duro; ésa es la verdad... A pesar de que Dios siempre dispuso gente hermosa que nos trató muy gentilmente, y que en todo momento su provisión y cuidado no nos faltó, sigue siendo una experiencia terrible. No sólo la de mi padecimiento personal, sino la que sufres al ver el dolor de otros que están viviendo lo mismo, o tal vez algo peor que tú. Te duele lo tuyo y lo de tu prójimo. Estás colocado al otro extremo de la cara de la vida... Cientos de sillones de ruedas, aparatos de acero colocados en la cabeza de un indefenso ser humano, las muletas a la orden del día, el gimnasio lleno de pacientes que han adelantado uno que otro paso en su terapia...; jóvenes que han sufrido lo que llaman "heat stroke" que no es otra cosa que un derrame cerebral producido por el calor excesivo... Ancianos que ya no están en su juicio cabal, y una que otra ambulancia, con el sonido estrepitoso de su sirena, anunciando el arribo de alguna nueva tragedia. Deprimente, ¿no?...

La planta física del hospital es de un solo piso; la construcción se eleva algunos pies sobre el nivel del terreno espacioso y rodeado de árboles y siembras. Siempre pensé que serían plátanos o guineos. Hoy sé que no lo eran. Mi deseo de regresar a mi tierra me tenía alucinando. La entrada principal está ubicada frente a una rampa en forma de monte, por donde entran y salen continuamente autobuses del hospital que llevan y traen pacientes ambulatorios, y carros privados que transportan lo que será la alegría de un familiar al que llegan a visitar.

Tiene muchas entradas laterales, pero una sola salida principal. En el vestíbulo hay algunos muebles para sentarse, el escritorio de la recepcionista con su cuadro telefónico, y sus paredes están llenas de fotografías autografiadas por pacientes que testifican de su sanidad y del bien que recibieron durante su estadía en dicha institución... A mano derecha, el enorme pasillo que te conduce a sus facilidades, entre ellas el comedor común; a mano izquierda encuentras el gimnasio. Al finalizar ese pasillo, y nuevamente a tu derecha, se encuentra la estación de enfermeras, a una distancia aproximada de unos treinta pies del cuarto en el que fui ubicado. Mi habitación tenía el baño a mano izquierda de la entrada, la cama de mi paciente vecino, y una cortina que al cerrarse dividía el espacio, y a la vez me separaba de todo lo que hasta ese momento había sido mi mundo conocido. Ahora, mi vida se desarrollaba

en un espacio de ocho pies de ancho por quince de largo. Tres si-
llas y el "caucho" (colchón) de doña Iris a mi lado izquierdo, su
trinchera de lucha en la que permaneció cerca de mí todo el tiempo. A los pies de su pequeña cama, una amplia ventana de cristal
con vista al patio interior, mi único contacto con el mundo exterior, y desde donde recibí muchos amaneceres... Suspendido en el
aire y a mi mano derecha, un televisor compartido, con programación en inglés. Yo lo miraba sin ver, y mucho menos entender; y en
ese momento no era cuestión de idiomas. Mi recibimiento fue uno
de agujas, tubos de sangre, evaluaciones para reconocer el daño
sufrido. El procedimiento de sacar sangre se repetía tres veces al
día durante toda mi estadía. Una realidad de la que no puedes escapar, y a la que tienes que sobrevivir luchando. No existe lugar
para el orgullo, y los títulos sobran. Las posiciones sociales son
inexistentes y los apellidos y todo el dinero del mundo sirven de
muy poco. Allí todos éramos iguales: personas sacudidas por la vida, heridas en alguna área de su cuerpo, tratando de superar minuto a minuto la realidad de lo perdido... ¿Yo?... Yo era uno de
ellos. Estaba allí postrado en una cama de posición, esperando...

La primera vez que me miré al espejo, luego de bastante tiempo, vi a un hombre acabado, a un hombre quebrantado por las circunstancias. Y fue entonces cuando decidí levantarme... Estaba
barbudo, deprimido, mi pelo bastante crecido; había perdido mucho peso; tenía mi brazo derecho inmóvil y muy hinchadas la mano y la pierna derecha parecía una bota.

Luis me afeitó. Era la segunda vez que lo permitía en más de
veintiséis días. En la sala de intensivo, mi esposa junto a una enfermera lo habían hecho por primera vez, bajo la voz amenazante
de la "Mrs.", que decía: "Yo no baño si no afeito". Imagínense; si
algo me gustaba en la vida era sentirme pulcro, oloroso, de buen
parecer; entonces cedí. Claribel me cortó el cabello y me arregló el
bigote (mi gran orgullo); todos elogiaron lo guapo que lucía, con la
intención de hacerme sentir mejor. Cuando llegaba la hora del baño era una crisis; el esfuerzo que tomaba el viaje de la cama a la
ducha era titánico. Mi esposa me tomaba de la mano izquierda y
colocaba la otra sobre mi espalda. Afirmando mi pie izquierdo, levantaba la pierna derecha y me impulsaba. El segundo día, a la hora de mi baño ella sufrió un episodio de llanto; entonces mis yer-
nos Moisés y Ricardo se hicieron cargo del procedimiento. Dios

me ha regalado la bendición de contarlos como hijos y saber que son buenos padres y esposos fieles y amorosos. Con el paso del tiempo mejoré, y ya la tarea era más sencilla. La pierna izquierda de doña Iris presionaba contra mi rodilla derecha, y así me impulsaba con mi mano izquierda. Aleluya, ¡qué logro! Recuerdo que en forma jocosa solía agarrarme el brazo afectado, levantándolo con mi mano izquierda; entonces me jalaba la piel del mismo y hacía bromas a mi familia y a mis amigos, insinuándoles que mi brazo ahora servía para muy poco, y me reía de mí mismo... Siempre guardaba la esperanza oculta de saber que:

"Mi redentor vive, y al fin se levantará sobre el polvo; y después de deshecha esta mi piel, en mi carne he de ver a Dios" (Job 19:25,26).

...Yo lo sentía dentro y cerca de mí a cada instante.

"He aquí yo estoy con vosotros todos los días, hasta el fin del mundo" (Mt 28:20).

Por fin llegó el día anhelado, estaba emocionado: por primera vez recorrería el hospital en una silla de ruedas. Para nosotros, cada paso era motivo de celebración. El primer día que trataron de incorporarme y sentarme en la silla, me deslicé como una gelatina por su lado derecho. Entonces me amarraron a ella. Aunque estaba dispuesto, con estos sucesos mi entusiasmo se desvanecía de a ratos; pero como siempre fui persistente, insistía, tomaba un segundo aire y me recuperaba, y lo intentaba nuevamente. Así, hasta que llegué a convertirme en un chofer experto en manejar mi silla de ruedas, desde donde la vida —te lo aseguro—, se ve con una perspectiva muy diferente... Estaba seguro de que mi salud y recuperación dependían solamente de Dios, y que todo esto sería un proceso pasajero. La adaptación a aquel lugar puede parecerte imposible, pero se logra. Al principio, y cuando ya se habían ido nuestros hijos, no podía disponer de quien me ayudara en mis cosas íntimas como el baño y demás. Luego preferí que fuera doña Iris, mi esposa, quien lo hiciera. Las enfermeras, muy gentilmente, comprendieron mi deseo y lo respetaron. Algo que he tenido siempre sembrado en mí, de manera muy profunda, es el pudor. Y es una característica de tu carácter y de tu espíritu que no se pierde con la edad ni desaparece con las crisis. Me caí unas cuantas veces al piso estando en el hospital. Recuerdo una ocasión en que estaba en la ducha junto a mi esposa; ella me aseaba mientras yo permanecía sentado en una silla, debajo del agua; no sabemos cómo, me deslicé, y ahí caímos los dos debajo de la regadera; ella terminó con su ropa empapada, ¿y yo?... Yo ni sé como terminé; estaba muy desvalido para juzgarlo, así que decidimos reír. Reímos a carcajadas durante un rato, hasta que mi esposa se las ingenió para pararse ella y levantarme a mí.

Otro día se la llevaron a ella, querían someterla a terapia psicológica para que pudiera lidiar mejor con la situación: "Doña Iris, usted no puede continuar así. Está muy deprimida; tiene que descansar; debe dejar solo de vez en cuando a don Rafael, para que él progrese", le decían. Al instante, se oyó por el altoparlante una voz requiriendo la inmediata presencia de mi esposa en la sala de ejercicios. La terapista me había dicho: "don Rafael, párese". Yo quise ser obediente... y ahí fue don Rafael directo para el piso. Sin poder extender mis manos para agarrarme de algo e incorporarme, me acomodé allí, esperando a que llegara mi esposa. Fue una más en mi lista interminable de cosas que deseaba hacer y no podía.

Estábamos solos un domingo e Iris me dijo: "Voy a llevarte a dar un paseo por los alrededores". Sentado en mi silla de ruedas, nos refugiamos bajo la sombra de un frondoso árbol; desde allí la brisa nos acariciaba el rostro y el verde de las siembras nos regalaba descanso. Mi esposa se sentó en el borde de la fajilla de cemento que divide el terreno del pavimento, y se fue de espaldas, cayendo acostada en la grama. Traté inútilmente de ofrecerle mi mano izquierda, que quedaba a algunos pies de distancia de la de ella. Fue otra de las ocasiones en las que reímos juntos. Doña Iris decía que había tenido que "virarse como una gata", y así logró levantarse. ¡Confesiones de pareja!

Allí tienes que aprender a aceptarte en un plano de sinceridad y verdad; y aunque los días parezcan largos e interminables con sus terapias, tratamientos y análisis, Dios te da la gracia para superar, para alcanzar, para luchar... La unidad familiar adquiere otro sentido y otra profundidad. Se vive más allá de lo cotidiano y conocido, y se abren nuevas puertas y horizontes hacia posibilidades de amar como nunca antes ninguno de nosotros lo había experimentado... La lucha es evidente, así como la tenacidad y el deseo de superación y la supervivencia... Aun en el desierto, Dios ha prometido que floreceremos.

"Florecerá profusamente, y también se alegrará y cantará con júbilo... Ellos verán la gloria de Jehová, la hermosura del Dios nuestro" (Is 35:2).

Mis compañeros de habitación..., esa es otra historia. En esa clínica no existen habitaciones privadas, así que no hay lugar para las exclusividades. El primero de ellos fue un joven, que suponemos sufría de una enfermedad en su sistema inmunológico que lo había dejado inválido. Las enfermeras le advirtieron a mi esposa que no utilizáramos absolutamente ninguno de sus efectos personales. Era un muchacho pacífico y muy tranquilo. Iris le regaló una de mis pijamas y le hablaba del plan de salvación. A su lado dormíamos bien en las noches; pero eso sería cuestión de días. Cuando se fue, trajeron a otro paciente que había sufrido un derrame cerebral. En las noches lo cuidaba su hija, ¡¡una monjita que roncaba como un tren!! Nosotros en vigilia y, por supuesto, al otro día yo no podía hacer mis terapias, así que nos trasladaron a otro cuarto. Allí encontramos a un joven de no más de treinta años de edad, que había sufrido un accidente automovilístico, quedando en estado vegetativo. Mi esposa lo arropaba en las noches y oraba por él. ¡Pero la bendición no nos duró mucho! Su hermana se quejaba con las enfermeras de que nosotros lo molestábamos y se lo llevaron de nuestra habitación. Luego nos enteramos de que recorrió todas las habitaciones del hospital, y que su hermana no encontraba paz en ninguna. Terminó llevándose al muchacho del hospital.

El próximo amigo era un hombre de unos cuarenta años de edad. Había sufrido un accidente que lo dejó mal herido en la cabeza, provocándole demencia. Llamaba continuamente a los gritos a su esposa, y cuando finalmente ella aparecía en escena, la echaba con palabras insultantes. Obviamente, tampoco con él podía conciliarse mucho el sueño. De noche, mientras yo dormía, doña Iris velaba mi sueño como leona parida. Supuestamente, nuestro compañero estaba inmóvil; pero una noche abrió nuestra cortina y nos sorprendió con una tijera en la mano. Llamamos a la enfermera de inmediato; al pobre hombre lo amarraban, se soltaba, lo medicaban, y gritaba. Finalmente le dieron de alta entendiendo que no podían hacer nada más por él.

El próximo era un señor americano de unos cincuenta y cinco años de edad. Tenía problemas con su espina dorsal. Se amanecía mirando televisión, ¡acompañado de un concierto de gases!... Llamaba continuamente a la enfermera: "*Close the door, please*"; a lo que doña Iris contestaba: "*Open the door, please*". Una vez más nos trasladaron. Esta habitación prometía ser un remanso. Las enfermeras nos dijeron: "Ahora sí que van a descansar". Nuestro nuevo compañero había sufrido un accidente en su trabajo de construcción; estaba postrado en cama sin poder moverse y con una traqueotomía por donde respiraba y que no le permitía hablar. Durante tres días corridos, después de la cena que servían a las seis de la tarde, doña Iris me leía la Palabra, oraba por el vecino y por mí, ¡y a dormir! Recuperamos las fuerzas, hasta que al tercer día el muchacho se asfixió, llegando al borde de la muerte. Médicos, enfermeras, equipo de resucitación; a las tres de la mañana se lo llevaron y a las cinco lo devolvieron...

Amado, te lo cuento todo en forma jocosa porque nunca he sido un hombre trágico; pero en el mundo del espíritu sabemos que allí estábamos peleando batallas en diferentes campos. ¡Por momentos, de mucha oración; en otros, de represión!

David exclamó: "Aderezas mesa delante de mí en presencia de mis angustiadores" (Sal 23:5).

Allí los angustiadores no son físicos, sino batallas y luchas internas, espirituales y emocionales, que te permiten desarrollar la capacidad de ser un guerrero efectivo en el campo espiritual, en el conocimiento de ti mismo y de tu relación con Dios. La mesa, la mesa se sirve en los pequeños detalles del día a día; bendiciones inexplicables que se presentan en forma de una dulce enfermera, de un buen vecino de cuarto, sus familiares, la oración maravillosa de los hermanos a la distancia, un pastor amigo que te visita, los cientos de cartas que me enviaban con mi hija los hermanos y los niños de la iglesia, un paquete que llega de sorpresa, el amor de tus hijos, la fidelidad de tu esposa, la mirada cálida y la sonrisa de mis nietos, y tantas otras e incontables bendiciones. Mis amigos siempre fueron a verme, aunque sé que algunos salían llorando y sumamente afectados; para ellos, la situación era más de lo que podían soportar. Yo notaba detrás de sus rostros sonrientes una angustia oculta; aun así, agradecía profundamente sus visitas.

"Dios hace habitar en familia a los desamparados; saca a los cautivos a prosperidad" (Sal 68:6).

No sé a usted, pero a mí nunca me ha gustado mucho la comida de los hospitales. Soy un hombre de poco comer y confieso que bastante remilgoso. No sé si será el ambiente, pero allí la comida luce triste y desabrida. Por eso, la sola llegada de aquella bandeja me causaba depresión. La poca hambre que tenía se me quitaba; y aun más, sabía que mi dieta era sin sal, sin azúcar y sin grasas. ¿Qué queda, hermano mío? Un caldo ralo e incoloro, junto a unas papas majadas que parecen maicena..., y una carne que lo mismo puede ser carne o bagazo de caña. Ahí comenzaba la lucha de doña Iris: "Rafael, tienes que comer... Por favor, mi amor, come". Y mi cara se iba virando hacia la almohada, cubriendo mi boca hasta que casi me daba tortícolis, huyéndole a aquella cuchara "como el diablo a la cruz". En algunos momentos tenía que comer o morir de hambre, así que hacia el sacrificio.

Hubo días gloriosos en que algunos amigos atrevidos me bendijeron. El pastor William Carrión, ya retirado y residente en Miami, fue una bendición enviada a nosotros por el hermano Luzunari, quien nos lo refirió desde Puerto Rico. Carrión nos visitaba casi todos los días. Trabajaba en un supermercado cercano al hospital, y recuerdo que aparecía siempre cargado con una caja llena de dulces y bizcochos que nosotros gustosamente recibíamos. ¡Mi esposa separaba nuestra pequeña porción y luego repartía a las enfermeras y al resto del hospital! El Lic. Cintrón se apareció un día a visitarme junto a su esposa, con una langosta en mantequilla y chocolates de los "finos". Claribel y Luis me trajeron una paella con tostones; había mangos y, desde Puerto Rico, bizcocho, arroz con gandules, pasteles, alcapurrias y hasta lechón "asao". Nany viajaba como toda una buena "jíbara puertorriqueña", cargada de bolsas y bultos de mano con comida que preparaba Elba, la esposa de Noli, mi hermano. Con una sonrisa tímida y bajo la mirada inquisitiva de los empleados del aeropuerto, lograba abordar aquel avión, ocupar el asiento asignado y despegar vuelo. La carga llegaba intacta. Eventos, en donde el amor vence sobre la vergüenza. ¡En esos días, mi esposa se hacia la ciega permitiéndome algunas concesiones! Luego todos corrían a darme la pastilla de la diabetes, la pastilla de la presión, la pastilla del estómago. Nany me hacía la prueba de azúcar, me tomaba la presión y el corre corre era de película. Luego, cuando llegaba la enfermera..., ¡aquí no ha pasado nada! Todos calladitos sonreían, sintiendo la culpabilidad de haber cometido un gran pecado... Yo, feliz. En mi tierra existe un dicho: "Barriga llena, corazón contento".

En otras ocasiones y cuando me visitaban mis hijos, Moisés, mi yerno, esposo de Vanessa, corría como un zepelín conmigo en la silla de ruedas. Descubrieron una salida en la parte posterior del hospital, por donde me raptaban. Tomábamos la carretera "92" de Miami, y allí íbamos a recorrer la famosa calle ocho. Visitábamos una cafetería cubana y muchísimos restaurantes en donde disfrutamos como familia, adaptando la felicidad de estar juntos a nuestras circunstancias presentes. Para mi cumpleaños vinieron todos mis hijos y nietos. Lo celebramos juntos en un restaurante; Elba envió un bizcocho hecho por ella, que obviamente Nany cargó. Luego, al regresar al hospital, hacíamos una entrada sigilosa, aunque la enfermera siempre nos sorprendía diciéndonos: "¿Se creen que no lo vi, ahhh? Sencillamente me hice la loca. ¡La próxima vez, llévense al menos los medicamentos!" ¡Ah! ... Momentos hermosos en medio de la prueba, que se recuerdan con alegre melancolía.

El personal del hospital era gente muy capacitada, profesional y buena. Una de las enfermeras que más me impresionaron era una morena, alta, americana, que cantaba como los ángeles. Cada domingo interrumpía el tedio y la soledad de aquel día con sus cánticos celestiales por los amplios pasillos del hospital. Era el jilguero de Dios, y su cántico traspasaba la frialdad de aquellas paredes, calentándonos el alma y devolviéndonos la fe. Era el regalo de Dios, que en medio de todo mi proceso me hacia sentir inmensamente amado. Allí éramos una gran familia..., la familia del dolor... Esa que une a los hombres en lazos inquebrantables que superan las estaciones del alma y del momento; y continúa fuerte a través del tiempo. Esa familia no tenía nacionalidad, ni raza ni sexo. Nos brindábamos un apoyo abstracto pero tangible; un identificarse uno con el otro que te hace sentir menos solo, menos triste.

Porque allí, mi amado hermano, existen momentos y noches largas, de profundo dolor y reconocimiento, en los que en más de una ocasión te sientes desmayar. Algunas noches, mientras todos dormían, sollozaba y le decía al Señor: "Para qué vivir así; ya no soy nadie, soy un hombre que depende de otros para casi todo, soy una carga. ¿Cómo puedo ser tu siervo y mostrarle a la gente tu gloria? ¿A quién puedo ser estímulo y bendición? Aunque como respuesta sólo escuchaba la voz del silencio, y en lo profundo de mi ser tenía la certeza de que alguien sí recibía mi clamor. Así me quedaba dormido hasta el amanecer... Otro día más. ¿Qué traerá consigo?...

"¡Vamos ahora! Los que decís: Hoy y mañana iremos a tal ciudad, y estaremos allá un año, y traficaremos y ganaremos; cuando no sabéis lo que será mañana. Porque, ¿qué es vuestra vida? Ciertamente es neblina que se aparece por un poco de tiempo y luego se desvanece. En lugar de lo cual deberíais decir: Si el Señor quiere, viviremos y haremos esto o aquello" (Stg 4:13-15).

Mi tiempo en la sesión de terapia psicológica se convertía en una charla a la inversa. Se supone que ellas me dieran terapia a mí, pero inevitablemente y al cabo de un tiempo, me encontraba hablándoles de las maravillas del reino de Dios, de la eternidad; y me sucedía como al Profeta:

"Me sedujiste, oh Jehová, y fui seducido; más fuerte fuiste que yo, y me venciste" (Jer 20:7).

Así que, aun en medio de mi limitación al hablar, como ellas son expertas, me las arreglaba muy bien para hacerme entender. Ellas me escuchaban atentamente y por primera vez en algún tiempo me sentí útil y necesitado.

"Había en mi corazón como un fuego ardiente metido en mis huesos; traté de sufrirlo, y no pude" (Jer 20:9).

Algo que nunca ha menguado es mi pasión por Dios. En medio de toda la crisis, Él ha guardado mi corazón. ¡A Él sea la gloria!

Lo amo más que a mi vida misma, más que nunca antes y a unos niveles de profundidad desconocidos anteriormente para mí. Cuando pienso en el privilegio maravilloso que tuve de experimentar el cielo, y aun de sentir la realidad del infierno, no puedo menos que sentirme humillado y agradecido ante Su presencia, aunque de momento no logre comprender la totalidad de lo que ha sido el producto de la mayor crisis de toda mi vida. Siempre me dije: "En momentos difíciles, verdades absolutas"... "Dios es bueno, la vida es hermosa, el cielo es una maravillosa realidad y Jesucristo es el Señor!"

Luego de algunos meses viviendo en el hospital junto a mi esposa, que jamás se separó de mi lado ni un solo momento; de mis hijos que viajaban a menudo para estar con nosotros; de algunos familiares cercanos y amigos fieles, terminó nuestro tiempo allí. Nos mudamos a una modesta casita que estaba ubicada cerca del hospital, pues tenía que continuar mi tratamiento ambulatorio. La casa era pequeña, sencilla: sala comedor, cocina, dos habitaciones y un modesto baño. Nos pareció un palacio; ¡nos sentíamos libres, felices! El dueño de la casa envió a un anciano que construyó la pequeña rampa por la que subía a la casa mi sillón de ruedas. Mi esposa le habló al pastor Mario Marrero, director de la "Fundación Más que Vencedores", institución dedicada a la rehabilitación de jóvenes con problemas de drogas, de la necesidad que teníamos de habilitar la casita, y él envió a los muchachos del Hogar, quienes limpiaron, pintaron, fumigaron y desyerbaron el patio. Dios es maravilloso... Él hace de un desierto un río.

"En las alturas abriré ríos, y fuentes en medio de los valles; abriré en el desierto estanques de aguas... Derramaré aguas sobre el sequedal, y ríos sobre la tierra árida" (Is 41:18, 44:3).

Nany emprendió una batalla campal y a muerte con las cucarachas. ¡No quedó una viva! Alquilamos un "matress" en una tienda de esas; Luis de Jesús lo armó; inmediatamente doña Iris compró un mapo y un balde; y alimentos para cocinar por primera vez luego de mucho tiempo. Nuestro hijo Rafy envió mi carro por barco a Miami, para que no estuviéramos a "pie", y Dorcas, mi otra hija, se mudó con nosotros por un mes: quería encargarse personalmente de mi dieta y darle un poco de descanso a su mamá. Mis cuñadas, las hermanas de doña Iris, Gladys y Zoraida, se turnaron y ambas pasaron algunas semanas junto a nosotros. Nunca estuvimos solos. ¡Qué maravilloso es tener una familia que te apoye y te ame incondicionalmente! Pronto, aquella casita se convirtió en un cálido refugio, lo más parecido a nuestra antigua privacidad.

En mi viaje de reconocimiento a través de toda la casa, encontré en el balcón una plantita casi moribunda. Me encariñé, y a la vez pienso que me identifiqué con ella. La vi tan frágil, tan dependiente... Comencé a regarla todos los días sin fallar uno, y para nuestra sorpresa mi amiga comenzó a revivir. Curiosamente, la plantita se llama "la Cruz de Cristo". Luego de vivir su calvario personal, que compartió con el mío, la planta voló conmigo hacia Puerto Rico en mi viaje de regreso. Hoy vive felizmente plantada en el jardín principal de mi casa; está grandísima, requeteviva y hasta tiene tres hijitos.

Así es Dios. Él se encarga de cambiar nuestras tragedias en bendición, "nuestro lamento en baile", y nos convierte en alimento y bendición para otros. Así se cumple en nosotros la Escritura que dice:

> "El cual nos consuela en todas nuestras tribulaciones, para que podamos también nosotros consolar a los que están en cualquier tribulación, por medio de la consolación con que nosotros somos consolados por Dios" (2 Co 1:4).

Así como la planta sobrevivió a su condición anterior y a su traslado fuera de su hábitat, mi vida ha sido testigo de las maravillas de un Dios, que aun en medio de dolorosos procesos y aprendizajes, ha permanecido fiel. Sobreviví, con el solo propósito de decirte a ti que también puedes superar toda circunstancia difícil en Él. Resurgí de la muerte sólo para cumplir el propósito de Aquél a quien ama mi alma. Multiplicarnos es la meta y la consigna. ¡Arrebatarle las almas al enemigo!... hacerlos entrar "por la puerta estrecha" hasta ver a Dios en Sión.

"Esforzaos a entrar por la puerta angosta; porque os digo que muchos procurarán entrar, y no podrán" (Lc 13:24).

"Irán de poder en poder; verán a Dios en Sión" (Sal 84:7).

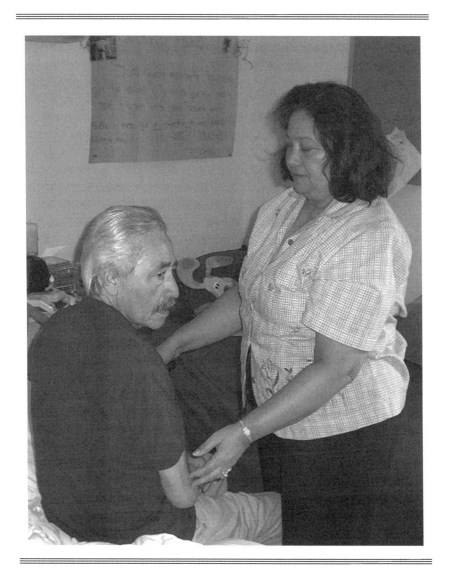

Doña Iris atiende a su amado esposo Rafael, en una de las habitaciones que se constituyó en su hogar por largo tiempo en el hospital Health South de Miami, Florida.

Capítulo 5

"El corazón de mi mujer..."

Nuestro primer día en Miami fue de adaptación al ambiente y de ajetreo clínico. Evaluaciones con el fisiatra y con los diferentes terapistas que atenderían a Rafael. Su cuerpo estaba bastante deteriorado y el cuadro clínico que nos presentaron era más negativo que alentador; pero sí nos hicieron saber que en él había mucho potencial. Nuestra fe era muy grande, y unida a la labor de eficiencia que llevaron a cabo los técnicos y especialistas de la Clínica *Health South*, luego de veinte días de terapia intensiva, mi esposo comenzó a ponerse en pie. Él fue muy valiente y cooperador en todo momento. Es un magnífico paciente; todas las terapistas y los médicos lo querían mucho.

Su actividad comenzaba a las nueve de la mañana cuando venían a buscarlo, y se lo llevaban para practicarle su rutina de terapias, finalizando a las cuatro de la tarde. Le enseñaron a comer con su mano izquierda, a escribir y a vestirse por sí mismo. Tenía terapias psicológicas y recreativas. La labor fue muy ardua, pero al fin se logró.

Por mi parte, yo me dediqué a convertir aquel lugar en un ambiente cálido, lo más parecido a nuestro hogar. Teníamos fotos familiares y dibujos por todos lados, y mis hijos, sabiendo que su padre tenía inmóvil su mano derecha, marcaron todos sus huellas en diferentes colores sobre una cartulina que pusimos adornando la pared. Ese era nuestro "óleo" preferido. Cuando él lo miraba, sentía el amor de ellos; recordaba que los tenía y los tiene como apoyo y respaldo seguro. ¡Nuestros hijos son nuestra mayor bendición! Mi hija Dorcas le regaló una toalla gigante con la bandera de Puerto Rico impresa en ella; la colocamos como un afiche en la puerta del pequeño armario donde guardábamos nuestra ropa y nuestras pertenencias personales. Nany me trajo vasos, platos desechables, agua potable, café para colar y cafetera. Vanesita traía pijamas, detergente, galletas, camisetas, revistas... ¡y todo lo que esos muchachos encontraban! Nuestro cuartito parecía un apartamento ambientado con mucho amor y café caliente para todo el que llegara. En ocasiones había más de quince personas aglomeradas en ese espacio diminuto. Cuando llegaban todos mis hijos, mis nietos y los allegados, hacíamos turnos para evitarnos problemas. Tratábamos de ser lo más agradables posible con nuestros compañeros de habitación y con sus familiares. Les ofrecía de lo que hubiese en el momento, orábamos por ellos, conversábamos; creo que así fue como evitamos que no nos expulsaran del hospital... ¡¡¡y a la vez cumplíamos con la gran comisión!!!

> "Por tanto, id, y haced discípulos a todas las naciones, bautizándolos en el nombre del Padre, y del Hijo, y del Espíritu Santo " (Mt 28:19).

Me constituí en la misionera de *Health South*. Fueron muchos los casos por los que el Señor me permitió orar, muchas madres y esposas con las que pude identificarme y así consolarnos mutuamente. Convertir toda aquella tragedia en un poco de bendición y de paz fue un gran reto.... Lejos de mi casa, de mis hijos, de los hermanos de la iglesia, fuera de mi ambiente, extrañaba mis orquídeas, mi huerto casero y mi tierra. Al menos estaba acompañada de mi esposo, de quien me resultaba imposible separarme. Dormía a su lado en mi caucho (colchón), que no era precisamente la cama ortopédica que teníamos en nuestra casa y tampoco la "craftmatic" (cama de posiciones) que pensábamos comprar para la última etapa de nuestra vida. Éste tenía un hoyo en el medio, que en pocos días hizo que yo terminara también tomando terapia física. Se llevaban a Rafael para una sesión, y yo salía para la otra. Pero allí estaba... cumpliendo con mi esposo amado el compromiso que habíamos hecho tantos años atrás, frente a un altar, cuando le prometí ante mi Dios estar junto a él, en salud y enfermedad. Mi marido es un hombre maravilloso, un esposo y un padre excelente y muy buen proveedor. Durante años me ha hecho sentir una mujer amada, respetada, realizada y ha sabido ser sustento y consuelo. Ha sido mi amigo, mi esposo, mi amante, mi compañero y consejero fiel. Junto a él he crecido; ¡juntos hemos llorado, reído y reñido! Un hombre lleno de detalles y romanticismo, aun después de tantos años de matrimonio. Por eso no me pesaba, ni me pesa en lo más mínimo cuidarlo y ser su compañía en todo momento. No lo hacía ni lo hago como una pesada carga, sino como una dulce responsabilidad llena de amor y de compromiso. Porque así es el verdadero amor.

"El amor es sufrido, es benigno; el amor no tiene envidia, el amor no es jactancioso, no se envanece; no hace nada indebido, no busca lo suyo, no se irrita, no guarda rencor; no se goza de la injusticia, mas se goza de la verdad. Todo lo sufre, todo lo cree, todo lo espera, todo lo soporta. El amor nunca deja de ser" (1 Co 13:4-7).

Recuerdo el primer día en que lo llevaron a su terapia para aprender a comer por sí mismo. El cuadro fue doloroso. Luis y Claribel habían venido desde Orlando, para estar con nosotros ese fin de semana; y todos nos fuimos con él al comedor en donde se efectuaría la terapia de grupo. Observaríamos de lejos, al menos eso pensé... ¡Pero no pude! Ver a mi esposo imposibilitado de abrir su jugo, usar su cubierto, la servilleta... En esos días, él tenía la boca muy desviada hacia el lado derecho, y al comer la saliva y la comida se salían por ese costado de su boca. ¡Cuánto dolor me causaba verlo! Entonces, sin pensarlo dos veces, me acerqué a él, abrí su jugo, lo limpié con la servilleta y estaba lista para alimentarlo cuando, al instante, escuche la voz de la terapista que secamente me decía: "Sra. Torres, por favor...; usted no puede ayudarlo.

Déjelo solo, está interrumpiendo el proceso normal de la terapia". Claribel abría sus grandes ojos, hablándome mil palabras y Luis me hacía señas con las manos para que saliera del lugar. Me alejé de Rafael con una sensación desgarradora en el corazón y sintiendo que lo abandonaba. Miré hacia atrás, y escuche la voz de la terapista que decía: "Sr. Torres, límpiese la boca con su servilleta, por favor". Orden a la que mi esposo respondió de inmediato. Su mirada lánguida se me perdió al cruzar la puerta por la que me llevaban casi arrastrada. Recuerdo que sólo se me ocurrió decirle a Luis: "Tú eres bien dominante". Nos reímos con una risa nerviosa como para escapar del dolor de aquel momento. Luego de un tiempo supe que para ellos tampoco fue una experiencia muy agradable.

Así es la vida; nunca imaginé que vería a mi esposo rodeado de otros compañeros minusválidos, tratando de aprender a usar nuevamente sus manos. No sé si era orgullo, o dolor o una mezcla de ambos, sumado al asombro de pensar que toda su vida la vivió entregado a Dios. Verlo en esa condición era algo que tardé mucho en aceptar. Sabía que allí no éramos distintos a nadie, pero también sabía que el Dios a quien nosotros servimos era el poderoso de Israel. Él no nos fallaría ni nos abandonaría jamás.

Dios fue tan maravilloso que usualmente teníamos compañía, y eso nos ayudaba mucho emocionalmente. Mi hermana Haydeé y Josué, su esposo, nos visitaron y se quedaron junto a nosotros por una semana. Luego, Ana María, la hermana de Rafael y mi amada cuñada, vino acompañada de Ligia Núñez y de Provi, ambas hermanas de nuestra iglesia. Se hospedaban en el hotel cerca del hospital, en donde se refugiaba todo aquel que venía a vernos. El hermano Forti, de nuestra iglesia, también nos llegó un día de sorpresa. Ministros, pastores, hermanos y amigos aparecían a vernos y a los que siempre les estaremos muy agradecidos. ¡Gracias por no olvidarnos!

Hubo momentos en los que no podía entender el porqué de las cosas; Rafael exponía unas razones en su diálogo con Dios y yo tenía otras. Él fue al cielo y querría haberse quedado allá... Yo me preguntaba cómo era posible que él quisiera dejarme acá abajo, sola después de tantos años de caminar juntos. Aun he llegado a cuestionarle por qué no se acordaba de mí en el cielo... Imposible; si él me faltara sería como si me faltara la respiración. Sí, lo sé: en ese particular mi teología puede ser cuestionable, ¡pero estas emociones son las exageraciones del amor! Conozco la Biblia y será como está escrito.

"Erráis, ignorando las Escrituras y el poder de Dios. Porque en la resurrección ni se casarán ni se darán en casamiento, sino serán como los ángeles de Dios en el cielo" (Mt 22:29-30).

Hoy y a cada instante, bendigo en mis oraciones al personal médico de aquella institución que tanto bien nos hizo; pienso en el Dr. Khosner, que lloró cuando despidió a Rafael. Él decía que nunca había visto un caso como el de mi esposo, que progresara tan rápido. ¡A nuestro Dios sea toda la gloria!

Vivimos experiencias agradables y otras menos agradables; pero al resumir lo aprendido, sólo queda el recuerdo y la impresión de un Dios que nunca nos abandonó en medio de nuestro desierto.

"Es necesario que a través de muchas tribulaciones entremos en el reino de Dios" (Hch 14:22).

Fueron cuatro largos meses; experimenté soledad, tristeza, autoconocimiento, victorias, ¡y mucho dolor! No me mató; finalmente me dio una nueva experiencia llena de vida. Nuestra naturaleza humana necesita de estos procesos para convertirnos así en mejores cristianos, y que entonces podamos ser de bendición a otros.

"Pasamos por el fuego y por el agua, y nos sacaste a abundancia" (Sal 66:12).

"Porque la tristeza que es según Dios produce arrepentimiento para salvación... Porque he aquí, esto mismo de que hayáis sido contristados según Dios, ¡qué solicitud produjo en vosotros, qué defensa, qué indignación, qué temor, y qué ardiente afecto, qué celo, y qué vindicación!" (2 Co 7:10-11).

El día que nos mudamos a la casita que estaba ubicada frente al hospital, me sentí más feliz que la Reina Isabel en su palacio. Allí vivimos unos días hermosos, llenos de esperanza y de ilusión como preámbulo a nuestro próximo regreso. Dorcas, mi hija, se quedó con nosotros durante un mes y fue una bendición; cocina riquísimo. Mis dos hermanas, Gladys y Zoraida me acompañaron, una semana cada una, en la casita. Elba y Noly estuvieron con nosotros la semana final y en medio del ajetreo de la mudanza, (porque teníamos que vaciar la casa). Elba preparaba alcapurrias, yo preparé un arroz, la casita estaba llena de familia. Luis y Claribel llegaron el último día. Mis hijos siempre se turnaban para venir, hasta que llegó el día de regresar, donde todos salimos hacia nuestro anhelado destino...

¡Dios lo prometió y lo hizo! Llegamos a Puerto Rico el 12 de octubre de 2001. Esta vez no viajamos en una ambulancia aérea, sino en un vuelo de primera clase de una línea comercial reconocida. ¡Qué hermosa encontré mi isla! El sol me parecía más brillante y el mar tenía un azul distinto. ¡Mi hogar me pareció una mansión inmensa! Era como si todo lo ordinario, lo de siempre, hubiese tomado un sentido nuevo. Dios me había enseñado un nuevo sistema valorativo. Mis ojos lavados con lágrimas podían valorar más cada una de sus bendiciones.

Y lo más maravilloso de todo: regresaba junto a mi esposo, quien llegó caminando por sus propios pies, y ayudado de su bastón subió los escalones que lo devolvían a nuestra habitación de siempre en el segundo piso de nuestra casa. Volvió a su mesa, en donde come con su mano izquierda los "gustitos" que le preparo. Volvió a darle calor y vida a nuestro hogar, se sienta en la terraza desde donde observa y da órdenes; ¡porque manda!... ¡Volvió a su iglesia donde gozosos nos recibieron los hermanos!, ¡qué emotiva bienvenida! Regresó al altar, en donde cómodamente se sienta a recibir el mensaje de la Palabra de Dios en labios de nuestra hija, la Pastora, el alimento que sacia su alma y su espíritu. Nos gozamos tanto en verla; ¡Dios la usa de manera tan hermosa! Todos juntos como familia y cerca de nuestros hermanos de la iglesia esperamos juntos la promesa que el Señor nos ha dado de ver a Rafael totalmente restaurado. Estamos listos y deseosos de recorrer juntos el camino nuevo que Dios nos asigne.

"He aquí yo hago cosa nueva; pronto saldrá a luz; ¿no la conoceréis? Otra vez abriré camino en el desierto y ríos en la soledad" (Is 43:19).

Sabemos que aún hay mucho camino por recorrer. No somos tan jóvenes ni tan fuertes como antes, pero sabemos que nuestras fuerzas provienen del Señor y en Él serán renovadas de día en día hasta nuestro día final. Atrás quedaron los sufrimientos, las lágrimas y el fuego. ¡Al menos éstas! Hemos sido probados por nuestro Dios en ese mismo fuego y no pudo consumirnos; las aguas no pudieron anegarnos. Amado, cuando llegue a tu vida el día malo, porque a todos nos llega, refúgiate en Él "hasta que pasen los quebrantos". No trates de ser fuerte en ti mismo; abandónate en Sus brazos de amor, y confía. Él te sustentará, te sostendrá y te ayudará. Te lo aseguro...

"Ten misericordia de mí, oh Dios, ten misericordia de mí; porque en ti ha confiado mi alma, y en la sombra de tus alas me ampararé hasta que pasen los quebrantos" (Sal 57:1).

"Esfuérzate y aliéntese tu corazón; sí, espera a Jehová" (Sal 27:14).

"Para que sometida a prueba vuestra fe, mucho más preciosa que el oro, el cual aunque perecedero se prueba con fuego, sea hallada en alabanza, gloria y honra cuando sea manifestado Jesucristo, a quien amáis sin haberle visto, en quien creyendo, aunque ahora no lo veáis, os alegráis con gozo inefable y glorioso; obteniendo el fin de vuestra fe, que es la salvación de vuestras almas" (1 P 1:7-9).

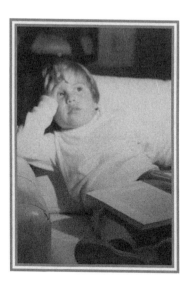

Cuatro de los hijos del matrimonio Torres. Desde arriba a la izq.: Dorcas Ivelisse, Vanessa, Rafael Isaac y Rolando Torres Padilla.

Capítulo 6

Mis hijos hablan...

Roly, Mi hijo Menor... "El regalón"

Eran las siete y cuarenta y cinco minutos de la noche cuando sonó el timbre de mi celular. Me informaban que papi no se sentía bien. Lo tomé de forma tranquila y pensé que había sufrido uno de los bajones de azúcar que solían darle mientras predicaba. Tal vez era una exageración. Mi teléfono sonó nuevamente y me informaban que habían salido de emergencia con él hacia el Hospital Hermanos Meléndez. Permanecí mudo por varios segundos. Estaba en estado de "shock" y el temor se había apoderado de mí. Corrí desesperado hacia mi automóvil; camino al hospital, la distancia parecía eterna. En mi mente se desataba una batalla, sobre todo incredulidad ante los hechos, y el no saber lo que le sucedía a mi padre casi me enloquecía. Me sentía completamente perdido y desubicado. Al llegar, vi un grupo de personas aglomeradas con caras tristes y llenas de preocupación. Corrí hacia donde estaban mis hermanos, y Nany me informó que todo aparentaba que papi había sufrido un derrame cerebral. No lo podía creer, eso no era cierto, ¡no a papi! Estaba seguro de que Dios no lo permitiría. Mis hermanos y yo nos abrazamos fuertemente, como si en esa cercanía física buscáramos fortaleza, consuelo y paz. Pensaba en su sonrisa, sus consejos, su alegría, la satisfacción que me producía el simple hecho de disfrutar juntos un programa de televisión. Esperaba respuestas que me ayudaran a ver la situación desde un punto de vista diferente, pero no lo lograba.

Cuando por fin pudimos verlo, mi corazón se sentía estallar. Allí estaba papi acostado sobre una camilla con la mano izquierda amarrada, inconsciente; y cuando por fin abrió sus ojos, no nos conocía, no hablaba, solamente trataba de desamarrar su mano de la cama. Fue un momento sumamente difícil para todos. En total negación, sólo pedí a Dios que me dejara despertar de todo aquel mal sueño, y que me permitiera levantar a papi de aquella camilla y así llevármelo tranquilo a casa.

Esa noche no llegué a casa con papi. Mi madre y yo nos sentamos en la sala sin hablar una sola palabra por largo rato. Sólo restaba orar y esperar, aunque nos cuestionábamos el porqué de aquella tragedia. Luego, cuando se supo finalmente el diagnóstico, fue cuando comenzó la verdadera batalla. Las visitas calculadas a la sala de intensivo eran una rutina diaria y sagrada para todos nosotros. De dos y treinta a tres de la tarde, y de seis y treinta a siete de la noche. Le informé a mi jefe sobre nuestra situación, y un poco insubordinado de mi parte, producto de la desesperación del momento, le dije que había decidido ir a verlo todos los días a esas horas. Él se mostró muy amable y compresivo, e ignorando mi actitud me dijo que comprendía y que no habría problemas. Así que todos los días sin fallar, allí estábamos todos, parados frente a la sala de cuidado intensivo esperando pacientemente que aquella gran puerta se abriera para permitirnos ver a papi, aunque fuese sólo por unos momentos.

Con el paso de los días, la cantidad de gente que esperaba fue aumentando. Recuerdo que le dejaban mensajes escritos pegados sobre la gran puerta: "Pastor, hoy yo oro por ti como una vez tú oraste por mí".

Las visitas de mandatarios, alcaldes, senadores, y de gente simple eran contínuas; una mezcla heterogénea que me hacía sentir feliz de que lo amaran tanto, y a la vez me agobiaba en los momentos de turbación y de dolor. Quería que estuvieran presentes y quería que nos dejaran solos con nuestro dolor. El ser humano es complicado, y a veces lleno de muchas contradicciones. Hoy les agradezco su forma de expresarnos el amor y de vivir junto a nosotros un momento de prueba tan difícil. Pasaban los días y todo aparentaba estar bajo control. Sin embargo, existía la gran posibilidad de que papi muriera. Se corregía una situación y se le presentaba otra de igual o mayor magnitud. Dios tendría la última palabra; y ese viernes en la noche, en medio de un culto al Señor con nuestra esperanza quebrantada y nuestro ánimo hecho pedazos, Dios nos habló diciendo que Él estaba al control. Esa noche recibí paz y por primera vez comprendí lo que esas palabras significaban "Dios estaba al control... y punto".

Poco a poco, papi iba volviendo en sí. Comenzaba a reconocernos, estaba muy triste e iba comprendiendo la magnitud de lo que había sufrido. Nuestro apoyo y amor incondicional jamás le faltó. Cuando se acarició la idea de llevarlo fuera del país a practicarle terapias físicas de forma intensiva, comenzó la segunda etapa de lo que ha sido un proceso difícil sobre todo para él. Pensarlo lejos nos dolía. Sabíamos que ya no estaríamos a una distancia que pudiéramos recorrer en automóvil, ni podríamos visitarlo todos los días, dos veces al día. Cuando por fin logramos llegar a Miami y llegó el día de regresar, la despedida se constituyó en un dolor para todos. Era tan duro dejar a mami y a papi allí y volvernos a la isla. No obstante, con el tiempo comprendimos que habíamos tomado la mejor decisión. El hospital *Health South* de Miami es una institución llena de gente capaz y especializada, que sin lugar a dudas agilizó el proceso de recuperación de mi padre.

Vía telefónica, nos íbamos enterando del progreso lento pero seguro de papi. Hablaba con ellos todos los días al igual que mis hermanos. Aunque sólo fuese por algunos instantes, y siempre que hubiese oportunidad, viajábamos con regularidad a Miami para visitarlos. En una de esas ocasiones mis padres celebraban su aniversario número cuarenta y tres. Fue un momento familiar hermoso. Cenamos juntos y llevamos un gran bizcocho. En otra ocasión decidimos hacer algo original. Compramos cartulinas y pinturas de acuarela, nos reunimos con ellos dos en el comedor del hospital, y cada uno de nosotros estampó su mano derecha plasmando su huella y el compromiso de apoyarlos en ese momento y siempre. Fue algo verdaderamente significativo para todos. La colocamos en la pared de su cuarto como un recuerdo visible de nuestro profundo amor para dos seres que han sido más que especiales.

Fueron en total cinco largos meses que se convirtieron en una escuela para todos, que definitivamente vemos la vida desde una perspectiva muy diferente. Por mi parte, siempre estuve tan ocupado y envuelto en mis cosas que no prestaba atención a las que realmente tienen valor, como por ejemplo mi familia. A su regreso, todos sabíamos que las cosas nunca serían como antes.

Dios ha obrado maravillas en todas las vidas que de una manera u otra han participado de cerca en esta crisis. Definitivamente, yo puedo hablar de mi vida como el hombre que era antes de que sucediera, y el hombre que soy ahora. Confío en Dios más que nunca y sé que en medio de todo se ha manifestado su plan divino. No entiendo totalmente por qué tuvo que ser de esta manera, y en ocasiones he lidiado con sentimientos de ira y rebeldía. Ese es mi proceso y con eso tendré que bregar.

"Mejor es el que tarda en airarse que el fuerte; y el que se enseñorea de su espíritu, que el que toma una ciudad" (Pr 16:32).

Pero cuando miro a mi padre a los ojos, veo al mismo hombre dulce que me consentía de niño y aun de un poco más adulto. Aquel hombre que me enseñó a hablar cobijado ante la sombra de la razón y no de la ira. Al hombre que me enseñó que el enojo se aplaca con el amor y la comprensión. Al que me enseñó que la mujer es vaso frágil y que merece respeto y admiración. Al que me demostró con su vida y su ejemplo que hay que amar a Dios sobre todas las cosas.

Mi vida no ha sido perfecta. He cometido errores como todo ser humano. He llorado, he reído, he triunfado, he conocido el fracaso y también la soledad. Sin embargo, en todas las etapas de mi vida ha estado presente un denominador común, y ése es mi padre. Sus consejos han sido luz en momentos de confusión, su compañía ha sido mi consuelo en momentos de angustia, su fe ha sido mi esperanza y mi ejemplo en momentos de dolor y soledad. En esos momentos, cuando puedo mirar directamente a los ojos de mi padre, es que comprendo la oportunidad única que Dios me ha regalado. Oportunidad de retribuirle a él todas las atenciones y el amor que me ha brindado durante toda la vida. Ha llegado el momento en mi vida, en el cual debo preguntarme qué cosa buena he aprendido de todo esto. La realidad es que hoy puedo decir que nunca conocí a mi padre como lo conozco ahora. Siempre supe que era un hombre íntegro, recto y de una sola pieza, pero jamás había comprendido su esencia; jamás había intimado y penetrado a lo más profundo de su ser. Ha sido ahora, en medio del dolor y la prueba, que mis ojos pueden ver al verdadero Rafael Torres Ortega. El hombre que aún, en medio de la más dura batalla que le ha tocado pelear, camina con la frente en alto y con una fe inquebrantable. Ver a mi padre como lo veo hoy, me enorgullece y me llena.

Puedo decir que de la vida sólo espero felicidad y amor. Y de todas las cosas que me he propuesto, la principal de todas es servir a Dios y ser un hombre de bien. Y si en mi peregrinaje por el mundo lograse yo convertirme en la mitad del hombre que es mi padre hoy en día, habré cumplido a cabalidad mi sueño de tocar con mis dedos el mismo cielo.

Rolando David Torres Padilla trabaja para la farmacéutica Schering de Puerto Rico. Es graduado de la Universidad de Puerto Rico con un bachillerato en Química y una maestría en Gerencia de Recursos Humanos. Está casado con la Sra. Azalea Cardona.

Vanessa..."La delicadita de casa"

Te he visto de tantas formas, tantas veces; pero nunca como te veo hoy...

Te vi desde pequeña como mi héroe, mi norte, mi maestro; te recuerdo fuerte y firme pero tan sensible que hasta de niña te vi llorar... Si bien es cierto que el pasado no tiene futuro, el recordarlo nos ayuda a buscar quiénes somos, de dónde venimos, y así reflexionar hacia dónde nos dirigimos.

Era una mañana de trajes, medias y zapatos... Como si fuese un rito, todos los sábados una costurera satisfacía el afán de nuestra madre... ¡vestirnos a todas iguales no era una opción! Al terminar con medidas y modas, nos lanzamos mi hermana Dorcas y yo hacia el patio. Corrimos por las miles de hojas que llenaban aquel enorme lugar. Mi hermana quedó absorta al ver aquel artefacto que lavaba y exprimía ropa, una máquina de lavar de rolos. Al mostrarme lo que había encontrado, su mano quedó atrapada hasta pillar todo su brazo; yo comencé a correr gritando ¡Auxilio!

De ese día, aunque he tratado fuertemente, no recuerdo mucho más; sólo silencio hasta el momento en que mi hermana volvió a casa. Tenía mucho temor, no entendía lo que estaba pasando; a mis cuatro años de edad, no encontraba explicación a lo que ocurría. Sólo recuerdo que aquella tarde entraste al cuarto que nosotras compartíamos, ni siquiera notaste mi presencia, caíste de rodillas al suelo y comenzaste a llorar...

Yo, que ya lloraba, al verte sentí un gran temor, como si se derrumbara mi mundo al ver a mi héroe, aquel que podía cambiarlo todo, desplomado allí vencido por el dolor. Te miraba inmóvil, pero quería correr, quería volar; traté de imaginar que estaba dormida, pero te vi. ¿Sabes...? todavía sueño con ese día, y en cómo me convertí en una persona reprimida desde aquel suceso de intenso dolor en nuestra vida.

De pronto te levantaste, me miraste fijamente y dijiste: "Hija, a veces en la vida ocurren cosas que nos ponen tristes; no te preocupes todo estará bien". ¿Sabes papi?, esas palabras fueron suficientes para que mi dolor se calmara, mi héroe me había salvado... una vez más. Desde ese día aprendí que aún dentro del dolor, tú me darías remanso. Así te he visto.

Te he visto cerca... Tan cerca que cada tarde tú y yo sabíamos a lo que nos enfrentaríamos... ¡a la carne!

No me gustaba comer carne, pero tengo una madre, que a mis ocho años de edad y con sobrepeso, pensaba que si no comía me iba a morir. ¡Qué tardes aquellas, para mí eran eternas! Yo lloraba en la mesa sin poder levantarme por horas; si no me comía aquel animal muerto, no me movía de la mesa. Pero lo que mami no sabía era que yo lloraba lágrimas de cocodrilo, pues papi iba llegar pronto y me salvaría... Cuando te veía entrar por la puerta de aquella cocina, mis ojos y los tuyos se conectaban. Tú me sonreías, ya sabíamos el final de aquella carne, y te sentabas a mi lado y la carne, pues claro a la bolsa de basura que era removida por ti inmediatamente para deshacer el cuerpo del delito. Mami feliz, ella pensaba que contigo yo comía. Tú y yo felices en la complicidad de nuestro silencio... ese era nuestro gran secreto. Así te he visto yo, padre mío.

Te he visto siempre firme en tus convicciones, disciplinado; tu vida no es una coincidencia, es una reflexión de tus decisiones, de ti mismo. Desde pequeña siempre escuchaba historias de tu padre, tus hermanos, del negocio de Dajaos, y de todo el sacrificio por el que pasaste para estudiar. De cómo el Lic. Mario Rodríguez, esposo de tu tía, te ayudó a convertir tu sueño en realidad, ser abogado. Nos llevaste a tus raíces, muchos fueron aquellos sábados en donde todos salíamos. Te preguntábamos: "¿Papi, para dónde vamos?". Tú decías: "Para la Isla menos Morovis"... Siempre, cuando pasábamos por Dajaos, el barrio que te vio crecer, tomabas tiempo para hablarnos de las gallinas que tú y Nolín mataban, del río, tus hermanos, los sacrificios económicos de los pobres; pero siempre orgulloso de tu pasado, de tus raíces, de quién eras y de cómo te superaste. Yo te escuchaba con detenimiento porque cuando hablabas, siempre derramabas tu corazón.

Como abogado, brillante y elocuente, te he visto sentado en tu escritorio, y de pie ante un tribunal. A veces te acompañaba y tú me decías: "Siéntate aquí y observa, esto no va a durar mucho". Yo observaba tus movimientos, escuchaba tus argumentos, el debate, las preguntas y hasta el tono de tu voz, fuerte, serena, firme... Lo que vi, produjo en mí bienestar, equilibrio y deseos de superación.

Te he visto ir del tribunal al púlpito, porque así lo decidiste; levantando por la fe todo lo que "te ha venido a la mano hacer"... He visto tu sacrificio, pero hoy puedo ver los resultados, algunos tangibles, otros intangibles.... Sé que al final valió la pena, y lo alcanzaste con la fuerza del espíritu.

"La gema no puede ser pulida sin fricción, ningún hombre puede ser perfecto sin intentar" (Confucio).

Te he visto como ganador de almas; como aquel que encontró

el preciado tesoro que estaba buscando, ¡y fue tan grande lo que halló, que le resulta imposible no divulgarlo!

"También el reino de los cielos es semejante a un mercader que busca buenas perlas, que habiendo hallado una perla preciosa, fue y vendió todo lo que tenía, y la compró" (Mt 13:45, 46).

La televisión, la radio, las campañas evangelísticas y otras tantas... Así te he visto fuerte y decido, enfrentándolo todo, y tan sensible a la vez como para detenerte ante el dolor de otros que no han recibido lo que tú has visto. No existen puntos intermedios; o todo o nada... Entonces, todo por el "Caballero de la Cruz". Te he visto en las mañanas cuando te levantabas para asistir a lo que por años fue tu púlpito radial. Escuchaba tus versículos cuando en voz alta los declarabas, como si alguien te dictara; escribías lo que sería tu argumento para presentar el plan de salvación... Una mañana te vi como nunca antes te había visto, decidido a trabajar con tus debilidades. Y no era que éstas fuesen ajenas para mí; yo he visto tus virtudes y defectos. Tan claros para mí, que siempre supe cuáles no quería imitar. Pero ese día creciste tanto ante mis ojos que al verte me dije: "Está llegando hasta donde su Señor lo quiere llevar". Te escuché repetir por meses: "Señor, dame dominio propio", hasta que una mañana común te escuche decir: "Gracias".

Te he visto como un padre espiritual; a través de ti he visto a Dios: lo he tocado, lo he conocido y lo he amado. Tú has sido ese puente que me llevó a Él. Amo a Dios tanto como te amo a ti, porque tú me has enseñado lo bueno que es Él. Cuando uno vive, le conoce y le sirve, ¡no le puede dejar! Por eso no necesito llamados espectaculares, ni persuasiones, ni siquiera sacrificios...; decidí que lo haría voluntariamente por amor.

Una tarde, teniendo apenas catorce años, decidí ser obrera. Si bien hay hombres de visión, hay otros que ejecutan esa visión. Supe cuál era el lugar que quería, no anhelaba nada más... Te he visto rodeado de gente que no creyó en la visión, y me dije a mí misma: "Sí comparto tu visión, seré de los que trabajan con hombres como tú para alcanzarla". No quería nada más, sólo la fuerza para poder ejecutarlo y la capacidad para ser una obrera eficiente. Ese día lloré mucho; tanto que al salir de la biblioteca de nuestra casa, tú estabas afuera esperándome, y me dijiste: "El pacto está hecho". Esa noche, aquel pacto quedó sellado en mi vida hasta hoy. Dios me dijo que yo sería de bendición a muchos, y he visto en mi vida cómo esa bendición también me ha alcanzado a mí, que sin pedir nada, mi Dios me lo ha dado todo.

Te he visto relatar muchas veces lo que para nosotros ha sido una de las crisis más grandes que hemos vivido como familia; la terrible enfermedad de mi hermano mayor. Tú lo has visto de una forma, pero así lo vi yo...

Llegó el hijo varón que tanto esperabas —más tú que nosotras—; mis hermanas y yo ya éramos víctimas de la "pavera", típica de los adolescentes; no nos dábamos ni por enteradas de tu gran anhelo. Aquel niño era terrible, todo lo destruía, corría como un salvaje, y nos daba patadas que podían doblar las rodillas de los más fuertes. A los cinco años enfermó gravemente, para morir. Entonces anhelábamos sus patadas. Tenía un tipo de leucemia que había minado su sistema inmunológico y sus plaquetas estaban demasiado bajas. Todos sabíamos que algo andaba mal y que el cuadro clínico era cada vez peor.

Te vi escuchar a mucha gente que te hablaba; pero cuando todos se iban, eras tú quien enfrentaba la realidad y las preguntas que te agobiaban. Y llegó aquel día... ¡aquel en que se toca fondo! Mi hermano hospitalizado, esperando un transplante de médula ósea, y el resto de mis hermanos también en diferentes hospitales, todos enfermos, por una razón u otra. Era como si todo se viniese abajo, como si no pudiese ocurrir nada peor.

Yo era la única que no estaba enferma. Te seguía a todos lados, tenía la sospecha de que te olvidarías de mí en uno de aquellos hospitales. Totalmente callado, visiblemente afligido, lleno de dolor, tu silencio me decía que estabas peleando con tu Señor. Esa tarde, la casa estaba llena de gente, los escuchaste a todos, diste las gracias, y subimos. No me dejaste estar abajo, me pediste que subiera y así lo hice. No querías hacer nada, sólo caminabas, y yo detrás de ti percibí tu dolor y comencé a llorar. Creo que esto te agobió aún más, pues ni me miraste; te fuiste solo a tu cuarto y dejaste la puerta entreabierta. A la media hora, quise saber de ti, entré a la habitación y tú estabas postrado en el suelo. No me asusté, sabía que era un trato de Dios contigo... Se estaba librando una batalla, se estaba haciendo un pacto de Dios con un hombre. Ese hombre eras tú.

¿Por que yo estaba allí? Ustedes pronto lo sabrán. Lo que vi y escuché ha sido la experiencia que marcó mi vida para siempre.

Me paré frente a tu puerta, estabas tan compungido que ni lo notaste, sólo recuerdo que dijiste:
— "Te entrego todo, mi familia, mi trabajo, mi vida, mis anhelos; yo cierro mi oficina hoy, y me dedico a ti".

Me asustó lo que escuché, pero ambos estábamos bien callados, como esperando una respuesta. De momento vi a ese hombre... Un hombre maduro que comenzó a acercarse y te tocó. Escuché una voz que te dijo:
— "Acepto el pacto; sano a tu hijo hoy, hecho está".

Aquel hombre sólo me miró y luego se fue... Tú lo escuchaste, padre mío, pero yo lo vi. Comenzaste a llorar y a gritar tan fuerte, que yo salí corriendo; no quería que supieras que había visto tu dolor. Entré a mi cuarto y comencé a llorar mientras tu seguías llorando y alabando a tu Dios.

Lo que sucedió, todos lo saben. La sanidad de mi hermano fue inmediata. Todo desapareció, pero ese día, tú lo entregaste todo, te quedaste desnudo ante tu Dios.

Te he visto dándolo todo por aquél a quien ama tu alma. Te he visto mucho más comprometido desde aquel día en que sellaste tu pacto con tu Dios... Algo tan íntimo entre ambos... Y yo me transformé en lo que soy, una mujer decidida a trabajar para mi Señor.

Te he visto de tantas formas, pero nunca te había visto como te veo hoy... Más callado pero más sensible... Has aprendido a escuchar... Más lento tu caminar, pero con una fe inquebrantable e invencible. Con un cuerpo más débil pero tu hombre interior espiritualmente más fuerte... ¡Viste a Jesús! Tu Señor. Aquel que te dio la vida, Aquel por el cuál has trabajado tanto; Aquel que te ha dado una nueva encomienda que estás decidido a cumplir... ¡Ahora más convencido que nunca de que el cielo es una hermosa realidad y de que tu Redentor vive! Te veo hoy en la espera del milagro que tu Dios ha prometido hacer en ti... Gracias por lo que has causado en mí, gracias por lo que has causado y has hecho por mis hijos... ¡Gracias por ministrarnos a todos en tu enfermedad, y enseñarnos a amar a Dios sobre todas las cosas!...Te amo.

Vanessa Torres Padilla *es la Directora de Manufactura en la empresa farmacéutica Pfizer de Puerto Rico. Es graduada de la*

Universidad de Puerto Rico con un bachillerato en Química. Está casada con el Sr. Moisés Ortega y tiene dos hijos, Dahfne Alejandra y Natanael.

Dorcas... Mi Amada distante

Cuando mi padre y mi hermana mayor, "la Reverendo" como le digo con cariño, me expresaron su deseo de incluir en su libro un capítulo con nuestras vivencias como familia sobre ese hecho tan triste para nosotros, me pareció una hazaña difícil de cumplir. Pero para mi padre nada es imposible, qué puedo decir... Ya estoy acostumbrada a su fuerza de voluntad y perseverancia, por no decir obstinación e insistencia.

Me siento frente al teclado resignada, sin más remedio que obligar mi mente a recordar, intentando que mi corazón no se destroce nuevamente en el proceso. Intento narrar mi experiencia de forma objetiva, característica indispensable de todo buen científico; pero mientras medito en simplificar los hechos, se me van enredando los sentimientos en mis pensamientos, lastimando esa herida que sorpresivamente me infringió la vida, cuando intentó arrebatarme un ser al que amo intensamente. Y me sorprendo a mí misma narrando lo sucedido, no como una persona objetiva, sino como un triste poeta de tercera en un patético lamentar.

Me levanto molesta, y sintiendo en el pecho esa carencia de aire, como cuando el corazón está tan comprimido que se le imposibilita bombear. Sentimientos producidos por el recuerdo de un gran dolor, que te enferman irremediablemente el cuerpo, convirtiéndote en un perfecto hipocondríaco.

...Y abro mi boca para emitir un alarido de coraje y de dolor, pero el silencio ahoga mi garganta, y pienso colérica... ¿por qué divulgar el dolor que sentí, y cuyos estragos guardo en mi inconsciente, en un rincón oscuro, el cual no quiero visitar? ¿Es que acaso la gente no sabe lo que es sufrir?... Todos hemos sufrido; este mundo está lleno de pesares y dolor. Todo el mundo sabe lo que se siente cuando se hiere de muerte a alguien amado. Todos conocen esa amarga sensación de desgarro en el alma, de desolación y abandono. Todos conocen esos momentos de miseria e insomnio, pegados al teléfono esperando noticias del hospital, y a la misma vez... suplicando que no llamen.

Esos momentos eternos en los que el tiempo se detiene y la esperanza baila en el filo de una daga... Mirar alrededor y sentir que sólo tú estás detenido en una pausa solitaria, mientras el mundo gira descontrolado. Momentos en que te das cuenta por primera vez de la cantidad de cosas que hubieras querido decir... Sentir que toda la vida te has preocupado por tonterías, y dejaste de lado lo realmente importante... Regresar a la casa de mis padres y ver a mi madre sentada en una cama vacía, en un cuarto solitario... con la mirada fija y mil pensamientos atravesando su cabeza...

Me dejo caer en el asiento de oficina, pero mis manos tiemblan en el teclado... no quiero recordar.

Y pienso en voz alta, con esa típica obstinación adolescente, refugio placentero cuando no se quiere enfrentar situaciones que requieren madurez: *"He tenido que aguantar presiones de todo tipo por el hecho de ser la hija de un Reverendo. Hay cosas que he aguantado y que no estoy dispuesta a soportar. Hace tiempo que he resuelto jamás volver a hacer cosas impuestas por nadie, que estuvieran en contra de mis principios, o que incomodaran mi espíritu".*

...Sin embargo, me encuentro narrando intimidades que nunca le hubiera contado a nadie. ¿Por qué lo hago? Desvío la mirada de la pantalla y me encuentro con el libro de don Pedro Albizu Campos que me regaló mi padre hace unos días... Me levanto huyendo de mí cuarto, tropezando una y otra vez con mis recuerdos, encontrándome de frente con el afiche de Albert Einstein que me obsequió, y cuya inscripción tiene impresa una de sus famosas frases: *"Los grandes espíritus siempre han encontrado oposición violenta de las mentes mediocres".* Sonrío recordando el momento en que me lo obsequió; justo cuando atravesaba uno de las situaciones más difíciles de su terapia en Estados Unidos.

Me dejé caer en la cama y lloré amargamente.

Había perdido la noción del tiempo cuando al fin tuve fuerzas para incorporarme. Me miré al espejo, y entre las curvaturas de mi cara encontré su rostro. Es imposible mirarme y no verlo a él. Es imposible mirarlo y no verme a mí misma. Entendí, entonces, que de este proceso de confrontación era imposible escapar; por lo tanto, me deje llevar... Y como arrastrada por feroz huracán, me lancé hacia el teclado permitiendo que las palabras salieran estrepitosamente de mis manos, mientras mi mente y mi corazón saltaban bipolarmente entre la alegría y la angustia. Ha sido un proceso difícil, sin embargo, ahora que he enfrentado mi dolor me siento diferente.

Transcurrieron varios días después de esa catarsis, antes de sentarme a revisar lo que había escrito. Y mientras leía el documento sentía cómo mi rostro se enrojecía mientras repasaba todas aquellas intimidades, reacciones y confesiones que había plasmado durante aquel encuentro conmigo misma. Sin perder la calma, me coloqué la mascarilla y guantes de cirujano, y utilizando el cursor como mi bisturí, seccioné delicadamente el documento en dos. El resultado de tal fraccionamiento ha sido un rompecabezas de dos piezas. Una de ellas, aquella que está cargada de sentimientos intensos y miedos de orfandad, le pertenece sólo a mi padre y se la susurraré en su oído mientras nuestros corazones se enlazan con ese amor profundo que nos profesamos mutuamente.

La otra pieza del rompecabezas es ésta. Y les confieso que no ha sido sencillo darle coherencia después de haberle extirpado su médula. Sin embargo, a pesar de haber sustraído de este escrito intimidades que pertenecen sólo a dos, una cosa me es menester compartir: la relación entre mi padre y yo siempre se ha basado en la tolerancia, el respeto y la admiración mutua... Y aunque soy una persona etiquetada socialmente como rebelde y liberal, nuestras diferencias son superfluas en comparación con el millar de cosas que tenemos en común...; paradójicamente somos muy distintos y a la vez muy iguales.

Antes de que mi padre enfermara, siempre estuve orgullosa de nuestra relación de familia tan plena, sólida y satisfactoria. Sin embargo, esta experiencia me ha arrastrado más allá, agudizando mi percepción de lo que debe ser una relación de padre-hija, haciéndome entender que se puede obtener más que satisfacción; se puede obtener profundidad y excelencia... ¡Es que la madurez no es un proceso gradual, ni tampoco se adquiere necesariamente con el pasar de los años! Es un proceso evolutivo abrupto que se obtiene a través de este tipo de experiencia dramática, en la cual creces súbitamente mediante el sufrimiento.

¿Cómo ha sido este salto evolutivo de mi carácter, y cuáles son sus resultados y consecuencias? Es una intimidad que no puedo decir... Pero una cosa sí les cuento, cuando me miro al espejo y observo entre las curvaturas de mi cara al tallador de mi carácter, sonrío, porque me gusta lo que veo por dentro.

Dorcas Ivelisse Torres Padilla *es profesora en la Universidad Interamericana de Puerto Rico. Es graduada de la Universidad de Puerto Rico con una maestría en Física y finalizó su doctorado en la Universidad Complutense de Madrid, España. Es madre de Alfonso Darío.*

Rafy... El mayor de mis varones: "El hijo del pacto"

Mi hijo Rafy se ha negado a escribir. Tiene sus razones y yo como padre las respeto. Siempre ha sido muy callado, muy envuelto en el mutismo de su propio mundo. Para amarlo hay que conocerlo en sus profundidades. Tiene un carácter fuerte como todos los Torres, el cual no pretendo justificar. Dios se ha encargado en su forma y manera de irnos moldeando..., como a usted. Precisamente de eso se trata este camino, hermano mío. Aunque mi hijo es muy reservado y celoso de su intimidad conmigo, con su mamá y con sus hermanos, su esposa y sus hijos es sumamente comunicativo. Todos los sábados, como parte de nuestra rutina, solíamos tener largas charlas sobre variados temas. Creo que eso es parte de su dolor; y lo que más extraña. Ahora nos sentamos calladamente y sólo compartimos sentimientos. Estar juntos es suficiente para demostrarnos el amor mutuo que sentimos.

Hace mucho tiempo escribí una carta para mi hijo, y en uno de los muchos intentos para convencerlo que escribiera, él nos la entregó. Hoy la comparto con ustedes a manera de testimonio profético. Dios tenía planificado el futuro.

23 de octubre de 1993

Sr. Rafael Torres Padilla
WECN-TV Canal 64
Bayamón, Puerto Rico

Distinguido Señor:

Tu presencia y tu profesionalismo es indispensable para la
empresa. Los cambios que ha sufrido la empresa para su bien,
por tu capacidad organizativa, son un ejemplo de que es necesario
que continues con la organización.

Toda organización humana resiste el cambio y es natural que al
principio surjan discrepancias y diversidad de opiniones e
inclusive antagonismos cuando se rompen patrones enquilozados
que no producen el bien que se busca. El Canal 64 no es ni
será la excepción. No obstante, cuando se examina sin pasiones
ni prejuicios la labor que se realiza de buena fe y con un
profundo sentido de progreso, la transformación y la metamorfosis
tienen que ser aceptadas.

Me comunico contigo, no como padre sino como Presidente de esta
corporación al servicio del Evangelio y de las causas de nobleza
moral, social y religiosa de nuestro País. El Canal lo creó
Dios y sin yo desearlo, le plació al Señor elegirme y separarme
para llevar a cabo esta misión a favor de la Iglesia y del pueblo
de Puerto Rico. No hemos alcanzado las metas que en la mente de
Dios existen para este País, quizás por falta o negligencia y
el no aceptar el mal funcionamiento en ciertas áreas.
Todavía hay tiempo de recuperar y rebasar el plan delineado en
la mente privilegiada de la persona del Espíritu Santo.

No tengo la menor duda de que es la voluntad de Dios te encuentres
con nosotros. Te eligió para ésto. La capacidad intelectual,
el dominio control de la materia, más allá de toda duda razonable,
te capacitan para realizar el trabajo que has estado haciendo y
que en tu mente están por hacer. Debes de recordar que no
basta tener el conocimiento, sino que la experiencia es una
gran escuela y la paciencia adornada de sensibilidad son bases
fundamentales para que toda empresa de Dios se realice y haga
el bien para la cual Dios la creó.

Página #2

En una de las reuniones pasadas, llevé ante la consideración de la Junta de la Iglesia, la organización de una telecadena con unas características propias para la familia. Es una especie de cadena de la familia o para la familia, el título ahora no es lo importante. El Cuerpo Rector lo aprobó por unanimidad con sumo entusiasmo. Me autorizó para que comienze la reorganización de este nuevo proyecto uniendo todos los sistemas que tenemos a nuestro favor e inclusive proyectar la imagen televisiva hasta el oeste de Puerto Rico.

Pienso que esto se culmine antes de inaugurar el Canal 42 en la ciudad de Ponce y así presentar formalmente la nueva razón social de la empresa. En los útlimos días he estado en comunicación con personas sabias en esta materia, incluyendo a Fernando Luis Casañ quién por muchos años fungió como Ejecutivo de la antigua Telecadena Perez Perry.

La última reunión la sostuve en el día de ayer en mi oficina. Llegamos a posibles conclusiones que a continuación te expreso antes de ir a la Junta de Gobierno del Canal 64 y luego al máximo Cuerpo Rector de la Iglesia:

1. Se puede crear un puesto de Gerente General de toda la telecadena que responderá única y exclusivamente al Presidente.
2. Se puede crear una Vice Presidencia de la telecadena con poderes iguales o similares a la Presidencia.
3. La oficina central de ese Gerente General y/o Vice Presidencia estará en los estudios principales del canal 64 en la ciudad de Bayamón.
4. Fernando Luis Casañ trajo una literatura muy profesional para iniciar una campaña comercial anunciando la creación de este nuevo concepto e inclusive una conferencia de prensa con tales propósitos.
5. Estas posiciones creadas como consecuencia de la telecadena creada será llevado para su aprobación a la consideración de la Junta del Canal y el Cuerpo Rector de la Iglesia.

Los argumentos levantados en contra de la transformación que se ha estado llevando a cabo en nuestra Institución, alegadamente es por no haberte designado a una posición a tales efectos. Esto sería subsanado por lo anteriormente expuesto. Es un argumento baladí e insostenible, ya que las posiciones no necesariamente honran el trabajo que no se realiza. Tú sabes que aunque la jerarquía es necesaria la experiencia nos ha enseñado que no necesariamente responden a la utilidad para la cual fueron creados.

En esta nueva temática televisiva que se piensa crear nos sentaremos y discutiremos la reorganización e inclusive la creación de un Departamento de Ventas y una persona para encargarse de relaciones públicas del canal que tanto necesitamos.

Las posiciones antes expresadas, Director General de la telecadena y/o Vice Presidente de la misma te las ofrecemos voluntariamente y sin reserva mental alguna en la esperanza que tu juventud, talento y capacidad, unida a una futura experiencia embadurnada de sensibilidad espiritual podamos crear lo que en la mente de Dios se tiene. Mis días y mis años van avanzando y antes de que termine mi carrera y haber peleado la batalla de la fe y en la esperanza de recibir la corona incorruptible de la vida, deseo que ésto que representa para mí toda una vida quede en buenas manos. Las tuyas son las mejores para mí porque sé que puedes evaluar todo lo que hemos podido hacer por la causa del evangelio. Si lo logramos puedo decirle al Señor despide a tu siervo en paz.

Tú sabes que el Señor escogió a Iris Nannette como Pastora de la Iglesia y por fin no tengo temor de ceder mi autoridad poco a poco a ésta, porque sé que su llamamiento es real y al pasar de los años con la experiencia adquirida será un gran Ministro de Dios. No tengo reserva mental alguna de que tú podrás ocupar el control y el gobierno de esta empresa y no tendré temor alguno, en un momento dado, ceder mi autoridad cuando así el Señor me lo indique. El Espíritu Santo buscó a Nanny y la encontró y él anda detrás de tí y espera que tu le digas...heme aquí. Solo te pido que te sometas a él, busques la dirección de él, la sabiduría de él y que te humilles delante del Señor y le reconozcas como tu Salvador y Redentor.

Permíteme hacer una breve historia antes de finalizar: Tu madre y mi única y sola esposa le pidió a Dios que tú nacieses. Estuvo orando por nueve años y aquella petición se hizo realidad cuando un Profeta de Yabucoa llegó a mi casa y nos dijo que Dios nos iba a permitir tener un hijo varón. Naciste tú, a pesar de lo que decía la ciencia médica de una posibilidad de aborto, éste no se llevó a cabo porque tú eres hijo de la promesa. A los cinco años de edad te atacó una terrible enfermedad mortal y los médicos no te aseguraban, al extremo de que el Dr. Santiago Borrero nos informó de que para salvarte la vida había que extirparte el vaso sanguíneo. Siempre he testificado es milagro sobrenatural, ya que si vives es por la misericordia de Dios. Debo recordarte que una noche te llevé a tu habitación donde dormías en mi hogar y hablé con el Señor para que sanase tu cuerpo de aquella enfermedad terrible y él me exigió abandonar el ejercicio de mi profesión. El Dios de los cielos me dijo: "Sano a tu hijo ahora y abandonaras tu profesión en seis meses" La enfermedad desapareció y se perpetua la sanidad hasta el día de hoy. Hace más de diecisiete años de ese milagro y nunca te olvides que tienes vida porque Dios te la dió. Te permitió estudiar una profesión la cual adquiriste con sacrificio y buenas calificaciones. Te permitió formar un matrimonio hermoso con la mujer que te puede entender, la cual es una esposa idonea y sabia. Tu madre oró a Dios para que ingresaras al canal y en múltiples ocasiones él ha revelado y mostrado, hablado que tú serás pronto mi sustituto.

Estos últimos días han sido terribles. En mi casa hay turbación, mi familia ha sido conmovida por el mismo infierno y tu madre no cesa de llorar, al extremo de que en el día de hoy ha comenzado a desalojar su oficina y no desea regresar al Canal. Tú sabes lo que ella representa para esta Institución. Tú sabes que no puedes perderla si deseas levantar esta empresa, ya que ella representa el balance y un poder económico que no se puede ignorar. Tú sabes la necesidad de su consejo para tu vida y no puedes permitir que ella renuncie. Yo presenté también mi renuncia pero la Junta de la Iglesia me pidió que no lo hiciese y se comprometió trabajar todos juntos.

En estos días de reposo y descanso cuando por tu mente pasan muchas ideas, no permitas que lo negativo, las emociones, la venganza y el menosprecio por los valores que representa esta institución al servicio de Dios te haga claudicar entre dos pensamientos. Toda nuestra familia está bajo el plan de Dios y tengo la bendición de que la inmensa mayoría de ustedes sirven al Señor. Le enseñe lo que es la moral, la vida cristiana, la unidad de la familia y le he sido ejemplo con mi conducta y con mis hechos.

"Medita en estas cosas". "Mira que te mando que te esfuerzes y seas valiente, muy valiente, y medita en la palabra de Dios de día y de noche". Decídete a hacer las cosas al amparo de la ley de Dios que es perfecta y "todo lo que tu hagas te saldrá bien". Tú no puedes permitir que el trabajo y la visión que he desarrollado caiga en otras manos que no entienden, comprenden ni comparten esta visión profética para este último tiempo.

Antes de comenzar tus vacaciones, es indispensable que tu hables con tu madre. Arregla aquellas cosas que Dios desea que lo hagas a la mayor brevedad posible. Cuando leas y vuelvas a leer esta carta y ores al Señor para que puedas entender el contenido de la misma, te esperamos con los brazos abiertos y disponibles para ayudar a finiquitar este sueño hecho realidad. Que el Dios de los cielos te bengida, te ilumine, ponga en ti gracia, sabiduría y unción y lave tu corazon de toda amargura y que aprendas el valor del perdón.

Que la paz de Dios sea contigo...Esfuerzate y no desmayes.

En la lucha hasta el fín,

Rafael Torres Ortega
Presidente

Rafael Isaac Torres Padilla *es el presidente de la Telecadena Encuentro Visión en Bayamón, Puerto Rico. Es graduado de la Universidad de Puerto Rico con una maestría en Recursos Humanos. Está casado con la Sra. Nitza Ibarra y tiene dos hijos, Armando Rafael y Fernando Isaac.*

La pastora Iris Nanette Torres Padilla junto a su padre en el altar del templo, luego de la ceremonia que la instituyó como pastora general de la congregación que se observa junto a ellos.

Capítulo 7

Iris Nanette la Sucesora

El día 20 de mayo de 2001 todo cambió para mí. Cambió el escenario y el libreto; como a Jacob me cambiaron el nombre, me cambió la vida, y sobre todo me mudaron el corazón. El mundo se detuvo para mí, y yo no lograba comprender por qué todo continuaba funcionando normalmente si mi vida estaba detenida. Nada de lo que estaba sucediendo se parecía a lo que "yo" había diseñado para los planes futuros del retiro de mi padre. Siempre quise ganarle a Dios; claro está, de una manera muy disimulada. Pensaba que mi inteligencia, mis capacidades y mi tenacidad vencerían y que al fin lograría convencerlo. Pero qué va, nadie le gana al Omnipotente; Él no está dispuesto a jugar nuestro juego. Su plan es Su plan, muy suyo y muy único. Aunque en principio no estemos de acuerdo con Él, en el camino siempre logramos encontrarnos.

"Y Jacob le respondió: No te dejaré si no me bendices. Y el varón le dijo: ¿Cuál es tu nombre? Y él respondió: Jacob. Y el varón le dijo: No se dirá más tu nombre Jacob, sino Israel; porque has luchado con Dios y con los hombres, y has vencido" (Gn 32:26-28).

Desde niña lo sabía. Él siempre estuvo ahí. Creo que siempre lo supe y decidí escapar. Lo percibía cerca; esa presencia absoluta y a la vez desconocida. Mi niñez transcurría "normal," si es que las experiencias que viví corresponden a los términos definidos con esa palabra. Tenía las mismas inquietudes de cualquier niña, y al mismos tiempo curiosidades que no eran típicas de mi edad. ¡Poseía un estilo muy peculiar! Jugaba con muñecas, con gallitos y con trompos. Hacíamos los gallitos de las semillas de las algarrobas, las perforábamos en el centro introduciéndoles un hilo que las amarraba. Así les dábamos cantazos uno contra el otro; el que quebrara primero a su contrincante, ése era el ganador. Sí; eran juegos de varón; estoy consciente; pero yo era una niña muy especial, catalogada en la especie de "salvaje". La delicadeza nunca fue mi fuerte, era más bien un poquito brusca. Corría con mi pelo abultado, suelto, alborotado y enredado (el cual era intocable), hasta que mi padre me llamaba con su tono fuerte y dulce al mismo tiempo: "Nany"; me paraba entre sus piernas, que a mi estatura me servían de apoyo, y ahí pasaba largas horas mientras él pacientemente desenredaba mis nudos.

Mi padre trajo a la casa una enciclopedia llamada "Historias de la Biblia". Era ilustrada; con unas estampas que tocaban profundamente mi tierno corazón de ocho años. Leía y era afectada por una palabra que mi razonamiento no podía asimilar ni comprender, pero mi espíritu la recibía y mi cerebro la almacenaba. Recuerdo nuestra Biblia Católica, era GRANDE y mi edad la magnificaba. En ella había una estampa dibujada de un Cristo crucificado, que me hacía llorar y preguntarle a Dios: "¿Por qué lo maltrataron así, si Él era bueno, por qué sufrió tanto? Pregunta que la misma vida me contestó luego y de cuya respuesta todos hemos sido beneficiados.

"Ciertamente llevó él nuestras enfermedades, y sufrió nuestros dolores; y nosotros le tuvimos por azotado, por herido de Dios y abatido. Mas él herido fue por nuestras rebeliones, molido por nuestros pecados; el castigo de nuestra paz fue sobre él, y por su llaga fuimos nosotros curados" (Is 53:4-5).

Desde muy temprano en mi vida existían dos amores luchando por mi corazón. Dos pasiones extremadamente fuertes: mi padre y mi Dios. Mi relación con mi padre comenzó a fomentarse desde que tenía edad para tomar biberón. A las dos de la mañana me acercaba a su cuarto, lo despertaba y le pedía que me preparara mi botella de leche. Él se envolvía en su sábana, caminaba en la oscuridad seguido por mí hasta la cocina y preparaba mi "viví". Todos los días después de la escuela, me llevaban a su oficina de abogado, en donde yo me sentaba cómodamente en su escritorio, examinaba los expedientes de sus casos pendientes, ¡de los que, obviamente, no entendía nada!... Me gustaba leer los mensajes de los hombres ilustres que colgaba en las paredes; y el día que Neil Amstrong pisó la Luna, yo estaba sentada junto a él, viendo el suceso en el televisor de su oficina. En más de una ocasión predicaba conmigo colgando literalmente de una de sus rodillas. ¡Y al cumplir los diez años, éramos inseparables!...Recuerdo una actividad que organizó en Bayamón: "Pueblo Marchad"; cientos de personas caminaron junto a él, y a mí por supuesto, terminando la reunión en la plaza del pueblo con una humillación colectiva. Mi cumpleaños era una fecha especial; en ése, específicamente, quería una cámara con el rollo a colores. "Sí, mi hija, ya lo sé; tendrás la cámara". Al verla, me emocioné tanto que nunca la use ¡La cámara se daño de vieja guardada en su caja!

Muchas veces lo vi no cobrar nada por sus servicios de abogado. Le escuchaba decir: "No, hermano, no es nada, no se preocupe". Y nunca olvido su historia de los zapatos con el roto en la suela que usaba para ir a la Escuela de Leyes. Como no tenía dinero para comprar unos nuevos, les acomodaba un cartón por dentro, que le protegieran el pie de las inclemencias del tiempo. En aquellos días, ¡jamás cruzaba la pierna!

Siempre amé a mi padre y lo admiré hasta la idolatría misma. Recuerdo adentrarme en su guardarropa cuando él se iba de la casa, y vestirme con su traje y su camisa, hacerme un nudo de corbata con una de sus favoritas; mirarme luego al espejo y decir: "Me parezco a él". Eso me llenaba de una satisfacción indescriptible. Hasta el día de hoy hago perfecto el lazo de corbata, y usualmente ahora los domingos se lo hago a él. Era algo más fuerte que yo. Cuando mi padre se iba, quedaba inmersa en un llanto desesperado y en una sensación de abandono que me hacía sentir desolada, y que enloquecía a mi madre, quien inútilmente trataba de consolarme; esto luego de haberme despegado de él a la fuerza, porque me agarraba a su pantalón como la hiedra a la pared. Hasta el día de hoy lucho con esos dos grandes amores que consumen toda mi razón de ser y existir. Te aseguro que el primero, el que siento por mi padre, sigue siendo igual de fuerte... el segundo, el que es por Dios, ¡me venció!

"Te amo, oh Jehová, fortaleza mía. Jehová, roca mía y castillo mío, y mi libertador; Dios mío, fortaleza mía en él confiaré " (Sal 18:1-2).

Por eso, la noche del domingo 20 de mayo yo no creía lo que estaba sucediendo. Definitivamente era un mal sueño del que despertaría en breve y todo continuaría como antes, como siempre. En medio del dolor, la confusión y la crisis que estaba viviendo a nivel personal, de familia y de iglesia, pretendía decirle a Dios cómo debía ser el cambio de mando. No era posible el método que Dios estaba usando: "Si para asumir el Pastorado, debo ver a mi padre en una silla de ruedas o con un bastón, pues no, no será así". ¡Qué atrevimiento! A veces, en momentos de frustración decimos y hacemos cosas que no pensamos. Mi padre bien lo dice: "No podemos sentar a Dios en el banquillo de los acusados, Él nunca lo permitirá. Estamos diseñados para obedecer".

"Mas antes, oh hombre, ¿quién eres tú, para que alterques con Dios? ¿Dirá el vaso de barro al que lo formó: ¿Por qué me has hecho así?" (Ro 9:20).

¿Saben que?... Lo vi por primera vez en su silla de ruedas en el hospital *Health South* en Miami y me causó un profundo gozo verlo sentado al fin, luego de tantos días. La usó por mucho tiempo. Recuerdo una de nuestras muchas escapadas familiares para el Centro Comercial que estaba cerca del hospital. Allí lo llevábamos a tomar café del bueno con unos "*pretzels*" (panecillos dulces), y en mi mente llevo grabada la imagen de verlo como un niño, arrastrando con el pie su silla de ruedas y mirando en paz las vitrinas de las tiendas. Sí, la silla de ruedas se constituyó en parte de nuestra nueva realidad. La usó, y aun la usa en lugares concurridos como los aeropuertos, parques de diversión y en ocasiones de mucha prisa. Lo he visto caminar con su bastón, paso a paso, suavemente, lento, "como perdonando el tiempo" (canción). Lo vi morir en mis brazos y también resurgir de la misma muerte. Lloré mi llanto más amargo desde el fondo mi ser. Y le creí a Dios más allá de mi fe. Fui sustento y apoyo para mis hermanos y mi madre, sin comprender siquiera de dónde llegaban mis fuerzas. Fui alzada sobre mí misma para guiar los destinos de una iglesia y de un pueblo, que de repente y sin pedirlo Dios entregó en mis manos. Una iglesia que por mucho tiempo miré de lejos; era una participante esporádica que siempre permanecía detrás de la escena; y estaba contenta, era cómodo en alguna medida. En silencio observé muchas cosas. Vi que se tomaron decisiones que a mi entender nada adelantaban la visión de la iglesia; vi gente fiel que no fue tomada en cuenta; muchos se fueron heridos, y gente infiel ser recibida como amigos. Yo callaba; y supongo que en mi propio proceso Dios sembraba en mí una visión diferente para el futuro que se avecinaba. Viví esas conductas enigmáticas cargadas de amoroso silencio e internas reflexiones.

Del carácter de mi padre absorbí todo lo bueno, y también lo deficiente. Absorbí su pasión, su firmeza, la constante perseverancia, su avidez por la lectura y la meticulosidad en el estudio. Con él aprendí a perderme en los diccionarios bíblicos y en las concordancias hasta escudriñar a fondo un versículo. Hacía sus bosquejos a mano y yo recién aprendo a usar la computadora. Siempre procuraba sabiduría, nunca se le subieron los "humos a la cabeza", aunque en una ocasión supe que le llamaban "el Pavo Real" por su caminar rápido y erguido. Nosotros, que lo conocíamos en la intimidad de su verdad, comprendíamos a la perfección las actitudes de su carácter. Nadie mejor que Josué conocía las debilidades de Moisés; sin embargo, lo cubría; fui siempre su escudero fiel, e inclusive instaba al pueblo a sujetarse. Más tarde y en la intimidad de mis pensamientos, comprendí que aquel ser especial y maravilloso, tan de todos y tan mío, también tenía defectos.

"Entonces toda la congregación gritó y dio voces ... Y se quejaron contra Moisés ... Y Josué hijo de Nun y Caleb hijo de Jefone ... hablaron a toda la congregación de los hijos de Israel diciendo: ...Si Jehová se agradare de nosotros, él nos llevará a esta tierra, y nos la entregará; tierra que fluye leche y miel. Por tanto, no seáis rebeldes contra Jehová" (Nm 14:1,2,6,7,8,9).

Paradójicamente, ese mismo amor que sentía hacia mi padre desde niña, me hizo anhelar el conocimiento de aquel "Jesús" a quien él amaba tanto. Entonces canalicé todo mi amor hacia él. En lenguaje psicológico, desde ese momento comencé una "transferencia".

Recuerdo que aquellas "señoras viejas" (como las llamaba en ese tiempo) entraban a mi casa, y en medio de una conversación con mis padres se detenían, volteaban sus rostros hacia mí y me señalaban. Hablaban el lenguaje raro (lenguas angélicas); después decían: "Así te dice el Señor", y frotaban mi cabeza con aceite; yo caía al piso despavorida. Esa es la interpretación más literal que puedo ofrecerles, conforme a la visión de una niña de ocho años. En ocasiones futuras, las veía llegar y me escondía inmediatamente debajo de la cama o debajo de algún mueble, ¡con la esperanza de que señalaran a otra de mis hermanas! Ahora sé que aquellas ancianas visionarias de Dios, mujeres santas, estaban profetizando el futuro que el Señor había destinado para mí. Lo que no me dijeron fue cuáles serían los escollos que tendría que superar antes de alcanzarlo; tampoco me dieron una lista de instrucciones para cada paso en el camino. Sólo sabemos que ése se va develando cuando caminas por fe, paso a paso.

"Es, pues, la fe la certeza de lo que se espera, la convicción de lo que no se ve" (Heb 11:1).

Eran las tres de la madrugada y mis ojos no podían conciliar el sueño; peor aún, creo que no deseaba quedarme dormida. Sentía que si lo hacía, algo terrible podía suceder. Lloraba en el closet, en el baño, por cada rincón de la casa, bajo el ojo vigilante de mi esposo Ricardo. Sumamente preocupado por mí, me escuchaba orar, llorar y hablar en alta voz. Él respetaba mi espacio, sentía y sabía que en aquella habitación se efectuaba una cita entre dos, imposible de interrumpir. Entonces me miraba esporádicamente como quien vela a un niño de lejos... Mi conversación determinaría el futuro; hablaba con un Dios que apenas comenzaba a conocer en otra dimensión de intimidad. Sí, diecisiete años pastoreando junto a mi padre, y de repente se develaba frente a mí un Dios a quien temía preguntarle, ofenderle, expresarle. ¿Me entendería Él acaso?... ¿Sería Él como mi papá? Esperé en medio de un doloroso silencio...

"Oh Dios, no guardes silencio; no calles, oh Dios, ni te estés quieto" (Sal 83:1).

Llegó mi juventud: "Y he aquí que tu tiempo era tiempo de amores" (Ez 16:8). A la edad de quince años me enamoré como se enamora una a los quince años; con una recién estrenada pasión y con la certeza de saber que ese sería el primero y el último. Obviamente, en muy pocos casos sucede así, y yo no sería la excepción. Esa relación terminó dejándome hundida en una crisis total. Emocional, espiritual y psicológicamente afectada. El doctor Hugo Serrano, a quien hasta el día de hoy agradezco, amigo de mi padre y de mi casa, caminó junto a mí esos parajes oscuros de la confusión, la desesperanza y el vacío, típicos de la adolescencia. Mis padres sufrían al ver mi condición y como siempre, aun en las crisis de mi pequeño mundo, me protegían. Digo pequeño, porque para esos días mi expansión territorial distaba entre mi casa, la Universidad de Puerto Rico, la Iglesia y se acabó; "jaula de oro, pero jaula." Ya Dios se estaba encargando de abrirla a través de diferentes crisis que formarían mi carácter. Decididos a tomar las armas de guerra que mejor manejaban, mis padres volvieron a la oración y al ayuno. Una vez más su fe había sido probada; una vez más clamarían a su Dios intensamente. Mi padre me dijo: "Tú y yo comenzaremos a orar y a ayunar desde este momento hasta que tú seas libre". Así lo hicimos, ¡y creo que vimos resultados!

"El hijo sabio recibe el consejo del padre; mas el burlador no escucha las reprensiones" (Pr 13:1).

¿Que por qué lo amo tanto? Me sobran razones. Comenzaré diciendo que él siempre estuvo ahí, refugio seguro e incondicional; descanso, fortaleza y apoyo. En su silencio elocuente que me hablaba más que mil palabras, y en sus hechos cargados de respaldo.

Ya a la edad de dieciséis años había leído la Biblia en tres ocasiones. Mi cerebro lleno de información, pero mi corazón sin procesarla, distaba de aquella realidad. Diecisiete, dieciocho, diecinueve años. Sufrí de hipertiroidismo, depresión, desequilibrio, descontrol... Todo lo que el enemigo pudiera inventar para destruir el presente que hoy estoy viviendo. Yo huía de Dios, aun teniendo la certeza de saber que estaba acorralada y sin opción. Créanme, si me hubiesen dado a escoger, jamás habría sido pastora. Eso sin menospreciar la hermosura de un llamado. Pero nosotros, los que hemos visto más allá de la elocuencia del púlpito, reconocemos lo que implica tal responsabilidad. Hoy por hoy respeto a la iglesia de una forma sin igual, y pienso que el pastor que no respete a su congregación no debe ejercer ese ministerio. Recuerdo cuando años atrás, yo testificaba o predicaba; mi padre se sentaba cómodamente a evaluar mis sermones. Cruzaba la pierna —ya para ese tiempo tenía zapatos nuevos—, y me miraba continuamente por encima de sus espejuelos, provocando en mí algo de nerviosismo. Era severo en su juicio; y su crítica, hecha de una manera franca y directa, me causaba gran molestia. Me decía: "Habla menos de ti, más de la Biblia. Cometiste tal y cual error". ¡Yo hervía por dentro, permaneciendo callada y hoy se lo agradezco! Con el tiempo he madurado, aprendiendo a recibir la crítica de forma diferente, sobre todo si es constructiva. Para ese tiempo, yo era la mujer del látigo, dura e inflexible, molesta, herida; ocultando mis verdaderas emociones. ¡Eso también lo heredé y absorbí de mi viejo! Inconscientemente castigaba a los demás por todo lo que había vivido. Cuánto daño nos causó el fanatismo, la crítica, la religión y la crianza en medio de todo lo que eso implica. ¡Cuántas cosas guardaba a nivel inconsciente, que descubrí luego! ¡Cuántas raíces de amargura, cuánto dolor! En esa condición, Dios no podía entregar la iglesia en mis manos; no, sin quebrantarme y sanarme primero... Y eso fue exactamente lo que hizo.

"He aquí que yo les traeré sanidad y medicina; y los curaré, y les revelaré abundancia de paz y de verdad" (Jer 33:6).

Entonces llegó nuevamente el amor, y en esta ocasión contraje matrimonio por primera vez con el padre de mis dos hijos, Sheril Andrea y Fabián Raúl. Todo en nuestro hogar se desarrollaba aparentemente bien. Pero el ignorar y obviar un problema no te garantiza la eliminación del mismo. Nació mi primera hija, hermosa, un milagro de Dios. Los médicos me habían recomendado hacer un aborto a las seis semanas de embarazo, pues estaba tomando un medicamento llamado Tapazole para los problemas de mi tiroides. Mi bebé podía nacer sin brazos, sin piernas, sordo, ciego o mudo; ¡qué palabras tan alentadoras! Salí llorando de la oficina del médico. Un aborto sería lo último que consideraría. Corrí una vez más a la casa de mis padres y les expliqué la situación. Papi me dijo: "Vamos a orar; si esta criatura viene con daños, tu cuerpo la va a expulsar; si no, tu bebé nacerá sano". Profetizó, y a los nueve meses nos nació una niña saludable que mientras se escribe este libro acaba de cumplir diecinueve años.

Regresó el deseo invencible de ingresar al Colegio de Leyes. Era algo que tenía sembrado en mi subconsciente, y de vez en cuando se asomaba a mi presente amenazándome con vencer. Sobre todo en los días difíciles y largos en los que el ministerio puede llegar a extenuarte, el enemigo se encarga de recordarte todos tus fracasos, tus logros no alcanzados y la lista de cosas a las cuales renunciaste para hacer la voluntad de Dios. Entonces, decidida, me dije: "Nada, se acabó. Ingresaré a la Escuela de Leyes, seré abogada, luego juez y me llamarán 'el terror de los hombres'; me dedicaré a defender la causa de las mujeres maltratadas". Hasta que un día no muy lejano a mi declaración llegó a mi casa Fifa, la anciana profeta que ya se fue al cielo. Una de esas mujeres que viven en oración delante de la presencia de mi Señor, obedientes a sus mandatos. Yo me sentía perseguida y ahora estaba bastante crecidita como para esconderme debajo de la cama o de algún mueble... "Así te dice el Señor, es menester que trabajes en la iglesia junto a mi siervo... es menester...". Toda duda razonable desapareció nuevamente. Sencillamente escuchaba en voz alta lo que ya sabía en mi espíritu. ¡Qué batalla! Yo que no y Él que sí; ¿pero, quién puede ganarle al Todopoderoso? ¿Qué es mejor? ¿Diseñar tu plan a tu manera o integrar tu deseo y tu plan a Su voluntad? ¿Sujetarte a la seguridad eterna que Él te ofrece o balancearte en la cuerda floja de la vida sin ninguna seguridad eterna para ti? Luchar contra Dios es como "tirarle piedras al sol". Aunque siempre he sido de carácter decidido y determinada, con Él me rendí. Hubo días largos y difíciles en los que mi alma y mi cuerpo no querían rendir su voluntad y someterse al Espíritu; pero cuando Dios está en el asunto es cuestión de tiempo. Me sentía inútil, perdiendo el tiempo a la sombra de mi padre sin alcanzar mis propias metas, y para colmo, en esos días fui candidata para el puesto de diaconisa en las elecciones internas de la iglesia ¡y perdí por unanimidad! Mi padre lo interpretó como un golpe bajo, un desprecio; yo vi el cielo abierto y la luz verde de salida. Mi corazón tenía que ser enternecido como el de "la nodriza que cuida con ternura a sus propios hijos" (1 Tes 2:7). Dios cumplía Su perfecta voluntad matriculándome en la escuela del rechazo. Es que en medio de la batalla se nos olvidan las reglas del juego y asumimos posiciones de víctima. La Palabra está escrita y es clara:

"Por causa de ti somos muertos todo el tiempo; somos contados como ovejas de matadero" (Ro 8:36).

"Bueno me es haber sido humillado, para que aprenda tus estatutos" (Sal 119:71).

Mi hogar comenzó a tambalearse y, como en medio de una abrupta turbulencia, me vi envuelta en una vorágine de sucesos. Acepto que un matrimonio no es una guerra de indios y vaqueros; los dos tienen responsabilidad. Acepto toda la que fue mía. En nuestro pensamiento de familia pastoral, y en el mío como hija de pastor con llamado al ministerio, me vi siempre rodeada de demandas que excedían mi propio ser. Las presiones externas, los deseos del pueblo, unidos a mis crisis personales y a las áreas no resueltas de mi carácter, se constituyeron en una carga aplastante y abrumadora que me fue imposible resistir. Se nos exigía perfección en todos los ámbitos de la vida, teníamos que ser perfectos. ¡Cuán lejos de la realidad! La única perfección verdadera se consigue en Dios a través de Cristo, y es un buen estado para el comienzo de una obra nueva en ti. Esta sólo se logra por medio de Su gracia.

"Sed, pues, vosotros perfectos, como vuestro Padre que está en los cielos es perfecto" (Mt 5:48).

"Entenderé ... cuando vengas a mí" (Sal 101:2).

Estoy segura de haber agotado todos los recursos que tuve a la mano en ese momento de mi vida para evitar que mi matrimonio fracasara, sin obtener ningún éxito. Puedo hacer una lista interminable de culpabilidades y repartirlas de muchos modos; sé que me conducirán al mismo lugar, mi realidad presente.

"No que lo haya alcanzado ya, ni que ya sea perfecto; sino que prosigo, por ver si logro asir aquello para lo cual fui también asido por Cristo Jesús ... pero una cosa hago: olvidando ciertamente lo que queda atrás, y extendiéndome a lo que está delante, prosigo a la meta, al premio del supremo llamamiento de Dios en Cristo Jesús" (Flp 3:12-14).

Lamentablemente, el divorcio llegó a ser la alternativa final. Estaba decidida; sabía que además de la decisión sería responsable de las consecuencias, y las viví todas... "No te divorcies, qué dirá la gente, el Evangelio será escandalizado". Pensaba en las palabras que por tanto tiempo repetía mi padre cuando hablaba de su matrimonio con mi madre: "Yo soy hombre de una sola mujer". Qué presión inmensa me causaba el no poder medirme por su modelo. Me retumbaban los oídos cargados de acusación y de culpabilidad; e imaginaba sus procesos de asimilación de lo que ya era la realidad de su hija mayor. Así me movía, entre la impotencia y la culpa; era mi propia juez y verdugo. Mientras, en mi dolor y soledad, solamente pensaba en lo que pensaría Dios. Lo buscaba con miedo y trataba de hallar consuelo incesantemente a mi fracaso, a mi coraje, a mi derrota...

"Desde el cabo de la tierra clamaré a ti, cuando mi corazón desmayare. Llévame a la roca que es más alta que yo, porque tú has sido mi refugio, y torre fuerte delante del enemigo" (Sal 61:2-3).

Mis hermanos, impactados y turbados por los hechos, callaban o huían. En este tiempo me dictaron muchos y extensos sermones que sólo añadían más carga a mi carga. Mi madre estaba sumamente afectada por las consecuencias que esto acarrearía en nuestra congregación; se movía entre la madre preocupada y la esposa del Pastor: La hija de Torres Ortega divorciada... El hombre que lleva más de treinta y cinco años casado con la misma mujer. En mi desesperación y en medio de una acalorada conversación familiar, le dije: "Papi, por favor, sácame de aquí, envíame fuera del país". Mi padre permanecía en silencio; entonces se acercó a mí tiernamente, me abrazó, y me dijo: "Tú eres mi hija, siempre lo serás; yo te apoyaré siempre incondicional e independientemente de tus decisiones". Una vez más la pared fuerte, el muro de contención, el dique, mi refugio... Pensé que siempre estaría ahí para mí... y tomé fuerzas. Nunca esperé un día como el que estaba destinada a vivir, en el cual mi Dios me enseñó que existía un refugio más alto, que yo sólo conocía de oídas... El mismo Dios, pero en otro tiempo.

"Más yo en ti confío, oh Jehová; Digo: Tú eres mi Dios. En tu mano están mis tiempos" (Sal 31:14-15).

"Porque mejor es tu misericordia que la vida; mis labios te alabarán" (Sal 63:3).

Divorciada; sintiéndome marcada, ahora menos que nunca alcanzaría sueños ministeriales y en ese momento no tenía la fuerza para alcanzar metas profesionales. Estaba destruida. Sólo los que han vivido la experiencia pueden comprender la sensación que se siente. Entonces visité nuevamente el pozo que te lleva hasta el fondo de ti mismo, y allí sólo escuchaba una palabra: "¡Eres indigna!". ¿Sabes qué? Detrás de ese final existía un nuevo comienzo: la profundidad de Dios. Siempre existe algo más allá del quebranto. Una nueva relación, una nueva experiencia, un mayor conocimiento de ti mismo, y el gustar del sabor dulce de Su misericordia que es mejor que la vida. Por mucho tiempo anduve envuelta en Su obra, en Su viña; y mi viña que era mía no guardé. No dediqué tiempo al autoconocimiento; entonces, en ese momento decidí retomar la única posesión que en realidad me pertenecía... ¡mi vida!

"Tú, que me has hecho ver muchas angustias y males, volverás a darme vida, y de nuevo me levantarás de los abismos de la tierra" (Sal 71:20).

Siempre anhelé ser real, aborrecía la religión falsa, la apariencia de humildad, el misticismo, lo aprendido. Pero ser real tiene un precio, "la verdad", y esa puede ser difícil y muy dolorosa. Pero siempre es mejor vivir una verdad que actuar una mentira, es mejor ser quien eres delante de Dios y de los hombres, y humillarse bajo Su poderosa mano, hasta que tenga misericordia de nosotros.

"Oh Jehová, ten misericordia de nosotros, porque estamos muy hastiados de menosprecio" (Sal 123:3).

Es evidente que de mí la ha tenido en más de una ocasión, por eso para mí la sangre de Cristo no es un perfume que utilizo esporádicamente, es lo que me da vida hoy. Grandes crisis tuve que experimentar a raíz de ese evento en mi vida personal; caos, guerra, depresión, aflicción, crítica, y finalmente paz. De mi persona se dijo todo lo que era cierto y también lo añadido; gracias al Señor, hoy puedo decirlo sin que me cause dolor, sabiéndome sanada, restaurada, ubicada, perdonada y con conocimiento de que perdoné. En medio de todo, conté con el apoyo incondicional de un padre a quien le importó más el bienestar de su hija y su futuro en Dios, que el qué dirán social.

"De todos mis enemigos soy objeto de oprobio, y de mis vecinos mucho más, y el horror de mis conocidos; los que me ven fuera huyen de mí. He sido olvidado de su corazón como un muerto; he venido a ser como un vaso quebrado. Porque oigo la calumnia de muchos; el miedo me asalta por todas partes, mientras consultan juntos contra mí e idean quitarme la vida" (Sal 31:11,13).

Por eso y por tantas otras cosas, al vivir la experiencia de ver a mi padre casi muerto en mis brazos, el choque fue algo casi insoportable. La realidad me golpeó con algo que para mí siempre fue, en términos psicológicos, "alejamiento, alejamiento"; y como a Job, me sobrevino lo que más temía.

"Porque el temor que me espantaba me ha venido, y me ha acontecido lo que yo temía. No he tenido paz, no me aseguré, ni estuve reposado; no obstante, me vino turbación" (Job 3:25-26).

Yo no podía creer lo que estaba viviendo, y asumí una posición estoica y catatónica al mismo tiempo. En medio de ese estado fui sacudida por mi hermana Dorcas, ambas arrinconadas cerca de una pared del hospital que nos servía como apoyo. Ella me preguntó: "Nany, ¿y tú que?". A lo que respondí, perdiendo mi compostura por primera vez: "Dorcas, es mi papá, mi papá, mi papá". Entonces lloré desconsoladamente. Una mezcla de emociones invadió mi ser desde ese momento, y en medio de todo aquel proceso de qubrantamiento era otra mujer. Una que ni siquiera yo misma conocía; una que se encontraba en nuevos parajes de confrontación con su Dios. Ya después de haberlo dejado en intensivo, "estabilizado", volví a mi casa. Eran las siete de la mañana cuando sonó el teléfono. Claribel y Luis llamaban desde Orlando; yo les había avisado la noche anterior a eso de las once de la noche, de todo sucedido. Clari me preguntó: "¿Cómo te sientes?". Contesté con un monosílabo: "... Pues...". Esa palabra fue suficiente para que los tres lloráramos juntos, vía telefónica, durante quince minutos. En medio del llanto, Luis comenzó a orar y luego como profeta de Dios me dijo: "Un hombre como Torres Ortega es propiedad absoluta de Dios, él es como Moisés y sólo Él decide lo que hará con su siervo, nos resta callar y esperar en Su presencia". Entré en pacto con mi Señor, saqué valor de lo más profundo de mi ser y le dije llorando: "Señor, si mi padre va quedar inútil, por favor, llévatelo".

"Por Jehová son ordenados los pasos del hombre, y Él aprueba su camino. Cuando el hombre cayere no quedará postrado, porque Jehová sostiene su mano" (Sal 37:23-24).

El próximo día en el hospital recibí la visita de otro profeta, el Hno. Teddie Ferrer, amigo de mi padre y pastor por muchos años. El Señor me habló y me dijo: "Hoy coloco la iglesia en tus manos, vuelvo tu corazón hacia la iglesia y el corazón de la iglesia hacia ti. ¿Te preguntas? Pregúntame. Así te dice el Señor, va a hablar, va a caminar y firmará con su mano derecha". Mi amor por mi padre me ayudó a amar a la iglesia del mismo modo que él la ama. Fue como si Dios transformara mi vida entera, llenándome de pasión y fuego por su obra. Conocí la diferencia entre someterse y sujetarse. Someterse es vivir obligado bajo un mandato prepotente; sujetarse es hacerlo en la confianza y en la esperanza de saber que Aquel que dirige te llevará a puerto seguro. Es reconocer una autoridad que te inspira sin temor.

"Bendito sea Jehová, porque ha hecho maravillosa su misericordia para conmigo en ciudad fortificada. Decía yo en mi premura: Cortado soy de delante de tus

ojos; pero Tú oíste la voz de mis ruegos cuando a ti clamaba" (Sal 31:22-23).

Así sucedieron las cosas. Esta es mi versión. Y si he querido
tocar un poco la profundidad de lo que han sido algunos de los
acontecimientos de mi vida íntima, es en beneficio de aquellos que
quisieran conocer quién es la Sucesora de Torres Ortega.
Siempre surgirán las comparaciones; y sé que en este particular me ha sucedido como a Juan el Bautista:

"... No soy digno de desatar encorvado la correa de su
calzado" (Mr 1:7).

Tampoco lo pretendo... La honra del siervo se la otorga Dios
mismo, y a mi padre le fue otorgada. No es fácil ser la Sucesora de
un hombre como él. Cuarenta años tenía Josué cuando sustituyó a
Moisés, la misma edad tenía yo cuando se me entregó totalmente
la iglesia. Josué siempre permaneció cerca de Moisés; le servía, lo
cuidaba, lo alimentaba, era su siervo... De repente comprendí que
por años viví cerca de él, viviendo por él y escondida detrás de él.
Sus logros eran mis logros y detrás de ellos me escudaba... No quería ver mi propia realidad; resultaba más fácil vivir esa fantasía.
Infatuada, malamente encajada en el complejo de Edipo, con una
estima sumamente baja, comprendí que sólo me interesaba agra-
darle a él. No tenía identidad propia y necesitaba ubicarme. Ese no
era el orden de Dios para mí. Yo soy su sierva, tengo una familia
propia, un esposo, unos hijos y tendría que madurar en muchas
áreas. Mi gran necesidad de aprobación y amor me mantenían
cautiva. Aunque mi padre no era tan expresivo en su forma de
amar como lo es hoy día, siempre supe que me amaba. Cuántas veces Dios chocó con ese amor, incontables. Recuerdo que en ocasiones, Dios vencía. El viaje a Santo Domingo fue un ejemplo. Él se
oponía; me dijo que Dios no le había hablado. Yo me revestí de autoridad y valor diciéndole: "A mí sí Dios me habló, y yo iré; si tú no
quieres ir, no hay problema, yo voy...". Ese viaje fue uno de los más
exitosos en Dios que ha hecho el Grupo Avivamiento de nuestra
iglesia, que está compuesto por más de ochenta jóvenes adultos
entre las edades de veinte a cincuenta y cinco años. Y es que Dios
ya venía tratando conmigo de una forma tierna y fuerte a la vez...

Hasta que llegó el proceso final. Ya no podía ser de otra forma, había prisa en cuanto a su obra.

"Dejad que se haga la obra de esa casa de Dios" (Esd 6:7).

Estoy consciente de que existen sazones en el tiempo de Dios y que sin duda alguna Él ha determinado el presente. Mi único deseo es cumplir su voluntad aceptando Su llamado y realizando el trabajo para Su gloria. ¡Es imposible decirle que no a quien siempre ha estado dispuesto para mí!... Amo a mi Señor... Amo a mi patria entrañablemente, así como nuestro padre infundió a nuestro espíritu el amarla desde muy niños. Puerto Rico es la base de mi origen, de mi historia; es la tierra que me vio nacer.

"Esfuérzate, y esforcémonos por nuestro pueblo, y por las ciudades de nuestro Dios; y haga Jehová lo que bien le parezca" (1 Cr 19:13).

El anhelo y deseo de mi corazón, es ser testigo de un gran avivamiento en esta tierra, uno que marque con un impacto social sólido y trascienda, tocando la familia y al individuo. Que la Palabra de Dios opere cambios en nuestro sistema a todos los niveles. Ha llegado el tiempo de los "Josué" de Dios. Moisés fue el libertador, Josué conquistó la tierra y repartió los bienes al pueblo. Le ha tocado el turno a la nueva generación; pero no podemos quemar los puentes de la que ha terminado su tiempo. La generación de mi padre abrió la brecha, el sendero por el cual hoy estamos caminando. ¡No se borran de un jirón cuarenta años de trabajo arduo y dedicado!

"Fue Moisés y habló estas palabras a todo Israel, y les dijo: Este día soy de edad de ciento veinte años; no puedo más salir ni entrar; además de esto Jehová me ha dicho: No pasarás este Jordán... Josué será el que pasará delante de ti, como Jehová ha dicho" (Dt 31:1-3).

Esa generación conocía como Elí la voz de Dios; y fueron ellos quienes nos han ayudado a identificarla y a responder a.Su llamado. Meses antes de que mi padre sufriera su derrame cerebral, lo miraba caminar por los pasillos del templo cansado, agobiado, a veces enfermo: sus fuerzas menguaban... y yo escuchaba la voz del espíritu repetirme: "Antes de que la lámpara de Dios fuese apagada, Jehová llamó a Samuel"... Sabía que el tiempo llegaría, pero me negaba a reconocerlo; era un hecho que me causaba un profundo dolor.

"Samuel estaba durmiendo en el templo de Jehová, donde estaba el arca de Dios; y antes que la lámpara de Dios fuese apagada, Jehová llamó a Samuel; y él respondió: Heme aquí. Y Samuel no había conocido aún a Jehová, ni la palabra de Jehová le había sido revelada. Jehová, pues, llamó la tercera vez a Samuel. Y él se levantó y vino a Elí, y dijo: Heme aquí; ¿para qué me has llamado? Entonces entendió Elí que Jehová llamaba al joven. Y dijo Elí a Samuel: Ve y acuéstate; y si te llamare, dirás: Habla, Jehová, porque tu siervo oye" (1 S 3:3-4, 7-9).

Hoy creo firmemente que el verdadero conocimiento de Dios llega en la crisis. Cuando el corazón está quebrantado es más fácil escuchar Su voz. Tantas veces escuché los comentarios acerca de mi personalidad fuerte, tanto que hasta yo misma llegué a creerlo y también a fomentarlo. Repentinamente, toda aquella fortaleza falsa se derretía ante la presencia de mi Señor y ante la impotencia de las circunstancias. Viví de cerca lo que es la fragilidad de la vida, inclusive aprendí a identificar el ronquido de la muerte. En esos días en los que estuve visitando la sala de intensivo, el Señor nos enviaba a mi madre y a mí a orar por los enfermos graves e invitarlos a aceptar al Señor. Entendí al autor de Eclesiastés cuando decía: "Vanidad de vanidades todo es vanidad". Mi supuesta fuerza de carácter, era dolor reprimido por años que Dios escogió sanar también en medio de una situación de dolor.

"Y que agradara a Dios quebrantarme ... si me asaltase con dolor sin dar más tregua" (Job 6:9,10).

Dios fue tan maravilloso que le permitió a mi padre vivir. Salimos hacia Miami, al hospital de rehabilitación llamado *Health South*. Allí me enfrenté con otra realidad; ¡jamás pensé que existiese tanto dolor! Me había centrado en mi pequeño mundo, en mis crisis personales y estaba demasiado envuelta en las quejas de mi desierto como para comprender el propósito de Dios. Desde ese mismo instante abandoné el espíritu de conmiseración y comencé a dar gracias. Se acabaron los lamentos y sólo veía victorias en las grandes cosas y en los pequeños detalles.

Envuelta en el trabajo de la iglesia y dirigiendo un ayuno de treinta días ordenado por Dios, llegué a pesar lo menos que he pesado en mi vida desde que tenía trece años. De momento, me volví "permanentemente espiritual"; el ayuno era algo normal para mí y comencé a gustar de la comunión íntima y continua con mi Dios. Mis viajes a Miami se convirtieron en descanso y en comunión con Él. El Espíritu Santo me habló diciendo: "No voy a permitir que nadie te acompañe, descansa, medita, ora". Recuerdo que luego del suceso del 11 de septiembre, me tocó viajar en un vuelo donde sólo había diez pasajeros. ¿Temor a qué? Ya lo peor había acontecido, según mi juicio. Ya mis suspiros no eran secretos para el Señor. Ya Él había logrado rendir mi corazón, hasta reconocer que no le conocía como hoy, y que sus misterios comenzaban a develarse ante mis ojos. Me hospedaba en un pequeño hotel muy cerca del hospital, y luego de haber pasado todo el día con mis padres y al apagar las luces del hospital, regresaba a mi habitación. Allí hablaba con mi Señor; a veces lloraba hasta el cansancio, o simplemente permanecía en silencio para escuchar la voz de Dios y así recibir instrucciones específicas sobre el manejo de la iglesia y sobre todo asunto para el cual necesitara dirección. ¡Él es ahora mi Padre! Él se encargó de ubicar mis sentimientos en su prioridad correcta. Y aunque el lograrlo fue doloroso, siempre el tierno toque de su mano acariciaba suavemente mi corazón cansado. En medio de todo este proceso, Él me ha moldeado en tantas áreas, y otras aún están en proceso. Es increíble y engañoso cómo podemos llegar a pensar que por el hecho de servir a Dios toda nuestra vida y permanecer en la iglesia, la obra está terminada, ¡qué va! Siempre hay más, mucho más.

"Tus manos me hicieron y me formaron; hazme entender, y aprenderé tus mandamientos" (Sal 119:73).

Mis días transcurrían lentos pero firmes, envuelta en una fuerza sobrenatural que me ayudaba y me ayuda a vencer. La reorganización de la iglesia avanzaba, así como avanzaba la recuperación de papi. ¡Yo le creo a Dios! He visto sus promesas fieles cumplirse a través de todo este tiempo, y he caminado sobre el mar de las imposibilidades con una fe inquebrantable. No hay nada que perder y sí mucho que ganar cuando te entregas a Él totalmente y cuando entregas lo que más amas. A veces me pregunto si fui egoísta al orar así, pidiendo que el Señor me devolviera a mi padre. Al verlo sufrir y luchar tanto con su cuerpo físico, he llegado a sentirme culpable. Pero luego, lo veo sin claudicar en su fe; como un roble, como un ausubo, como una palmera sacudida por el viento, pero cuyas raíces permanecen firmes; como un barco viejo que ha sido castigado por muchas tormentas y aún permanece estable. Su amor hacia su Dios es tan profundo, su vivencia tan clara y su experiencia tan real con el cielo; entonces le doy gracias a Dios...

Sé que no todas las historias han tenido un final feliz, y al compararme con otros que no han tenido opción de escoger me siento humillada ante Dios y ante ellos. No quiero hacerle a mi padre un homenaje póstumo, mi mejor homenaje se lo estoy haciendo en vida; en cada detalle, en cada atención, en cada palabra, en cada caricia. Ahora, cuando lo beso, lo hago con un sentido de apreciación diferente. Estoy totalmente comprometida con Dios, a quien hace un tiempo le entregué a una de las personas que más amo en la vida, con el fin de retenerlo por un poco más de tiempo. ¡Sé mejor que nadie que no existe nada de especial en mí! Dios me ha hecho ministro de su Evangelio y eso significa servir. Sé que mi Señor es Dios celoso, yo soy su propiedad, así como lo es mi corazón.

"Me gozaré y alegraré en tu misericordia, porque has visto mi aflicción; has conocido mi alma en las angustias. No me entregaste en manos del enemigo; pusiste mis pies en lugar espacioso" (Sal 31:7, 8).

Soy una mujer feliz. He sido procesada, quebrantada y llevada por el mismo Dios a un lugar de victoria. He respondido a su llamado de forma afirmativa: "Heme aquí". La mujer y el hombre que han aceptado el perdón de Dios y su sacrificio en la cruz se aprueban a sí mismos. Me siento realizada y en vías de completar la misión que me ha sido encomendada. Estoy casada con un hombre que amo; mi esposo, Ricardo, mi compañero y mi más grande apoyo en el ministerio y en nuestra vida personal. Cuando lo conocí supe que estaba frente a alguien que conoció mi corazón, ¡aparte de que lo encontré guapísimo! Ricardo posee un carácter paciente; su pasividad y su espíritu manso complementan el mío y eso llena mi vida de paz. Yo siento su amor de una manera literal, me siento realmente amada por él y esa es una de las más grandes necesidades de una mujer. Tengo dos hijos maravillosos a quienes amo profundamente, ¡ah y no son perfectos! Son mis hijos y quiero verlos servir a Dios, felices y realizados. Pastoreo una iglesia a la que amo "con todo el corazón, con todo el corazón" (canción). Mi padre siempre repetía desde el altar: "Esta es la mejor iglesia del mundo"; yo pensaba que era palabra para agradar el oído del pueblo, pero esas mismas palabras han venido a ser mías; yo siento lo mismo. Cuando amas a alguien, decides amarlo con sus debilidades y fortalezas; he pesado en balanza y son tan pocas sus debilidades que no me es difícil amarla con todo el corazón. La iglesia es mi "piel", me cubre toda, y cuando digo iglesia hablo de los seres humanos allí constituidos, no de las paredes de cemento. Cuando me coloco en ese púlpito para predicar me abrasa un fuego y siento que me mudan. Somos una iglesia con propósito, un grupo de hombres y mujeres llenos de potencial, un caño de talento al servicio de Dios, somos "cabeza y no cola"; una iglesia atrevida y conocedora de la Palabra y de las promesas de Dios. Procuro ganarme su amor, no quiero que me teman. El que teme no es fiel, pero la costumbre del amor es la fidelidad. Sueño con parir hijos espirituales, ministros que prediquen y me superen en todos los aspectos.

> "Y Jehová dijo a Moisés: Toma a Josué hijo de Nun, varón en el cual hay espíritu, y pondrás tu mano sobre él; y lo pondrás delante del sacerdote Eleazar, y delante de toda la congregación; y le darás el cargo en presencia de ellos. Y pondrás de tu dignidad sobre él, para que toda la congregación de los hijos de Israel le obedezca" (Nm 27:18-20).

Poseo una familia que ha permanecido unida a través de los años y de las crisis que traen las diferentes etapas de la vida. Todavía nos gusta estar juntos y caminar en manadas, viajar como refugiados; hallamos gozo en visitar la casa de nuestros padres y abrir las ollas de la comida caliente y fiel de mami que siempre nos espera. Hablamos alto, expresamos nuestros diferentes puntos de vista sobre temas variados, sabemos llorar juntos, y cuándo de reír se trata... nos reímos mucho, con fuerza... a lo "Torres". Deberíamos ser una familia perfecta, pero no lo somos; por eso necesitamos tanto al Señor; eso sí, nos amamos profundamente y estamos "ahí" para lo que sea. Tengo un Dios real que me hace sentir su amor a cada instante; tengo al Señor Jesús, mi Salvador, mi hermano mayor, mi dueño, Él es refugio seguro contra el enemigo; tengo al Espíritu Santo, mi guía, mi consolador, mi compañero inseparable. ¡Estoy completa! Y siento un fuego que arde en mi corazón agradecido que me impulsa a obedecer, a servir y a proclamar su Evangelio.

"Por amor de Sion no callaré, y por amor de Jerusalén no descansaré, hasta que salga como resplandor su justicia, y su salvación se encienda como una antorcha" (Is 62:1).

Resumo mi experiencia como una de profundo aprendizaje, crecimiento, realidad, perdón, amor y misericordia. ¡Torres Ortega está vivo! Su voz no se ha apagado, su trabajo no ha terminado, su fe es un legado en vida que nos sigue alentando y dando grandes lecciones... Papi está... Aunque simplemente fuese para esperarnos sentado en su mecedora, junto a mi madre; con ese beso que te llega al alma y esa mirada que te inspira a seguir. A veces lo miro de lejos, de reojo y doy gracias a Dios; y no sé hasta cuándo tendré conmigo, a mi lado, este regalo de amor...

"Nunca más te llamarán Desamparada, ni tu tierra se dirá más Desolada; sino que serás llamada Hefzi-bá, y tu tierra Beula; porque el amor de Jehová estará en ti, y tu tierra será desposada. Pues como el joven se desposa con la virgen, se desposarán contigo tus hijos; y como el gozo del esposo con la esposa, así se gozará contigo el Dios tuyo" (Is 62:4-5).

La pastora Iris Nanette Torres Padilla es la Pastora General de la Iglesia de Cristo Defensores de la Fe de Bayamón y directora de la Fundación de Educación Cristiana. Es graduada de la Universidad de Puerto Rico con un bachillerato en Ciencias Sociales con especialidad en Ciencias Políticas. Posee una maestría en Consejería Pastoral y estudios postgraduados en Desarrollo Humano y Organización Neurológica Cerebral. Está casada con el Sr. Ricardo Figueroa Butler y tiene dos hijos, Sheryl Andrea y Fabián Raúl.

El pastor Torres Ortega se dirige a la iglesia desde el púlpito
pastoral luego de su larga recuperación.

Capítulo 8

Mi mensaje a los pastores

Mi amado hermano en el ministerio, antes que nada debo expresarte mi respeto, cariño y admiración desde lo más profundo de mi corazón. Siempre he tenido en alta estima a los príncipes de Dios. Independientemente si es hombre o mujer, de su preparación académica, de los logros alcanzados, sea que lleven años en el ministerio o que apenas comiencen a abrirse paso en los menesteres del reino, todos son igualmente valiosos ante los ojos de Dios. Reconozco la tarea que les ha sido encomendada; no es cosa fácil. El llamado es un camino hermoso, lleno de luchas gloriosas y victorias ascendentes. ¡El Señor, te aseguro por experiencia propia, jamás te dejará! Él ha prometido ser fiel sobre toda circunstancia en nuestra vida. Aun ha prometido guiarnos más allá de la muerte.

Él no te desamparará.

"Porque este Dios es Dios nuestro eternamente y para siempre; Él nos guiará aun más allá de la muerte" (Sal 48:14).

Cuando acepté el Evangelio de Jesucristo como la única verdad de mi vida, traía unos conceptos del mismo muy bien definidos en mis propios términos. Entonces, el Caballero de la Cruz me hizo descubrir por medio de su Espíritu Santo que no todo era controlado por mi razonamiento, y mucho menos por mi intelecto. Uno era el concepto que traje y otro fue el que adquirí por medio de la fe. Las enseñanzas del Maestro opacaron de inmediato mis razonamientos; la experiencia del nuevo nacimiento, del bautismo en agua y en fuego, enterraron para siempre mi criterio propio y despertaron mi espíritu al crecimiento del nuevo hombre interior que es en Cristo.

Mi crecimiento se sucedió lento pero con paso firme, alcanzando terreno espiritual y no mirando atrás jamás. El evangelista y predicador fundamentalista D.L. Moody, quien desarrolló su ministerio a finales del siglo diecinueve en la ciudad de Chicago, dijo en cierta ocasión: "Si quieres ser llenado, debes ser vaciado primero de todo orgullo y toda ambición personal". Eso hice, precisamente, reconocí mi orgullo y día a día me enfrentaba a él en más de un área de mi carácter, y a la necesidad de deshacerme de su influencia en mí para siempre.

Nunca olvido aquel campesino recio y sencillo, de manos toscas y mirada diáfana, que me habló al finalizar un culto que celebrábamos en una iglesia de Barrio Nuevo en Naranjito. Don "Cuco", quien ya partió a descansar en el Señor, se acercó y me dijo: "Licenciado, no se vaya". Bajamos juntos las escalinatas del templo, y en un momento determinado aquel santo varón, profeta del Señor, tomó del bolsillo de su pantalón una botella de aceite y derramándola desde el centro de mi cabeza, lo dejó correr por todo mi cuerpo dejando en mí una presencia irresistible y la promesa de un llamado que apenas comenzaba: "Te unjo Pastor". Así, sucesivamente, Dios fue hilando una serie de sucesos que conjugaban unos con otros hasta el cumplimiento total de su promesa. Recuerdo un gran día que estando yo en medio de un glorioso culto en la Calle Comerío de Bayamón —donde radicaba nuestro antiguo templo, y donde recibí de Dios los entrenamientos más profundos y las experiencias que capacitaron mi vida para realizar efectivamente su llamado—, llegó este hombre, alto, blanco, de cabello rubio y lacio, de ojos azules. No dijo de donde venía. Se acercó a mí, comunicándome que necesitaba hablarme. Yo le respondí: "Tiene que esperar que yo termine". A lo que él respondió muy suavemente, que no tenía prisa. Se sentó tranquilamente en la primera banca de la iglesia, donde esperó durante una hora. Me miraba fijamente sin moverse. Estaba vestido con ropa casual, con un pantalón oscuro y camisa de un color amarillo claro. Al terminar de ministrar, le dije: "Dígame". Y me dijo en alta voz: "Tengo un mensaje de Dios para usted"; y así declaró: "Así te dice el Señor, te cuidarás de tres cosas: nunca mires ni toques a la mujer ajena, nunca robes el dinero de Dios y jamás me robes la gloria; si quieres que resida en ti mi bendición. Si faltaras a una de estas tres cosas, te haré pedazos". "Pedazos", qué dura expresión; palabra dura es ésta. Pero a cuántos compañeros tú y yo hemos visto perderlo todo en un momento: un desliz, un desdén, una pequeña locura y todo se ha perdido.

"Las moscas muertas hacen heder y dar mal olor al perfume del perfumista; así una pequeña locura, al que es estimado como sabio y honorable" (Ecl 10:1).

Entonces colocó sus manos suavemente en la parte superior baja de mi cabeza, donde se encuentra ubicada la corteza cerebral, y me dijo: "Coloco mis manos donde residen tus pensamientos para que este mensaje quede aquí registrado para siempre". Volví mi rostro hacia el altar humillado en lágrimas delante de mi Dios. Luego, buscamos al hombre por toda la iglesia, pero había desaparecido. Fue tal la impresión que viví aquel día, que sin duda alguna comprendí y así le comuniqué a la iglesia: "Hoy nos a visitado un ángel".

Hasta el día de hoy mi Dios ha guardado mis manos limpias. No tengo nada que pueda avergonzar la obra de mi Señor. Registré para siempre la advertencia divina, y además aprendí mi lección de orar y ungir colocando mis manos en el lugar correcto.

Amado, ¿quién no ha conocido lo que es ser tentado? Imposible. No seríamos veraces si dijésemos lo contrario; pero cuán maravillosa gracia nos ha cubierto ayudándonos a vencer.

"No os ha sobrevenido ninguna tentación que no sea humana; pero fiel es Dios, que no os dejará ser tentados más de lo podáis resistir, sino que dará también juntamente con la tentación la salida, para que podáis soportar" (1 Co 10:13).

"Sabe el Señor librar de tentación a los piadosos" (2 P 2:9).

"Bienaventurado el varón que soporta la tentación; porque cuando haya resistido la prueba, recibirá la corona de vida, que Dios ha prometido a los que le aman" (Stg1:12).

"Procura con diligencia presentarte a Dios aprobado, como obrero que no tiene de qué avergonzarse, que usa bien la palabra de verdad" (2 Tim 2:15).

Luego de conocer al Señor y al convertirme en pastor, mi gran pasión fue la Iglesia; la paloma, la amada, la niña de los ojos de Dios. No existía para mi nada más importante que acaparara mi atención. Y es que la Iglesia es la única esperanza de esta tierra. No existe nada más importante que servir y ser testigos de la muerte y resurrección del Maestro. Y para eso hemos sido llamados, no pierdas la visión ni te desenfoques de la encomienda que has recibido.

Cuántas experiencias maravillosas que marcaron mi vida. Recuerdo una ocasión, recién estrenando el fuego y la pasión de ese primer amor —que hasta hoy me duran— trajeron a la iglesia a un joven vestido de negro, uñas negras largas, totalmente tatuado; al verme adoptó una posición de alerta listo para atacarme. Yo ni siquiera me acerqué. Comenzamos a cantar y adorar a Dios por más de veinticinco minutos. La iglesia se llenó de esa presencia incomparable, la nube de Su gloria estaba presente; había llegado el momento de actuar. Rápidamente, coloqué mis manos sobre la cabeza del joven, el muchacho cayó al suelo rendido y desde ese momento en adelante fue totalmente libre. Pastor, sé sabio; jamás eches fuera un demonio en la emoción de tu propia fuerza, espera el momento de Dios. Pelea tu batalla en la fuerza de Dios y jamás serás avergonzado.

"No impongas con ligereza las manos a ninguno, ni participes en pecados ajenos. Consérvate puro" (1 Tim 5:22).

En otra ocasión me encontraba ofreciendo una campaña al aire libre, frente a los predios de una iglesia en Toa Baja, Puerto Rico. Un hombre estaba sentado al otro lado de la carretera. Advertí su presencia desde el comienzo y sentí carga en mi espíritu por él. Terminado mi mensaje, comencé el llamado al arrepentimiento, me dirigí al hombre a través del micrófono: "Caballero, ¿usted me daría el privilegio de hacer una oración a su favor?". Levantó su brazo moviendo su mano en forma oscilante, señalando con su dedo índice. Insistí en las palabras sencillas de un pastor. Su respuesta fue la misma. Continué con mis deberes. Repentinamente, y antes de que el culto llegara a su final, escuchamos un ruido estrepitoso y ensordecedor. Todos volteamos el rostro hacia la carretera; bajo nuestra mirada de asombro, vimos a un automóvil arrastrando el cuerpo agonizante de aquel hombre. Minutos antes, la salvación de su alma sólo distaba a pasos entre la vida y la muerte. ¡Tantas experiencias! Pero, mi hermano, eso sería otro libro.

"De aquí en adelante nadie me cause molestias; porque yo traigo en mi cuerpo las marcas del Señor Jesús" (Gl 6:17).

Pastores, independientemente de lo que exprese el mundo, Jesucristo es el Señor, es real, es el centro de nuestra vida y de nuestra fe.

"Y si Cristo no resucitó, vana es entonces nuestra predicación, vana es también vuestra fe" (1 Co 15:14).

Nosotros, como humanos, erramos, nos equivocamos, tropezamos en el camino, nos fatigamos y volvemos a levantarnos. Las luchas, enemigos de adentro, enemigos de afuera, lo absurdo, lo injusto, lo incomprensible de Dios... Por favor, no desmayes, continúa en la brecha, como bien dijera el poeta puertorriqueño Mariano Riera Palmer:

"Aquí estoy en la brecha, nadie intente que ceje una pulgada en mi camino; no doblo ante los déspotas la frente, ni tiemblo ante los golpes del destino".

Permanece firme en la esperanza de gloria, persiste en la fe aun por sobre tu propia carne, las circunstancias adversas a tus deseos, los sueños tronchados, o la esperanza no cumplida. Nada es más importante que tu corona. Nada debe moverte del camino de la fe, todo aquí es temporal.

"Y cuando aparezca el Príncipe de los pastores, vosotros recibiréis la corona incorruptible de gloria" (1 P 5:4).

Todos en el camino hemos sido visitados por la autocompasión, la culpa, el rechazo y la autorecriminación. Como líderes nos exigimos mucho a nosotros mismos y esperamos demasiado de los demás; y aun de Dios. En éste, lo que ha sido mi padecimiento en los últimos dos años de mi vida, he aprendido mucho de mí mismo y de mi Dios. He comprendido que lo que estoy viviendo no tiene mucha importancia cuando lo mido en comparación con lo que existe más allá; lo que yo vi más allá. Entonces considero todo irrelevante.

"Porque él es quien hace la llaga, y él la vendará; él hiere, y sus manos curarán. En seis tribulaciones te librará, y en la séptima no te tocará el mal" (Job 5:18-19).

Cuántas veces prediqué sobre el hermoso versículo: "Muchas son las aflicciones del justo, más de todas ellas le librará Jehová". Hoy más que nunca sé que este verso es real, sobre todo para alguien que esté pasando por algún padecimiento físico. Recuerdo una ocasión de esas en las que caminas envuelto en "tu prisa". Estaba visitando a una hermana que padecía una enfermedad terminal. Siempre miré a la persona enferma con mucha compasión, los veía y me tocaban en lo profundo de mi ser. Llegué al lugar; yo sabía que se iba, el Señor siempre me lo mostraba. Decidí terminar pronto con aquello. Recuerdo que hice una oración automática, genérica y acelerada. Terminé. Salí de la habitación con mi paso acelerado; recibí un "detente"... El Espíritu Santo me amonestaba: "No, no es así... Vuelve atrás, regresa". Al Señor no le gusta que oremos por un moribundo con el desdén de algo que está por desecharse, sino con palabras de victoria, de esperanza; ésas que merece escuchar alguien que va a encontrase pronto con su Dios. Se imaginará que volví humillado y oré desde lo más profundo de mi corazón, hasta que todos quedamos complacidos.

"¿Quién enferma, y yo no enfermo? ¿A quién se le hace tropezar y yo no me indigno?" (2 Co 11:29).

"Sé fiel hasta la muerte"; esa muerte que ya no debe causarte ningún temor es el pasaporte a la vida y la salida que me acerca a Él para siempre. Ahora, mientras permanezcas aquí en la tierra, toma medidas, cuídate. Pablo dijo: "Ten cuidado de ti mismo" (1 Tim 4:16), y eso incluye el cuidarse en todos los aspectos. Sé custodio de ti mismo, no pierdas la capacidad de mirarte y juzgarte en valiente introspección; vigila tus actos, no abuses del lugar de autoridad en el cual el Señor te ha colocado. Aprende a aceptar tus equivocaciones. No sólo defiendas los postulados de la fe y la doctrina; cuida tu propia viña. Crece, autoedúcate, no le temas al cambio. Aprende a delegar temprano, no te ates tanto a tu posición, que seas inflexible. Déjate dirigir; busca el consejo sabio de Dios en todo. Como exclamó el proverbista:

"Sabiduría ante todo; adquiere sabiduría; y sobre todas tus posesiones adquiere inteligencia" (Pr 4:7).

"Y si alguno de vosotros tiene falta de sabiduría, pídala a Dios, el cual da a todos abundantemente y sin reproche, y le será dada" (Stg 1:5).

Capacita y equipa líderes que puedan ayudarte a dirigir la obra. La carga es pesada, no podrás llevarla tú solo. Aprende a escuchar la voz de Dios, afina tu oído; busca su consejo y dirección. Las consecuencias de no hacerlo pueden ser desastrosas, y a veces pagamos unos precios que debimos haber evitado. Insisto sobre todo en que delegues. Recuerda que no eres el dueño de la obra; discipula, instruye, imparte de tu espíritu a aquellos que Dios te muestre como posibles líderes presentes y futuros. Te lo dice un pastor con más de cuarenta y tres años de experiencia, que cometió muchos errores en esta área. Yo me pensaba indispensable e insustituible y lo suficientemente capaz y eficiente como para cubrir bastante terreno. Esto no sólo malogró mi salud física, sino que también, y en alguna medida, atrasé el plan de Dios.

Si difícil y trágico es el no saber delegar, más aún lo es el colocar a la persona incorrecta en una posición de autoridad. Recuerda el ejemplo de Eliseo y Giezi. Uno era espiritual, el otro era carnal; uno tenía la visión, la pasión, la pureza, el temor de Dios, la fidelidad; el otro era insubordinado, desobediente, mentiroso, aprovechado e irreverente!... No confíes en tu propia prudencia en el juicio, ni te dejes llevar por primeras impresiones o gustos personales; tal vez, la persona que menos te agrada es la que está capacitada, y en la mente de Dios es la correcta para realizar la labor que necesitas.

"Y Eliseo le dijo: ¿De dónde vienes, Giezi? Y él le dijo: Tu siervo no ha ido a ninguna parte. El entonces le dijo: ¿No estaba también allí mi corazón, cuando el hombre volvió de su carro a recibirte? ¿Es tiempo de tomar plata y de tomar vestidos, olivares, viñas, ovejas, bueyes, siervos y siervas? Por tanto, la lepra de Naamán se te pegará a ti y a tu descendencia para siempre. Y salió de delante de él leproso, blanco como la nieve" (2 R 5:25-27).

Cuídate de los aduladores, son perjudiciales para el ego y para la concepción de un buen juicio. El diccionario define así la palabra adular: "Halagar a uno en exceso con un fin determinado". Puede convertirse en una forma de manipulación. Nunca me gustó la adulación, se le rinde culto al humano; ¡peligroso! Nadie mejor que yo sabía y conocía el depósito de Dios en mí por Su gracia, y no por mis méritos ni por mis capacidades. Cuando dedicas tiempo a la meditación y al autoconocimiento, sabes de tus insuficiencias, de tus debilidades y reconoces la obra de Dios en ti con mayor facilidad. Los aduladores alimentan en ti la mediocridad y detienen tu crecimiento espiritual y el progreso de la obra, agradándote servilmente y haciéndote pensar que has alcanzado la perfección. No te digo que debas prescindir de la necesidad de aceptación que todos tenemos; ¡pero sí aprende la diferencia entre ambas voces!

"Vosotros también, poniendo toda diligencia por esto mismo, añadid a vuestra fe virtud; a la virtud, conocimiento; al conocimiento, dominio propio ... Pero el que no tiene estas cosas tiene la vista muy corta; es ciego, habiendo olvidado la purificación de sus antiguos pecados" (2 P 1:5,9).

Sobre todo, cuida a tu familia, tu esposa, tu compañera de viaje, coheredera contigo de la gracia de Dios. Cuídala, ámala, hónrala, dale su lugar de autoridad. Considérala como a "vaso frágil"; que nunca se sienta sola y abandonada en medio de la grey que tu diriges. Ellos aprenderán a respetarla conforme al lugar que tú le des. La autora francesa Mary Noel, en su libro intitulado *Notas íntimas,* en el ensayo llamado "La Desconocida", expresó:

> "Ten cuidado; hay en la sombra alrededor de ella un viento de angustia, la tristeza del otoño, el estanque pálido que tiembla de frío y se estremece entre las yerbas, el lamento del pájaro que pasa, el aroma de un país perdido que la busca y la llama y su tristeza en tu casa y su soledad en tus brazos".

El proverbista Salomón, exclamó en sus sabios proverbios:

> "Sea bendito tu manantial, y alégrate con la mujer de tu juventud, como cierva amada y graciosa gacela, sus caricias te satisfagan en todo tiempo, y en su amor recréate siempre" (Pr 5:18-19).

No des tu fuerza al extraño si los de tu casa están desprovistos. Tus hijos reclaman tiempo, que no sientan que una congregación les ha robado a su padre. Esto les produce rebeldía, y más tarde e irremediablemente se asumen las consecuencias. Recuerda que cuando todo termina, cuando llega el momento de las despedidas y se apagan las luces, cuando baja el telón, sólo quedan tu esposa y tú. ¡Nadie te conoce mejor! Ha visto tus alturas y tus descensos, conoce tus fortalezas y tus debilidades, entiende tu intimidad y aun lo que no expresas. Préstale tu oído, a veces ellas ven áreas que a nosotros nos han sido vedadas. No esperes que llegue la crisis, para remediar o para demandar lo que no sembraste. Dale a Dios el primer lugar, luego como sacerdote cuida tu "viña", luego tu familia, entonces el ministerio y la iglesia. Que te amen "los de adentro" y sean ellos los primeros en reconocer y respaldar tu llamado. Eso, amado, se gana con el ejemplo. Poco pueden hacer las palabras y los elocuentes sermones.

> "Tus sacerdotes se vistan de justicia, y se regocijen tus santos" (Sal 132:9).

> "...Que gobierne bien su casa, que tenga a sus hijos en sujeción con toda honestidad (pues el que no sabe

gobernar su propia casa, ¿cómo cuidará de la iglesia de
Dios?)" (1 Tim 3:5).

He tenido por costumbre estar junto a mi esposa siempre que
nos fuera posible, tanto en mi isla, como en el exterior. Trabajába-
mos juntos en la oficina, y en cada proyecto que emprendía ella estaba envuelta. Recuerdo mis invitaciones al exterior. Cuando predicaba en otros países de Centro y Sur América, siempre iba acompañado de doña Iris. Caminaba con ella, estoy caminando con ella
y caminaré con ella hasta que la "muerte nos separe"; que por cierto, de una manera egoísta espero que sea la mía. ¡Honestamente
confieso que no sé, ni puedo, ni quiero vivir sin mi mujer! Dios,
ella y yo somos el mejor equipo. Mi esposa es una mujer inteligente y hábil en todo el sentido de la palabra. Competente y entendi-
da, nunca la dejé rezagada y juntos nos fuimos desarrollando en
todo. Ministro amado, ¡guárdate! Procura caminar junto a tu compañera. Evita el ser tentado y el exponerte a la mujer ajena. Entre
las autodisciplinas que me impuse, la que más problemas me causó fue la decisión de caminar ligero, entrar por la última puerta del
templo (la más cercana al altar) y saludar a la menor cantidad de
gente posible. Mi actitud, aunque no fue la mejor y podía ser mal
interpretada como indiferencia, ¡me dio resultado durante años!
Me cuidaba hasta de mi sombra, quería agradar a mi Dios y jamás
fallarle en algo que yo pudiera evitar. Hoy, al ser sanado de tantas
cosas en mi hombre interior, me doy cuenta de que fui un poco
exagerado en esto. Aún así, prefiero haberlo sido y que Dios me
haya guardado... Para que la gloria de Dios se manifieste en nosotros tenemos que "cazar las zorras pequeñas...".

"Cazadnos las zorras, las zorras pequeñas, que echan
a perder las viñas" (Cant 2:15).

"Por lo cual, hermanos, tanto más procurad hacer
firme vuestra vocación y elección; porque haciendo estas
cosas, no caeréis jamás " (2 P 1:10).

Siempre y dondequiera que fuéramos, mi esposa subía al altar
conmigo y acostumbraba saludar y hablar algunas palabras de su
corazón antes de yo comenzara la predicación. Les aseguro que

practiqué esto por años, aun bajo las miradas inquisitivas de muchos pastores "machistas", de esos que consideran su sexo superior al femenino, y no creen en el ministerio de la mujer y mucho menos compartían mi criterio de exaltar a su compañera. Para muchos, la mujer es "para la casa", preferiblemente para la cocina, y aplican muy bien el texto bíblico:

"Vuestras mujeres callen en las congregaciones" (1 Co 14:34).

Lo usan como un pretexto para fortalecer y respaldar su pensamiento personal. Han olvidado totalmente la importancia que tuvo la mujer en el ministerio del Maestro. Creo que siempre estuve adelantado a mi tiempo, y en eso también me excedí. Soy un hombre pro mujer. Aprendí a respetarlas temprano. Desde mi niñez. Para nosotros "los del campo", ser un caballero era el mayor de los lujos. Una dama siempre fue algo respetable. Luego, doña Iris se encargó de darme los últimos toques en algunas áreas, y hasta el día de hoy las considero como algo muy especial. Para ti, mujer de Dios, mi admiración y respeto.

"Y de la costilla que Jehová Dios tomó del hombre, hizo una mujer, y la trajo al hombre. Dijo entonces Adán: Esto es ahora hueso de mis huesos y carne de mi carne; ésta será llamada Varona, porque del varón fue tomada" (Gn 2:22-23).

"Engañosa es la gracia, y vana la hermosura; la mujer que teme a Jehová, ésa será alabada" (Pr 31:30).

Que al escucharte desde el púlpito, los de tu casa no frunzan el ceño, como si para ellos estuviese hablando un desconocido, un extraño; pues si así fuese, por más elogios y vitoreos que recibas de los de afuera, siempre te faltará algo: la aprobación de las personas más significativas de tu vida. Eso, mi amado hermano, hay que cultivarlo. El escritor A. Palacio Valdez expresó:

"En la sociedad está mi eficacia, en la soledad mi grandeza".

Vigila tu carácter, no te conviertas en un preso de él. Mi terquedad y mi orgullo no me permitieron desprenderme a tiempo de lo que más amaba, la obra del Señor. Atendía consejerías, Pastores de la isla y de todo el mundo que venían a visitarme. Siempre fui un Pastor de puertas abiertas. Aunque nunca trataba personalmente con el dinero, tenía que intervenir en reuniones administrativas, programas de televisión y radio y cuantos imprevistos más se presentaban día a día. Lo hacía con gozo; pensaba que mientras más ocupado estuviese, más útil sería a la obra.

Debo confesar que no me cuidé mucho. Mi descanso era muy pobre, me acostaba muy tarde y me levantaba muy temprano. Me alimentaba siempre "a la carrera" y tomaba con mucha irregularidad mis medicamentos para la diabetes y otras causas. Me descuidé; era alérgico a visitar oficinas de médicos. No había tiempo para eso; y aunque mi intención fuera buena, ahora he comprendido que no era el método correcto de Dios para mí. Estoy consciente de que mi fe en cuanto a la sanidad de mi cuerpo depende totalmente de Él, pues de Él es la última palabra. También sé que el Señor se vale de todos los medios creados y que utiliza la ciencia a Su favor y en beneficio del bienestar de sus hijos. En forma jocosa, la autora estadounidense Eileen Guder escribió:

> "Puedes vivir alimentándote de comidas saludables, acostarte temprano todas las noches, mantenerte alejado de la vida nocturna, evitar la controversia, nunca ofender a nadie, entrometerte sólo en tus asuntos, gastar tu dinero de forma sabia, de manera que cubras tus necesidades y puedas ahorrar algo, y aun así romperte el cuello en la bañera. Demasiado análisis conduce a la parálisis. No te encierres en un seguro en contra del riesgo, muévete hacia delante. Recuerda que permanecer en el bote no te garantiza seguridad, sólo te garantiza que eventualmente morirás de otra cosa".

En otras palabras, busca el equilibrio, la moderación, la estabilidad, la medida sensata y el balance que es la llave de la vida. Dios establece un orden aun para nuestro descanso y nuestro cuidado personal, que en nada detiene Su obra. Aun Jesús se apartaba a lugares solitarios, lejos de la multitud, a descansar y a llenarse de nuevas fuerzas, fortalecer sus recursos, organizar y rumiar sus pensamientos en la paz que regala el silencio. Aclarar las ideas bajo la luz del espíritu y diseñar un programa conforme a la voluntad de Dios es necesario; luego de eso, continuar la batalla. A Jesús le gustaba visitar la casa de Lázaro y ser servido por Marta y María, quienes se esmeraban en ser las mejores anfitrionas para el maestro. Nunca olvidó el Galileo a aquella familia de la pequeña Betania; y en el momento más triste, doloroso y de luto, llegó Jesús a consolarles y a enseñarles que ni aun la muerte podría separarlos.

> "Y amaba Jesús a Marta, a su hermana y a Lázaro"
> (Jn 11:).

Pastor, ¡necesitarás amigos! La amistad es una necesidad vital del ser humano; pero escógelos bien. Que puedan amarte por encima de tus debilidades sin criticarte. Ningún lugar tan cómodo, como la seguridad y el amor que te ofrece un buen amigo. Ese que puede juzgar tu situación familiar sin tomar partido, y permanecer neutral, iluminándote con un sabio consejo. Ese que puede ver los estallidos de tu humanidad sin escandalizarse. Ese que puede reconocer y aplaudir tus éxitos como si fuesen suyos propios y también señalarte respetuosamente aquello en lo que te has equivocado. Cuando el apasionamiento te ha cegado, él permanece cerca para ayudarte a recobrar el equilibrio. Ese amigo que exalta y elogia tus virtudes, y también reconoce, cubre y te ayuda a lidiar con tus defectos. Ese que te ama y te respeta siempre; en tu lecho de enfermedad o ejerciendo toda la fuerza y autoridad de tu escaño. Nada mejor que llorar con ese amigo en los días difíciles y reír a carcajadas en los días de gloria. El escritor George Elliot expresó:

> "Ah, el inexplicable lujo de sentirse seguro con una persona, sin tener ni que pesar los pensamientos, ni medir las palabras, sino derramándolos todos, tales como son, el grano y la paja juntos, sabiendo que una sabia mano los tomará y los trillará quedándose con lo que vale la pena guardar y con el aliento de la bondad, soplando el resto".

El proverbista exclamó:

"El hombre que tiene amigos ha de mostrarse amigo;
y amigo hay más unido que un hermano" (Pr 18:24).

La lealtad es la virtud de toda amistad perdurable. No te envuelvas tanto en tus logros y victorias que no tengas luego con quién celebrarlos, y al final del camino sólo encuentres soledad y cascajo.

"Porque ¿qué tiene el hombre de todo su trabajo, y de la fatiga de su corazón, con que se afana debajo del sol? No hay cosa mejor para el hombre sino que coma y beba, y que su alma se alegre en su trabajo. También he visto que esto es de la mano de Dios" (Ecl 2:22,24).

Y sobre todo, cuídate de no robarle a Dios la gloria. Existe un hilo fino entre los logros que alcanzas y el crear una identidad propia en el nombre de Jesús. El ego se infla y no lo notas, lo sé porque el mío se infló. Estás tan envuelto en el trabajo, en la obra, que muy pocas veces te miras a ti mismo, y la realidad es que todo proviene de Él. La Iglesia de Cristo es una sola; aunque sus ramificaciones se extienden por sobre todo el mundo, somos siervos de un mismo Señor. Ninguno de nosotros es dueño de la grey, pero sí cada uno, independientemente, dará cuenta al Señor de su mayordomía. Somos siervos y administradores de "Su casa". No te hagas tan celoso de la obra, que pierdes la perspectiva de que Dios es quien dirige. Él lo sostiene todo.

"No sea que por causa de uno, os envanezcáis unos contra otros. Porque ¿quién te distingue? ¿ o qué tienes que no hayas recibido? Y si lo recibiste, ¿por qué te glorías como si no lo hubieras recibido?" (1 Co 4:6,7).

"No a nosotros, oh Jehová, no a nosotros, sino a tu nombre da gloria, por tu misericordia, por tu verdad" (Sal 115:1).

El Evangelio me reeducó. Una cosa es el intelecto, y otra muy diferente es el espíritu. Mis estudios universitarios impartieron a mi intelecto conocimiento y una información que permitió el buen desarrollo de mis capacidades. El Espíritu Santo me cambió el corazón, formó mi carácter, sanó mis emociones, transformó mi conducta, me hizo sentir lo que es la salvación, el nuevo nacimiento, y renovó e hizo libre mi espíritu.

"Y les daré un corazón, y un espíritu nuevo pondré dentro de ellos; y quitaré el corazón de piedra de en medio de su carne, y les daré un corazón de carne, para que anden en mis ordenanzas, y guarden mis decretos y los cumplan, y me sean por pueblo, y yo sea a ellos por Dios." (Ez 11:19-20).

Pasado algún tiempo luego de mi conversión, manejaba solo en mi automóvil, y comencé a orar y hablaba con mi Señor: "Quiero ir al instituto, permíteme estudiar Señor". Inmediatamente sentí una presencia de gloria que invadió mi auto... No vi a nadie, pero sí noté cuando frente a mis ojos, el asiento del pasajero, ubicado a mi lado se hundía como si alguien se hubiese sentado en él... Entonces escuché su voz que me dijo: "Yo soy tu Maestro, yo seré tu Maestro, yo soy tu Maestro". Lo repitió en tres ocasiones; luego hubo un silencio... Imagínese mi reacción; yo soy abogado, reconozco la importancia de la preparación académica y teológica; la recomiendo y apoyo a todo aquel que la anhela. Comprendo la importancia que implica el que un ministro esté documentado, capacitado, preparado en todas las áreas.... Pero para mí el estudiar era una pasión tan idolatrada como lo era la política. En ésta, lo que fue mi experiencia individual, Dios no me permitió ir más allá. Uno más grande que tú y que yo había hablado; sólo me restaba creer y obedecer. Días después de esta experiencia, tuve un sueño. Me veía entrando por las puertas del antiguo templo en la calle Comerío en Bayamón. Mientras caminaba, a mi paso observaba los hermanos. Algunos estaban vestidos de ropa blanca, otros con ropa de colores. El Señor estaba en el altar y me llamaba extendiéndome su brazo. Le pregunté: "¿Voy hacia ti?". Me respondió: "Ven". Luego, sin emitir palabra alguna y en un silencio mutuo, me fui acercando hasta llegar frente a Él. Permanecí en la escalinata inferior del altar. Él tomó una Biblia en su mano derecha, la dobló con sus páginas abiertas expuestas hacia fuera. Se inclinó hacia mí, y literalmente abrió en dos la parte superior de mi cabeza; colocó la Biblia dentro de ella y me habló, diciendo: "Ve, y predica mi Evangelio". Luego, con sus tiernas manos cerró mi cabeza nuevamente... Jamás volví a anhelar estudios. Desde aquel día en adelante, cuando preparaba mis mensajes, la fluidez de Su consejo me dictaba y enseñaba, cumpliendo así Su promesa de ser mi Maestro.

"Pero la unción que vosotros recibisteis de él permanece en vosotros, y no tenéis necesidad de que nadie os enseñe; así como la unción misma os enseña todas las cosas, y es verdadera, y no es mentira, según ella os ha enseñado, permaneced en él" (1 Jn 2:27).

Mucha teología, poco carácter. Así he visto muchos a mi paso, y los analizo en el altavoz que me dicta el silencio. ¿De qué, sirve mi amado hermano? La teología no forma el carácter de un ministro. Hay que ser muy firme, valiente y determinado para permitirle al Maestro que te moldeé a su manera. Morir al "yo" es la consigna, un poco más cada día. Así tu carácter y tu intelecto caminarán reconciliados. Si sólo posees teología, sin carácter y sin espíritu, no podrás terminar la carrera con éxito..

"Mas antes, oh hombre, ¿quién eres tú, para que alterques con Dios? ¿Dirá el vaso de barro al que lo formó: ¿Por qué me has hecho así? ¿O no tiene potestad el alfarero sobre el barro...?" (Ro 9:20,21).

Aprendí todas estas cosas en mi caminar con Él; algunas se hicieron parte de mí de manera sencilla y otras, para puntualizarlo, ¡tal vez de la manera más dura que se pueda experimentar! Pero si por ti, Pastor y amigo que estás leyendo estas líneas escritas de mi corazón, debí vivir algo que tú deberías evitar, todo habrá valido la pena, y el propósito de Dios se habrá cumplido. No somos infalibles ni seres todopoderosos; somos vasos de barro donde se ha depositado su gloria. Una gloria que no nos pertenece como título de propiedad, sino:

"Para que la excelencia del poder sea de Dios, y no de nosotros" (2 Co 4:7).

En mi particular forma y manera de ser, con mis defectos y virtudes, Dios me ha permitido alcanzar a muchos, encarar a otros y tronar contra tantas cosas que en el camino se levantaban como gigantes imposibles de vencer. He caminado, como se dice en buen castellano, "de la ceca a la meca", Centro y Sur América y muchos estados de Norte América, Europa, ¡y lo que aún me falte por recorrer! Los retos que se me impusieron, los cumplí cabalmente con la fuerza de Dios, tanto en mi patria como fuera de ella. Recuerdo un día, luego de terminada la construcción del templo, caminaba por el gigantesco pasillo lateral y escuché la voz del enemigo que me dijo: "¿Tú no crees que se te pasó la mano al construir un templo tan grande? Te excediste en la visión". No, respondí ni le presté atención. Pero, en mi interior, sentí temor... Ese temblor interno que sacude el alma y turba el espíritu. Batallé con aquel pensamiento hasta vencerlo, con la fe de saber que mi confianza estaba depositada en Jehová de los ejércitos, el Dios de los escuadrones de Israel. Así, sucesivamente, llegaron el Canal de televisión y la Academia, que comprende desde el grado preescolar hasta el cuarto año de la escuela superior. La iglesia es la dueña absoluta de todo; así consta en las escrituras con su título de propiedad. Todo lo que por la gracia de Dios he hecho, lo dediqué a Él con anterioridad; así supe que tendría la seguridad y garantía de Su respaldo. Pastor, ¡no temas emprender en el nombre del Señor! Confía en aquel que lo dijo con Su boca y lo hará con Sus manos. De Él proviene tu recompensa.

"Todo lo que te viniere a la mano para hacer, hazlo según tus fuerzas" (Ecl 9:10).

A través de todos estos años de ministerio, me he gozado, he reído, vivido, soñado, orado y también he llorado mucho por distintas razones... Hoy, mi llanto es otro. Veo la condición de mi pueblo y pienso que aunque el trabajo que hice para Dios no ha sido en vano, tampoco fue suficiente. Mi condición actual, aunque nunca me ha hecho sentir avergonzado, sí me ha permitido derramar lágrimas de impotencia y frustración. Soy humano, y como tal puedo sentir lo que es el fracaso, el resentimiento, el desengaño y más ahora que soy mucho más vulnerable. Antes no mostraba, no dejaba ver mis verdaderas emociones, me cubría. Mis lágrimas eran mías, no permitía que nadie conociera de mis sufrimientos, sólo mi

Señor. Callaba; había creado un caparazón de autoprotección y me acomodé en él, sin comprender que mi defensor era Cristo. No tenía que autodefenderme; pero uno se ablanda, mi amado hermano. Ya no me avergüenzo de mis lágrimas, ni escondo mi dolor, y eso no significa que me haya convertido en un hombre frágil o endeble. Sigo, como dice el dicho popular, "genio y figura hasta la sepultura", pero con una transparencia diferente y con todas mis defensas bajas, como quien camina confiado. Ahora vivo remontado en alas de mi fe; conozco mejor su fidelidad y sus promesas. Estoy totalmente enfocado en el blanco de la soberana vocación; ni a derecha ni a izquierda, sólo miro a Jesús, el Cristo.

"Puestos los ojos en Jesús, el autor y consumador de la fe, el cual por el gozo puesto delante de Él sufrió la cruz, menospreciando el oprobio, y se sentó a la diestra del trono de Dios " (Heb 12:2).

Muchos no comprenden por qué me ha sucedido todo esto; ¡y para mí es difícil explicarlo! No lo deseaba ni lo esperaba, pero si el Señor lo ha permitido es porque definitivamente existe un plan más allá de mis deseos. A Dios no se lo puede encajonar, ni manejar. Él es grande, jamás podremos ubicarlo en nuestra mente finita y analizarlo como en un tubo de ensayo. ¡Dios es grande, muy grande! El Señor sabía que mi hija tenía que sobresalir, pero yo tenía que dejar de ser "la voz". Nunca consideré mi retiro, pero cuando llegó forzosamente, lo acepté y de eso no cabe la menor duda.

Viéndola a ella, he aprendido tantas cosas y estoy sumamente contento, porque la obra está en sus manos. Qué mejor herencia que dejarle a un hijo la verdad de Dios sembrada muy profundamente en su espíritu. Ese es mi regalo y estoy sumamente agradecido a Dios. Hoy puedo mirar hacia atrás, con una mirada introspectiva y sólo veo un campo lleno de banderas blancas de victoria; recuerdo a David cuando exclamó:

"Me acordaré, por tanto, de ti desde la tierra del Jordán, y de los hermonitas, desde el monte de Mizar" (Sal 42:6).

Entonces siento que no existe razón para estar abatido. Peso el costo, mido la brevedad de la vida sobre la base de mis años aquí en la tierra, recuerdo la obra que Dios me ha permitido realizar, me miro a mí mismo lleno de sus marcas, y me digo,

"¿Por qué te abates, oh alma mía, y te turbas dentro de mí? Espera en Dios; porque aún he de alabarle, salvación mía y Dios mío" (Sal 42:5).

El pastor Torres Ortega acompañado de su esposa doña Iris y
de su hijo mayor Rafael, celebran felizmente un momento de
victoria, luego de muchos días de angustia y espera.

Capítulo 9

Mi vuelta a casa

Solía repetir con mucha regularidad en mis predicaciones, una frase particular y muy mía: "Volver a Dios es como regresar a casa luego de un largo viaje". Viví esta frase a la inversa. Mi viaje fue largo. Salí de mi hogar un domingo por la tarde y regresé cinco meses después, con una experiencia única y con la sensación de retornar a un lugar extraño. Mi hogar real era de donde yo había regresado, el cielo...

En realidad, lo más parecido al cielo es el hogar, claro está, siempre y cuando éste no se haya convertido en un infierno; como dijo el proverbista: "El que turba su casa, heredará viento" (Pr 11.29). Entré por el umbral de la puerta de mi hogar el 11 de octubre de 2002, a eso de las cinco de la tarde. Todo me parecía distinto, raro, ¿o acaso era yo el que había cambiado? Tenía la sensación de no haber estado allí por años; más aún, me sentía como regresando a una película del pasado. Observaba todo detenidamente, y a mi paso lento con mi bastón, parecía ser dueño de todo el tiempo del mundo. La prisa era un elemento que había desaparecido de mi vida. Recordé al hombre que salió afanado y acelerado aquel domingo 20 de mayo, y comprendí que nada tenía que ver conmigo. Observé la vegetación, mis plantas tan queridas, mi pequeña finca y nada me hacía sentir esa sensación de plenitud que antes experimentaba. Mi perro Rambo se acercó a saludarme, me lamió un par de veces, un poco más viejo y sin dientes, pero con la misma lealtad de siempre, como quien recibe a un viejo amigo que extraña. Una mezcla de emociones indefinidas me invadía mientras, poco a poco, mi espíritu se acomodaba lentamente al ambiente. ¡Increíble! Mi hogar me resultaba extraño, pero aun así, en lo más profundo de mi ser, sentía la alegría y el agradecimiento de haber regresado a mi tierra y a lo que siempre había sido mi lugar de "refugio", mi casa.

Otro acontecimiento que esperaba con ansiedad era mi regreso a la iglesia. Mientras permanecía en el hospital *Health South* de Miami mi oración a Dios era el que me permitiera regresar a la iglesia. En una de esas conversaciones mías con el Señor, el Espíritu Santo me ministró y me dijo: "Te quito la iglesia, existe un trabajo que sólo puede realizar tu hija". Entendí perfectamente Su mensaje, y aunque no era nada fácil desprenderme de lo que otrora había sido mi razón de vivir, tendría que aceptarlo. Mi condición física era una razón más que obvia para comprender la perfecta voluntad de Dios. Entonces quería regresar y colocar todas las piezas en el orden correcto. Cuántos meses lejos del púlpito, de la iglesia, del calor de los hermanos, sin el consuelo y la fortaleza que te regala el congregarte.

"No dejando de congregarnos, como algunos tienen
por costumbre, sino exhortándonos; y tanto más, cuanto
veis que aquel día se acerca" (Heb 10:25).

En el exilio involuntario que viví, aprendí a depender totalmente del Espíritu Santo, de mi comunión con Él y de mi vida devocional. ¡Pero regresar a la iglesia! Cuánta ilusión me hacía sentir. Era un secreto a voces que regresaría, así que los hermanos prepararon una hermosa sorpresa para recibirme. Llegamos sigilosamente por la entrada posterior del templo en nuestro vehículo. Caraballo, hermano fiel de nuestra iglesia, quien por más de quince años ha dirigido la imprenta del templo, se acercó tímido para abrir la puerta del lado del pasajero. Luis era mi chofer y doña Iris venía sentada en el asiento de atrás con Claribel. Ambos llegaron a Puerto Rico una hora antes que nosotros; no querían perderse la bendición de verme regresar. Me bajé del vehículo, y allí estaba como siempre Sánchez, mi fiel amigo, esperándome para ayudarme a subir la empinada escalera. Una mezcla de emociones invadía mi ser. ¡Cuánto tiempo había transcurrido! "Tal vez ya los hermanos me olvidaron", pensé. La iglesia lo había sido todo para mí por años. Era mi vida, mi razón de ser, mi todo. Era el espacio donde habitaba, me movía, desarrollaba y ejecutaba mis sueños para Dios. Subimos, y allí en el pasillo, me aguardaban mis hijos. Caminé lentamente, observando todo a mi alrededor. Nany bajó del altar y se integró al grupo familiar para así subir todos juntos. Me dijo: "Papi, ven...", y todos comenzamos a llorar. Una lluvia de recuerdos se derramaba en nuestras mentes, unos buenos, otros dolorosos; ¡y las emociones entremezcladas no se podían discernir! En la nave principal de la iglesia se escuchaba el himno que hice mío en medio de toda la crisis, hermosamente interpretado por Nixon Cruz, integrante del Ministerio Cantores Bíblicos, y compuesta por el cantautor Richie Mejías: "Estoy de Pie": "Estoy de pie no por mis fuerzas ni por mis habilidades, pues cuando terminaron mis posibilidades, sentí un silbido apacible en mi oído, yo que pensaba que te habías ido... Estoy de pie porque tu mano me levantó ya cuando casi perdía mi fe, de mis adentros escuché una voz. Estoy de pie porque Tú eres real en mi vida porque sanaste todas mis heridas"...

"Pensando que Dios es poderoso para levantar aun de entre los muertos" (Heb 11:19).

Al llegar frente al primer escalón que conduce al altar quedé inmovilizado por la emoción y el llanto. No sentí la alegría que esperé. Una vez más, pensé en el cielo y me dije: "Subir al altar... ¿para qué?". El mismo altar desde donde tantas veces prediqué sobre la eternidad... No tenía sentido, ¿regresar a qué?... Entonces me compuse; tomé fuerzas, respiré profundo y comencé a subir los diez escalones que conducen a la plataforma principal del altar.

Podrán imaginarse el revuelo que se formó entre los hermanos de la iglesia. Al finalizar la pared que cubre el lado izquierdo de la subida, asomé mi rostro aún mojado por las lágrimas. Los hermanos comenzaron a glorificar a Dios en agradecimiento al milagro del cual habían sido testigos. El último recuerdo que tenían de mí, era haberme visto desmayado y cargado en brazos por cuatro varones. Ahora estaba de vuelta, caminando por mis propios pies. Todos los departamentos de la iglesia tenían una participación especial. Los jóvenes usaban unas camisetas con una inscripción que decía: "Te Amamos Pastor". Los niños cargaban cartulinas y dibujos alusivos a mi llegada y conforme a la inspiración individual. ¡El grupo de avivamiento cantó mis himnos favoritos! El orfeón de varones, la Coral; todos hicieron de la ocasión una bendición hermosa. Yo lo disfruté mucho y sabía que ellos eran la mejor razón de haber regresado; la oración y el clamor de aquel pueblo me había cubierto en todo tiempo. Entre alabanzas, cánticos, abrazos y expresiones de amor, cantamos y adoramos a Dios, como yo suelo decir: "hasta la amanezca". Pero en mi fuero interno existía un dejo de tristeza, albergaba la esperanza de que esa misma noche Dios completaría la obra de sanidad que no habían podido terminar los médicos, pero no fue así... El Señor quería hacerme esperar un poco más.

"Mi alma espera a Jehová más que los centinelas a la mañana, más que los vigilantes a la mañana" (Sal 130: 6).

En principio todo era "casi perfecto" a mi alrededor. La paciencia de todos, los esmeros, los cuidados especiales, las atenciones, las visitas. En la noche del sábado, luego de mi regreso, mi esposa y mis hijos decidieron invitar a todos nuestros familiares cercanos y a unos cuantos amigos a una cena que disfrutamos al aire libre en el patio de nuestra casa. Colocaron mesas por todas partes, manteles, flores y una cena exquisita. En medio de abrazos, besos y agradecimiento a Dios, nos despedimos esa noche. Pero el tiempo pasa y todo regresa a su normalidad. La euforia y la emoción disminuyen. Cada cual vuelve a su rutina diaria... y así la vida. Los días se volvieron monótonos y pesados; incluyendo los ocasionales imprevistos y una que otra discusión familiar sin mucha profundidad ni trascendencia. "Casos y cosas de casi todas las casas dichosas, casos y cosas donde hay un lío, hay amor". Así repetía el estribillo de la canción de apertura de un programa televisivo que hace algunos años se presentaba en mi país. Así que ahora era más un espectador que un participante activo.

En esos días, mi recuperación no era total y en medio de situaciones que antes podían parecerme totalmente normales, ahora me sentía como alguien que ha perdido el control de su vida, la capacidad para aportar y el ser tomado en cuenta. Aunque nunca mi esposa ni mis hijos se han quejado de que fuese una carga para ellos, no estaba acostumbrado a ser una persona dependiente. Todo lo contrario, demasiado independiente. Entonces mi excesiva sensibilidad por causa de mi condición, lo tedioso de mi tratamiento y los cuidados especiales que requería, me hacían sentir incapacitado. "¿Por qué y para qué vivir así? No hubiera sido más lógico disfrutar del cielo?"; así me cuestionaba a mí mismo en medio de un abrumador silencio. Aunque el cielo ya había sido para mí una experiencia real, en este momento no podía utilizarlo como una puerta de escape para no lidiar con mi realidad presente. Si Dios permitió que regresara, entonces habría un propósito, aunque yo aún no lo tuviese del todo claro. Siempre había medido mi vida y mi valor en términos de productividad y de logros personales, tanto en mi matrimonio como en mis responsabilidades familiares, en el ministerio, en la iglesia y aun para con Dios. Entonces hubo días en que me sumía en largas depresiones, lleno de profundo y silente análisis, ataponado de irritabilidad, frustración e impaciencia. Qué difícil creer que aún era valioso cuando era tan poco lo que podía aportar. Luego escuchaba la voz del Maestro, esa voz inconfundible e incomparable, consolando mi corazón y mi espíritu, quedando totalmente sumergido en la paz de Su presencia. Vivir de día en día... sin pensar en el ayer, sin pensar en el mañana, un día a la vez. Y me ha dicho:

> "Bástate de mi gracia; porque mi poder se perfecciona en la debilidad. Por tanto, de buena gana me gloriaré más bien en mis debilidades, para que repose sobre mí el poder de Cristo" (2 Co 12:9).

Completamente entregado a mis disciplinas diarias, mi cuerpo era sometido a largas horas de terapias y ejercicio físico en la Clínica *Health South* de Puerto Rico, donde prometí al Dr. Khosner terminar mi tratamiento. Allí me atendieron muy amablemente y

Dios, en su provisión, siempre me regalaba el privilegio de encontrar a mi paso gente maravillosa. Algunas de ellas eran creyentes; otros amigos del Evangelio encontraba a alguien que nos conocía, y se alegraban mucho al verme bien. "Reverendo, qué sorpresa. ¡Qué maravilloso verlo, estuve orando por usted!". Todos los días a las siete de la mañana, mi hija Nany pasaba a recoger a mi hermano de sangre Noli y a su esposa Elba, quienes fielmente nos acompañaron cada día durante siete meses. Elba preparaba un termo de chocolate caliente, llevaban pan, y juntos disfrutaban sentados pacientemente en la sala de espera mientras yo hacía mis ejercicios.

"Mejor es un bocado seco y en paz, que casa de contiendas llena de provisiones" (Pr 17:1).

En esos días llegó a mi vida la maravillosa bendición de ser atendido por la Profesora Rosa María Cancel; esta hermosa mujer y cristiana es especialista en Desarrollo Humano y en Organización Neurológica Funcional. Sus conocimientos, cargados de inteligencia y sabiduría, trajeron a mi vida una experiencia que aportó mucho gozo. Doña Rosa, como cariñosamente la llamamos, tiene setenta y dos años de edad y el espíritu de una joven de dieciocho. Ella te da la impresión de que siempre esta reiniciando su vida. Su risa cálida, su profundidad en la conversación y la capacidad de leer los silencios, hacen de ella una maravillosa mujer. Alguien dijo en una ocasión: "Quien no pueda comprender tus silencios, jamás entenderá tus palabras".

Después de evaluarme, doña Rosa determinó crear un patrón de ejercicios dirigidos a tratar con mi área cerebral. Cuando se le preguntó a la profesora su diagnóstico en cuanto a mi caso, ésta fue su respuesta, y cito:

"La primera vez que vi al pastor, inmediatamente advertí que debido a su derrame cerebral había perdido parte de sus capacidades de relacionarse con el ambiente a través de sus sentidos. Precisamente, Organización Neurológica Funcional es la habilidad que posee el cerebro para relacionarse con el ambiente a través de los sentidos. Podía entender el lenguaje, pero no utilizarlo con claridad debido a que ambos hemisferios cerebrales no estaban coordinando la información recibida. Al perder las sensaciones, unas se manifestaban y otras se disminuían, afectando en él su área emocional. Por eso se deprimía mucho.

»El pastor poseía un carácter estoico y muy sensible al mismo tiempo; aun así, inhibía mucho el dolor. Creó una frontera que no le permitía el paso al sufrimiento. El medio ambiente sigue demandando y las herramientas se van acabando. Es como una gran olla de presión. Esas emociones fuertes no expresadas, se manifiestan con cambios físicos y fisiológicos que pueden involucrar y afectar todo el organismo. Entonces el cerebro, que es la obra maestra de Dios, se desconecta cuando la demanda del ambiente es mayor que la capacidad para responder efectivamente. Es entonces cuando llega el colapso.

»Al iniciar mis conversaciones con el pastor, el Señor me mostró un hombre sensible que yo no había conocido. Su dolor inhibido en el aspecto emocional quedó al descubierto; alma sensible, amable de Dios y de la humanidad. Torres Ortega ha podido mostrar, debido a este doloroso percance en su vida, ese ser tan especial que hay dentro de él. Su obra, conocida en todo el país y fuera de él, ha dejado de ser la prioridad. Aunque para Dios y para el pueblo ha sido una gran bendición, lo más importante para el Señor ahora es su hombre interior, su esencia. Dios ahora esta trabajando con su templo, su cuerpo que nos fue devuelto por el mismo Señor en la permisión de un milagro. Su espíritu tuvo la oportunidad de despertar a la realidad de la vida eterna a través de esta experiencia. Antes la practicó por fe, hoy por vivencia. Siempre vivió guardado bajo el instinto de protección; ése que precisamente no le permitió detenerse en su infatigable lucha. Fue a través de esta experiencia recién vivida, como ha experimentado que su alma regresó a la verdadera libertad del alma y ha descubierto el verdadero amor. Hoy ha acallado su voz por algún tiempo, pero su espíritu se ha ensanchado, conociendo la perfección a través del renunciamiento y el sacrificio.

»El Señor ha permitido que las funciones regresen a su cuerpo paso a paso, como Dios se lo permite a los niños. Dejando atrás toda la coraza vieja que comenzó a utilizar desde su niñez y que en su adultez fue fortaleciendo. Dios le ha permitido lidiar con sus dolores emocionales. A través de estos procesos se logra la reunificación del ser íntegro y la oportunidad de volver a empezar. Un nuevo comienzo, en el cual no están envueltos los afanes de esta vida, ni los títulos, ni las demandas de un mundo exterior, sino el "ser" real, ese que proviene y pertenece sólo a Dios.

»El Señor protegió al pastor y ahora lo está sanando, no sólo en el aspecto físico sino también a nivel emocional. Esta experiencia ayudará a muchos que hasta hoy sólo tienen una experiencia a nivel religioso, pero no de conocimiento propio. Jesús le dijo a Nicodemo:

> "De cierto, de cierto te digo, que el que no naciere de nuevo, no puede ver el reino de Dios. Nicodemo le dijo: ¿Cómo puede un hombre nacer siendo viejo? ¿Puede acaso entrar por segunda vez en el vientre de su madre, y nacer? Respondió Jesús: De cierto, de cierto te digo, que el que no naciere del agua y del Espíritu, no puede entrar en el reino de Dios" (Jn 3:3-5).

»A su edad, Torres Ortega, hombre nacido del Espíritu y del agua, tiene la oportunidad de experimentar el nuevo nacimiento, la nueva criatura, una vez más recomenzando con nuevas formas y nuevos métodos."

Aleida y Mima, ayudantes inseparables de la profesora, me practicaron la primera sesión de terapias, dirigidas por ella. Luego entrenaron a mi hija Nany y ésta, acompañada de Carmen Silvia, una hermanita de nuestra iglesia que es maestra de educación especial y tiene algún conocimiento de terapia física, me practicaba mis terapias diariamente. La terraza posterior de mi casa se constituyó en nuestro salón de ejercicios. El hermano Israel Figueroa me construyó una mesa con las medidas especiales que se requerían para este tipo de evento y así, por espacio de hora y media y durante siete meses, pasaba ese tiempo en posición horizontal. Nany integró a su familia al proyecto presente. Le enseñó a Ricardo, su esposo, y a sus hijos Fabián y Sheryl la rutina de mis terapias. Era una forma de tener algún tiempo de calidad juntos. Mientras tanto, doña Iris cocinaba y le servia a la "trulla" y a sus allegados. Las terapias, el televisor encendido, las hornillas de la estufa con algo hirviendo o friéndose continuamente, los nietos comiendo por tandas y con sus menús "específicos", convertían el entorno en uno totalmente familiar, vivo y lleno de alegría.

. "Corona de los viejos son los nietos, y la honra de los hijos, sus padres" (Pr 17:6).

Mi hija atendía los asuntos de la iglesia con todas las responsabilidades que eso implica, muy bien asistida por la junta de gobierno y los ancianos establecidos por la iglesia en la última asamblea general. Son gente muy capaz y dedicada, llenos del fuego de Dios y con muchos deseos de ser útiles al Señor y a su obra: Iris Vázquez, secretaria de la iglesia y de mi hija, una mujer sumamente eficiente y hábil en todo lo relacionado con los negocios del Reino; Lilliam Pérez, ayudante especial en asuntos generales; mujer de pocas palabras y de muchos hechos, fiel y dedicada; Picón, el tesorero, sabio en las finanzas, que por años ha desempeñado su cargo con eficiencia; y todos los líderes de grupo, se constituyeron en su mano derecha brindándole a la pastora una ayuda muy efectiva. La apoyaron en todo, así como lo hicieron durante años conmigo y con mi esposa, y de quienes estamos muy agradecidos. Luego llegó el crecimiento, y con él los cambios y las crisis que eso implica. Sólo Dios pudo darle a ella las fuerzas que necesitaba para cumplir con sus múltiples responsabilidades diarias.

"Mi fortaleza y mi cántico es Jehová, y Él me ha sido por salvación" (Sal 118: 14).

Las terapias tuvieron un efecto muy positivo en mi mejoría. Aún no puedo utilizar el verbo con la fluidez de antes, pero mi intelecto y mis capacidades siguen funcionando; tampoco perdí la memoria. Mi vivencia es más profunda a todo nivel. Muchas veces he querido decir mil cosas, y al no lograrlo he caído en el "pozo de la desesperación". Trato de hilvanar mis palabras al unísono con mis pensamientos, y al no lograrlo opto por el silencio. Entonces entra la fe en acción y me libra del precipicio de la depresión. Sonrío, suspiro, organizo nuevamente mis ideas, hasta que logro un pensamiento claro y sencillo que fluye libremente por mis labios. ¡Hasta por eso hay que dar gracias, mi hermano! Por el privilegio de articular correctamente, por el funcionamiento normal de nuestro cuerpo; cosas que usualmente tomamos por sentado.

¡Cuánto ha obrado Dios en mí! En todo este proceso he visto su mano y sus cuidados de mil maneras, todas diferentes. Otra de sus múltiples intervenciones fue mediante el señor Víctor Vargas, fisiatra y director de Medicina Deportiva en Santurce. El estaba viendo un domingo en la noche el Culto al Altísimo transmitido por la telecadena, y pensó: "Yo puedo ayudar a este hombre". Para esos días, mi hija sentía la misma inquietud; yo necesitaba continuar con algún tipo de ejercicio que fortaleciera mis músculos. Hicimos la llamada y en pocos días fuimos recibidos por él en su oficina. "Rafa, allá tú eres mi pastor, aquí tú eres mi paciente. Un cuarto bate como tú no puede estar en la banca, así que vamos pa' encima". Melvin Otiz, un muchacho maravilloso de nuestra iglesia, quien a la vez está encargado de todo lo referente al sonido del templo, me recogía en mi casa a eso de las diez de la mañana tres días en la semana, y nuevamente hasta la una de la tarde, a "jalar" máquinas.

"Es verdad que ninguna disciplina al presente parece ser causa de gozo, sino de tristeza; pero después da fruto apacible de justicia a los que en ella han sido ejercitados" (Heb 12:11).

Mi actitud mejoró mucho con el paso de los días. Los procesos de aceptación y reconocimiento te obligan a crecer. Fui aceptando mi nueva forma de vivir y aprovechando al máximo los momentos especiales que me regala la vida. Todos mis hijos visitan nuestro hogar con frecuencia, unos salen y otros entran como los aviones en los aeropuertos internacionales. Los nietos llegan arrasando como los tornados, llenando de alegría y de vida nuestra casa. De vez en cuando tenemos la agradable sorpresa de la visita de un viejo amigo. Las ancianas de la iglesia separaban un día a la semana para orar y ayunar junto a nosotros en la casa y los miembros de mi familia cercana; y hasta mi suegra, doña Victoria, va a verme; ¡ella solamente tiene noventa y dos años y espera cumplir más!

Así que, aunque ya no me considero a mí mismo necesario desde el punto de vista eclesiástico, sí soy un ser totalmente realizado en cuanto a lo personal y hacia eso estoy dirigido; "El de Arriba" me dará instrucciones. Quiero compartir mis experiencias con pastores, compartir con ellos los secretos y tesoros escondidos en la Palabra; llegar al individuo en el "tú a tú". Las masas ya pasaron a un segundo plano.

"Toda la Escritura es inspirada por Dios, y útil para enseñar, para reargüir, para corregir, para instruir en justicia, a fin de que el hombre de Dios sea perfecto, enteramente preparado para toda buena obra" (2 Tim 3:16,17).

Hago inventario de todas mis posesiones reales y comienzo por el tesoro incalculable de tener a mi lado a una mujer que amo y me ama incondicionalmente. ¡Doña Iris es algo serio! Verla junto a mí día a día, en medio de esta crisis que se hizo "nuestra" sin abandonarme ni un solo momento, la engrandeció más ante mis ojos. Hago mías las palabras del cantautor español Marcos Vidal: "Aunque en estos días lo del matrimonio resulta viejo y anticuado, me ilusiona ser una pieza de museo y poder sentir cada día en mi dedo el anillo que me une a ti". Saberme atendido y acompañado por ella me regala una seguridad inmensa. En momentos determinados, mi esposa se ha constituido en mis manos, en mis piernas, en mi boca y aun ha tenido que terminar mis pensamientos. Estar juntos nuevamente en nuestra casa, resulta mucho más que ser su paciente. Sigo siendo su esposo, "el mismo, el nuevo y el de siempre"; con quien comparte su vida y con quien ha tenido que reinventar nuestra propia y muy íntima rutina. Yo sé que ella nunca aceptará mi incapacidad en algunas áreas como algo irreversible; y aunque por momentos esa actitud me ha causado gran ansiedad, en otros ha sido el motor que me ha impulsado a continuar adelante, ¡a no rendirme! Mi esposa ha vivido también su proceso personal en todo esto. En ocasiones no ha sido nada fácil para ella el hecho de realizar y procesar que las cosas nunca volverán a ser como antes... Nuestras tareas a nivel ministerial han sido reducidas y eso hay que asimilarlo. Toma tiempo. Hemos comprendido que, con el paso del tiempo, vendrán nuevas tareas en la edificación del Reino; pero jamás las mismas de antes. Mientras tanto, estamos sumergidos en el aprendizaje de ésta, la que ha sido nuestra experiencia con Dios.

Tenemos nuevas metas, y con toda honestidad creo que lograremos el propósito de Dios nuevamente... Volveré a hablar claro el día que Dios así lo disponga y recuperaré todo lo que Él determine. Al comienzo de esta terrible experiencia, los médicos esperaban mi muerte; ya ve. Sólo Dios determina el fin, porque cuando a Él le place hay remedio y aunque Satán se revuelque, Mi Dios está en el negocio de vencer. No podrá tocarme.

"Pelearán contra el Cordero, y el Cordero los vencerá, porque él es Señor de señores y Rey de reyes; y los que están con él son llamados y elegidos y fieles" (Ap 17:14).

"Yo haré pasar todo mi bien delante de tu rostro, y proclamaré el nombre de Jehová delante de ti; y tendré misericordia del que tendré misericordia, y seré clemente para con el que seré clemente" (Éx 33:19).

Soy un hombre victorioso. ¡Más que vencedor! Reflexiono en todo el camino recorrido, y pienso en un Dios que siempre ha estado a mi lado. Observo a mis hijos, cada uno en su trinchera de lucha, creciendo, desarrollando su futuro y su vida, sirviendo a Dios de todo corazón, cada uno en su realidad; y con un fuerte concepto de lo que es la familia y los valores innegables que sembramos en ellos, y que sólo el tiempo muestra. Y me siento feliz... Cuando cae la tarde y todos regresan a su nido, quedamos en la casa Juanita, Rambo, teníamos un gato pero se fue, los coquíes, mi esposa y yo. Los que quedan, cada uno se recoge en su lugar de descanso. Entonces. juntos, mi esposa y yo, con una taza de té de jengibre caliente, nos sentamos en la terraza del frente de nuestra casa que está ubicada en un monte alto, y desde allí miramos el cielo y contamos las estrellas. Nos deleitamos observando las miles de luces que se encienden en las noches frescas de mi islita. En esa paz permanecemos por horas. Hacemos un recorrido del día, hablamos de nuestros hijos, de la vida, del cielo, de lo maravilloso y fiel que ha sido el Señor, y llegamos a la conclusión de que somos verdaderamente "ricos". Estamos profundamente agradecidos; nos tenemos el uno al otro, y sobre todo tenemos a Dios. Nuestros hijos están saludables, felices y nos aman. Trabajamos y perseveramos juntos en la obra del señor y así será hasta el fin de nuestros de nuestros días. Disfrutamos el haber permanecido juntos a través de los embates de la vida amándonos tanto; y el privilegio de poder envejecer juntos. Hoy puedo decir como Josué:

"Reconoced, pues, con todo vuestro corazón y con toda vuestra alma, que no ha faltado una palabra de todas las buenas palabras que Jehová vuestro Dios había dicho de vosotros; todas han acontecido, no ha faltado ninguna de ellas" (Jos 23:14).

A pesar de todos los cambios físicos y emocionales que he vivido a raíz de mi nueva etapa, ellos no me han privado de vivir a plenitud cada instante, de reír a carcajadas, y tampoco de ser una buena compañía. Todavía me considero un individuo con quien vale la pena estar y pasar un tiempo agradable. Ahora soy, como dicen cuando uno envejece: " Mucho más interesante". Siempre dije que la vida es hermosa. Aún sigue siéndolo, y así puedo afirmarlo.

En un servicio reciente de la iglesia, sentado con actitud alegre,
junto a su esposa doña Iris y su hija Iris Nanette,
pastora general de la iglesia.

Capítulo 10

Y ahora qué...

Siempre supe que escribir este libro me causaría un profundo dolor. El primer día que comenzamos nuestra tarea tuve una crisis de llanto fuerte y profundo. Sí, porque los hombres también lloramos. Revivir todo nuevamente; tocar esa área neurálgica hasta el mismo fondo no era cosa fácil. Sentí como si una herida recién cicatrizada se abriese nuevamente y comenzara a sangrar. Creo que ese día, y al confrontar mi dolor mirándolo de frente, comenzó el proceso real de sanidad. Sentí autoconmiseración. Por un momento me vi y no podía creer que fuera yo el que relatara esa experiencia. Me sentí inútil, imposibilitado, endeble. Todo se detuvo, me cubrí el rostro y lloré. Dejé correr en cada lágrima, en cada gemido, el dolor retenido y oculto de mi corazón.

Al rato me sentí mejor y continuamos. Una gran carga se levantó de mis hombros y ya no tuve miedo a proseguir. Se rompió el hielo, se quebró el cántaro y nos subimos en la rueda de Dios. Luego, retomé fuerzas, tomé del agua de la fuente que no cesa; de Aquel que ha prometido "dar esfuerzo al cansado y multiplicar las fuerzas al que no tiene ninguna" (vea Isaías 40:29). Me llené de la valentía de Aquel que "no nos ha dado espíritu de cobardía, sino de poder, de amor y de dominio propio" (vea 2 Timoteo 1:7). Amado mío, "piensa en el día menos pensado". Así recitaba el lema de un anuncio publicitario que promovía una funeraria en mi país. Aunque parezca jocoso, nos confrontaba con una inevitable realidad. No es que nos convirtamos en seres pesimistas, obsesivos, llenos de zozobra, pensando todo el tiempo en nuestro futuro y viviendo un presente derrotados. Pero sí pienso que debemos considerar y no vivir vidas improvisadas. Le es necesario al hombre hacer un alto y considerar sus caminos.

"Escudriñemos nuestros caminos, y busquemos, y volvámonos a Jehová; levantemos nuestros corazones y manos a Dios en los cielos; nosotros nos hemos rebelado, y fuimos desleales; tú no perdonaste" (Lam 3:40, 42).

Nos ha sido dado un tiempo sobre la faz de la tierra, y un día todos llegaremos al encuentro con nuestro Dios. Ya comenzó la eternidad, "para unos bien, para otros mal", cantaba el himnólogo; ¡cuán inmensa realidad! Compareceremos todos ante un tribunal al que inevitablemente tendremos que enfrentar.

"Porque es necesario que todos nosotros comparezcamos ante el tribunal de Cristo, para que cada uno reciba según lo que haya hecho mientras estaba en el cuerpo, sea bueno o sea malo" (2 Co 5:10).

"Todo tiene su tiempo, y todo lo que se quiere debajo del cielo tiene su hora. Tiempo de nacer, y tiempo de morir..." (Ecl 3:1-2).

¿Ahora qué? Fue la misma pregunta que me hice al despertar. ¿Y ahora qué? Todo lo que yo sabía durante los últimos cuarenta años de mi vida había sido empujar; como dice el americano, "pressing on", empujar la carreta hacia adelante. Mis mañanas comenzaban a las 5:00 de la madrugada, cuando despertaba y me acicalaba para salir hacia la emisora Radio Redentor, desde donde se transmitía el programa "Encuentro". Todos los días, a las 7:00 a.m., en punto y por espacio de veinticinco años, llegaba a la emisora donde me esperaba mi hermano Miguel Santana, quien por tanto tiempo me asistió fielmente en los teléfonos.

"Muy buenos días, señoras y señores, éste que les habla es su compañero de milicia cristiana, Rafael Torres Ortega, pastor de la Iglesia de Cristo Defensores de la Fe, que radica en la carretera 167 de Bayamón a Comerío antes de Rexville Plaza. Estamos contentos y agradecidos del privilegio que el Alto Dios nos brinda de poder llegar a su consideración, a través de las ondas etéreas. ¿Cómo amaneciste hoy? ¿Descansaste, o no has podido conciliar el sueño? Los problemas, la ansiedad, los afanes de esta vida han logrado finalmente robarte la paz. La soledad, la angustia, la amargura, la depresión, el miedo, la culpa te han dejado sin aliento y te sientes desmayar. Tal vez te encuentras en el túnel de la ansiedad, en el túnel de la desesperación y estás a punto de colapsar; casi has tocado fondo. Quiero decirte que en medio de toda tu crisis hay alguien que se interesa por ti; alguien que piensa que tú eres lo más importante. Y ese alguien se llama Jesús de Nazaret, "el Caballero de la Cruz", el hijo del Dios Altísimo. Él quiere ayudarte. Ha venido a tu rescate para darte paz en medio de la tormenta. Su maravillosa Palabra nos alienta y nos conforta. El profeta Jeremías, uno de los profetas mayores, conocido como "el profeta llorón", escribió en su libro en el Antiguo Testamento, en el capítulo 29 y verso 11 así: 'Porque yo sé los pensamientos que tengo acerca de vosotros, dice Jehová, pensamientos de paz, y no de mal, para daros el fin que esperáis'".

Así comenzaba mis mañanas, envuelto en Su gloria; ansiaba y necesitaba Su presencia. Anhelaba develar el misterio de tantos corazones sedientos, hambrientos de su Palabra, que me escuchaban al otro lado de la radio. Mañana tras mañana compartía con aquella audiencia, cautiva e invisible, que aguardaba fielmente una palabra de consuelo. Por todos ellos yo sentía una gran responsabilidad. Allí me esperaba el ama de casa con su radio en la cocina, envuelta en sus faenas cotidianas y planificando sus labores del día. Me esperaban mi amigo y mi amiga del tapón, a quienes acompañaba a través de toda su travesía por las congestionadas carreteras de mi tierra. También el obrero con su radio portátil en medio de la construcción, recibía sudoroso la fortaleza divina para emprender un nuevo día. Me escuchaba la secretaria, elegante y refinada, en su escritorio ejecutivo, desde donde eficientemente se desempeñaba. Tenía una cita con la anciana solitaria recostada en su mecedora haciendo un recuento de los hijos ausentes y los años pasados. Entre sueños me escuchaba el enfermo adolorido en su lecho de hospital, pensativo y cabizbajo, esperando del cielo el alivio a su quebranto. El amigo convaleciente ya en su hogar recibía con gratitud un nuevo día de bendición. Y tras las rejas escuchaba el confinado, quien recibía tras los barrotes una llave de esperanza que podía liberarlo. Escuchaba el intelectual y escuchaba el populacho; el hombre simple y también el complicado. Para el sano y también para el enfermo, al que tenía gozo y al triste; había Jesús para todos. La palabra de estímulo sazonada con sal, la ración de vida para el día sin tregua. La esperanza de un mundo mejor y de una vida eterna, la fortaleza del Espíritu Santo y la gracia del Consolador. Aun aquellos a quienes no les había amanecido, escuchaban como sonámbulos que no reconocen la diferencia entre el dormir o el estar alerta. Y, entre ellos, alguna ovejita escapada del redil, regresaba a las aguas salutíferas de su Señor, a tomar nuevamente de la fuente de vida. Y sobre todo, quien más recibía era yo, que regresaba saltando de gozo con mil gavillas en las manos. ¡Qué maravilloso! Cuántos testimonios a través de los años. Lo digo lleno de gozo y de agradecimiento, porque quería ministrarles, serles de ayuda, presentarles el misterio del Calvario; y mi amado Señor me lo permitía.

"Así que, somos embajadores en nombre de Cristo, como si Dios rogase por medio de nosotros; os rogamos en nombre de Cristo: Reconciliaos con Dios" (2 Co 5:20).

Luego, en el regreso hacia mi casa, me detenía como todo buen puertorriqueño, a comprar mi buena libra de pan caliente, mortadella, salami, queso y leche para el consabido café con espumita que me preparaba doña Iris al llegar. Mañanas rutinarias que son hermosas en sí mismas por la sencillez que las caracteriza, y que valoramos aún más cuando ya han dejado de serlo. Usualmente, la prisa de la vida te roba lo hermoso de ella; ese *momentum* que debemos vivir y disfrutar a plenitud; eso le que se lleva el tiempo y jamás lo regresa. Como reci- poeta argentino Borges: "De eso está hecha la vida, de)s...".

"Yo he conocido que no hay para ellos cosa mayor que alegrarse, y hacer bien en su vida; y también que es don de Dios que todo hombre coma y beba, y goce el bien de toda su labor" (Ecl 3:12).

Más tarde, a eso de las diez de la mañana, ambos nos preparábamos para ir hacia la iglesia y comenzar así las labores del día. Allí me esperaba todo tipo de asunto, desde consejerías a miembros de nuestra iglesia y también de otras congregaciones. Visitas de pastores de toda la isla que necesitaban algún tipo de ayuda legal, espiritual o simplemente un oído amigo que les escuchara. Decisiones administrativas, programas de televisión, y cuantos imprevistos más se presentaban día a día. Lo hacía con gozo, envuelto en una rueda imposible de detener e inmerso en un trabajo que me fascinaba realizar. A eso de las cinco de la tarde regresábamos a la casa, comíamos algo y luego —siempre existía un luego— a la iglesia nuevamente. El lunes, servicio de oración en el templo. Martes en la noche, grabación televisiva del programa "Encuentro". Miércoles en la noche, culto general de la iglesia. Los jueves, reunión de ...¡lo que fuera!; viernes, programa "Foro Visión" en vivo. El sábado, caminatas evangelísticas en la calle, y en la noche, nuestra cita familiar para salir a cenar todos juntos. El domingo en la mañana, escuela bíblica dominical en la cual era maestro junto a mi esposa, y en la tarde ya en mi hogar esperábamos a alguno de nuestros hijos que siempre acostumbran dar la vuelta. Almorzábamos juntos o simplemente me dedicaba a hacer alguno que otro oficio en mi pequeña "finca". Revisaba mi mensaje para la noche, ya que teníamos culto evangelístico en el templo, el más concurrido de la semana. Esa era más o menos mi rutina diaria, sin contar las reuniones con pastores para la planificación de actividades en la isla, reuniones con el Concilio, los viajes misioneros con el grupo de Avivamiento, las invitaciones a predicar en y fuera de Puerto Rico, los viajes a Israel. En fin, mi esposa tenía el título perfecto para mí, me llamaba "El hombre orquesta". ¡Ah, y tocaba bien, sabe... ¡muy bien! ¡Y con ganas!

"El hombre sabio es fuerte, y de pujante vigor el hombre docto. Porque con ingenio harás la guerra, y en la multitud de consejeros está la victoria" (Pr 24:5,6).

¿Ahora qué?, te preguntas. Se detuvo la vertiginosa carrera; ahora estoy viviendo dignamente la experiencia que me ha tocado. "De cara al sol", como bien dijo el poeta cubano José Martí. Lleno de esperanza, y sobre todo de fe y confianza, en Aquel que me devolvió a la vida con un propósito seguro. No sería justo si recibiera de Dios sólo el bien y me quejara continuamente en medio de la adversidad del día malo. Debemos poseer una fe madura, que soporte las estaciones del alma y los embates del tiempo.

"¿Qué? ¿Recibiremos de Dios el bien, y el mal no lo recibiremos? En todo esto no pecó Job con sus labios" (Job 2:10).

Aunque fue Satanás y no Dios quien hirió la carne de Job, el Señor lo permitió. El ser hijos de Dios no nos libra de todos los males de esta vida. Él sí promete fortalecernos, acompañarnos a través del fuego de la prueba y llevarnos victoriosos hasta la otra orilla. No desmayes en tu fe. Job nunca cuestionó el fin de Dios, el porqué de las cosas, aunque no lo comprendía. Simplemente asumió una postura de humillación y de confiada espera. Su victoria residía en adorar aun en medio de la más dura prueba.

"Entonces Job se levantó, y rasgó su manto, y rasuró su cabeza, y se postró en tierra y adoró, y le dijo: Desnudo salí del vientre de mi madre, y desnudo volveré allá. Jehová dio, y Jehová quitó; sea el nombre de Jehová bendito. En todo esto no pecó Job, ni atribuyó a Dios despropósito alguno" (Job 1:20-22).

"He aquí, aunque él me matare, en él esperaré" (Job 13:15).

La meta de Dios con nosotros como hijos suyos, no consiste en convertirnos en los seres humanos más cómodos de la humanidad —existen muchos que no lo son—, pero sí formarnos a la imagen de Su Hijo, y para estos fines, en ocasiones permite la adversidad. El enemigo ha tratado de robar y destruir mi fe afligiendo mi alma; y cuando, por momentos. esa fe ha cedido sin quebrarse, el mismo Señor me ha ayudado y ha preservado en mí la confianza en su fidelidad, y mi fe ha salido mucho más fortalecida en todo el proceso. ¿Fácil? Jamás. La evangelista Kathryn Kuhlman, en uno de sus libros y refiriéndose a la vida en Cristo, al ministerio y al llevar la cruz cada día, expresó: "Si fuera fácil, todo el mundo lo estaría haciendo". Alguien dijo en una ocasión: "El verdadero hombre es aquel que siente miedo y lo vence enfrentándolo". Existen momentos en los que dejas sobre el camino recorrido pedazos de tu alma rociados con multitud de lágrimas, y tal vez salgas un poco malherido o quebrantado en la batalla; aun así, eres y soy ¡más que un vencedor!

"¿Quién nos separará del amor de Cristo? ¿Tribulación, o angustia, o persecución, o hambre, o desnudez, o peligro, o espada? Antes, en todas estas cosas somos más que vencedores por medio de aquel que nos amó" (Ro 8:35,37).

Hoy más que nunca, el confiar en mi Dios es algo más que una utopía. Es mi realidad, mi verdad, mi esperanza, mi fuerza y mi vida.

Todo está en orden, en el orden que Él ha determinado y establecido. Veo a mi hija, y me consuela saber que es una continuidad de lo que fui y comencé para el Señor. Digo más, ella es la versión mejorada para este tiempo y para esta generación. Eso me llena de gozo, y en ciertos momentos se constituye en mi única razón de vivir. La transición ha sido completada. La nueva generación, que muy bien pudiera ser la que verá el regreso del Maestro, alcanzará a su generación. Puedo observarla de lejos y enseñarle cosas que sólo la experiencia tc dicta. Ella toma sus propias decisiones, debo confiar en el depósito y la capacidad que Dios ha sembrado en su vida. Estoy lo suficientemente cerca por si me necesita, y lo suficientemente lejos como para que se desarrolle conforme a la visión que el Señor le ha entregado para este tiempo.

"Y antes que la lámpara de Dios fuese apagada, Jehová llamo a Samuel; y él respondió: Heme aquí" (1 S 3:3).

Mi condición actual ha contado con todas las características para sentirme en determinados momentos como un inútil, como un cero a la izquierda, como alguien que fue y que ahora es nadie.

Pero mi fe siempre ha estado por sobre mis emociones; mis creencias firmes me elevan sobre todo esto y me recuerdan que mi identidad en Dios está muy clara. Soy su hijo, y esa herencia no hay quien me la robe; significa todo para mí. Cuando pensé que todo había terminado para mí y que había llegado mi hora, escuché el mandato divino de volver. Ahora he comprendido que existía un plan inédito que se ha ido develando poco a poco y el cual debo cumplir.

"¿A quién tengo en los cielos sino a ti? Y fuera de ti nada deseo en la tierra. Mi carne y mi corazón desfallecen; mas la roca de mi corazón es Dios para siempre" (Sal 73:25-26).

Mi visión hacia el futuro es totalmente celestial. Quiero ver a Cristo nuevamente, y esta vez permanecer junto a Él por la eternidad. Mientras tanto, propagaré su Evangelio hasta mi día final. Continuaré trabajando conforme a mis fuerzas. No deseo nada de esta tierra. Lo más que disfruto "acá abajo" es la cercanía de mi familia, el estar en la paz de mi hogar, el calor de la iglesia, el amor de los hermanos, el gozo de experimentar cómo se derraman su Espíritu y Su presencia. Mi mayor deseo, mi meta, es cultivar día a día mi relación con Él. Yo tengo un coloquio con mi Señor, algo muy íntimo y especial entre los dos. Él me ha dado vida en abundancia. Porque la verdadera vida no es la del cuerpo, la vida del cuerpo no es la vida... la verdadera vida reside en el espíritu y en esa quiero permanecer.

"Porque el que siembra para su carne, de la carne segará corrupción; mas el que siembra para el Espíritu, del espíritu segará vida eterna" (Gl 6:8).

Durante la Segunda Guerra Mundial, el publicista del periódico "New York Times" declaró que encontraba difícil dormir y librar su mente del temor, hasta que adoptó e hizo suyas las palabras del himno "Guíame bondadosa luz" que cantaban: "No me permitas ver la escena a distancia, un paso a la vez es suficiente para mí. Tú me guías y eso es suficiente por hoy. ¿Y mañana? De seguro recibiremos la gracia que nos ayudará cuando la necesitemos".

Hago mías estas palabras, y espero que tú al igual que yo, las convirtamos en aplicables y aprendamos definitivamente a confiar en un Dios vivo que es más grande que nuestra "religión". Él no te permitirá a ti tampoco ver la escena a distancia; pero sí promete ser "lámpara a tu pie y lumbrera a tu camino" (Sal 119:105) No una bola de cristal donde puedas leer tu futuro. Aun así, puedes confiar en Él.

"Acerquémonos, pues, confiadamente al trono de la gracia, para alcanzar misericordia, y hallar gracia para el oportuno socorro" (Heb 4:16).

Amado, sobre todo, cuídate mucho, no pierdas fácilmente la inversión de Dios en ti; ese identificarse, ese caminar de Dios contigo. Analiza, inquiere, estudia, ora y pregúntale a tu amigo el Espíritu Santo. No te lo tragues todo. Digiérelo, dilúyelo. Dios le dijo al profeta Ezequiel:

"Come este rollo ... Hijo de hombre, alimenta tu vientre, y llena tus entrañas de este rollo que yo te doy. Y lo comí, y fue en mi boca dulce como miel" (Ez 3:1,3).

Ahí reside toda la verdad, en su Palabra. Esa que te guiará hasta el cielo. Allí se camina derecho; por donde el espíritu ordena que se camine. Se camina y no se vuelve atrás. Mientras permanezcas aquí en la tierra, corrige lo deficiente, si existe deficiencia en ti, corrígela mientras tanto se diga que hay vida. Sé un huerto cerrado; hombre o mujer de una sola pieza. Continúa hacia adelante con paso victorioso, no te detengas y a cada paso del camino pregúntale: "¿Y ahora qué, Señor; ¿y ahora qué?

"Pero de ninguna cosa hago caso, ni estimo preciosa mi vida para mí mismo, con tal que acabe mi carrera con gozo, y el ministerio que recibí del Señor Jesús, para dar testimonio del Evangelio de la gracia de Dios" (Hch 20:24).

¡Un amor de siempre! La pastora Iris Nanette abraza tiernamente
a su padre en la recepción, luego de su toma de posesión como
pastora general de la iglesia. ¡Sus gestos hablan más
que mil palabras!

Capítulo 11

Mi pensamiento final

Al terminar de escribir este libro han pasado ya dos años y algunos meses desde mi experiencia. ¡Cuántas cosas han acontecido en este tiempo! ¡Cuántas vivencias, imposibles de recopilar en palabras, cuánto aprendizaje, crecimiento y aceptación! Una de mis frases características era: "A Dios no hay quien le gane dando". En este tiempo he comprendido una nueva: "Al Señor no hay quien le gane padeciendo". Él profeta Isaías, en el capítulo 53 de su libro, nos relata de forma gráfica el misterio del calvario. Jesús, el Cristo, fue el "varón de dolores, experimentado en quebranto", menospreciado, angustiado, afligido y todo sin abrir su boca. Sus labios no profirieron maldición para sus trasquiladores. Se dio todo por nosotros, derramó Su vida hasta la muerte, y olvidando que era hijo se hizo siervo. ¡Cuánto nos falta aprender del Maestro...!

"Haya, pues, en vosotros este sentir que hubo también en Cristo Jesús, el cual, siendo en forma de Dios, no estimó el ser igual a Dios como cosa a que aferrarse, sino que se despojó a sí mismo, tomando forma de siervo, hecho semejante a los hombres; y estando en la condición de hombre, se humilló a sí mismo, haciéndose obediente hasta la muerte, y muerte de cruz" (Flp 2:5-8).

"A fin de conocerle, y el poder de su resurrección, y la participación de sus padecimientos, llegando a ser semejante a él en su muerte"(Flp 3:10).

Nos corresponde a nosotros cumplir su Palabra, vivirla; no como mártires, sino con gozo. Charles Spurgeon, gran maestro, escritor y predicador, de nacionalidad inglesa, exclamó en una ocasión:

"El Señor siempre entrena a sus soldados, no permitiéndoles que reposen en colchones de pluma, sino arrojándolos fuera y usándolos en marchas forzadas y en servicios difíciles. Él les hace vadear por las corrientes, nadar por los ríos, trepar montañas y andar muchas y largas caminatas con mochilas, pesadas de aflicción sobre sus espaldas. Esta es la manera como Él hace soldados; los guerreros son verdaderamente educados con el olor de la pólvora en medio del zumbido de las balas y el tronar de los cañones, pero no en tiempos apacibles y pacíficos".

"Sino gozaos por cuanto sois participantes de los padecimientos de Cristo, para que también en la revelación de su gloria os gocéis con gran alegría" (1 P 4:13).

Entonces, ¿qué podemos decir? ¿Nos perfecciona Dios por medio de los procesos de quebranto?... ¿Por qué sufre el justo?... ¿Por qué lo permite el Señor?... Tal vez nunca obtendremos la respuesta a esa pregunta. Aun así: ¿Serviremos a Dios? La Biblia está plagada de hombres y mujeres que sirvieron a Dios en medio de grandes aflicciones y necesidades. Muchos nunca alcanzaron a ver la promesa, sino que la "saludaron de lejos". Otros esperaron largos años por la respuesta a sus oraciones o al cumplimiento de una promesa. Hoy día existe un problema. Las nuevas revelaciones y el "Nuevo Evangelio" han impulsado al mundo, al hombre que no conoce a Dios, a un camino solamente de glorias. Han querido olvidar y desechar el Calvario, la cruz, los clavos, la sangre... El altar, el arrepentimiento, son prácticas esporádicas para algunos. Es como si quisiéramos retribución inmediata por nuestro servicio a Dios, excluyendo los procesos a los que obligatoriamente somos expuestos "los del Camino". La apostasía y sus diversas enseñanzas han comenzado a infiltrar su quincalla barata y su vocinglería, aun dentro de la misma iglesia del Señor... Aun así, nuestra esperanza reside en saber que a los que son suyos, "nadie los arrebatará de su mano". Pero así tiene que ser, para que se cumpla la Escritura cuando declara que de todo esto seremos testigos en los últimos días.

· "Respondiendo Jesús, les dijo: Mirad que nadie os engañe. Porque vendrán muchos en mi nombre diciendo: Yo soy el Cristo; y a muchos engañarán" (Mt 24:4,5).

En esta, la que ha sido mi experiencia, aunque ha estado compuesta por más de un momento amargo y de días oscuros en los que sólo vi destellos de Su luz a ratos, puedo confesar que Dios ha añadido a mi vida bendición, paz, gozo. Soy un barro rendido en la rueda de mi Alfarero. Estoy abandonado totalmente en Sus manos, pleno de confianza en Él. Y para hablarte con toda honestidad, aún existen rasgos en mi carácter que deben ser modificados... Sí, todavía; a los setenta y un años de edad, Dios continúa enseñándome, moldeándome, puliendo esquinas punzantes y suavizando lo que ya ha mejorado.

Es por eso que la colección de lágrimas, noches en desvelo, la desesperación del proceso, los dolores físicos y emocionales que he sufrido, finalmente terminaron obrando para bien.

"Porque esta leve tribulación momentánea produce en nosotros un cada vez más excelente y eterno peso de gloria; no mirando nosotros las cosas que se ven, sino las que no se ven; pues las cosas que se ven son temporales, pero las que no se ven son eternas" (2 Co 4:17-18).

"Y sabemos que a los que aman a Dios, todas las cosas le ayudan a bien, esto es, a los que conforme a su propósito han sido llamados" (Ro 8:28).

He aprendido demasiado... ¡Y lo que falta! Ahora vivo un día a la vez y disfruto lo que me traiga el día. Quiero seguir el ejemplo del apóstol Pablo, quien desde una lóbrega prisión, exclamó:

"He aprendido a contentarme, cualquiera que sea mi situación" (Flp 4:11).

Sé que, definitivamente, mi experiencia individual y la nuestra como familia tocará alguna vida. Nuestra historia bendecirá a alguien y nosotros recíprocamente seremos bendecidos por ellos al saberlo. Ese es nuestro mayor anhelo y nuestra recompensa. Deseamos cumplir el propósito de Dios. Todos hemos crecido, jamás seremos los mismos... ¡Y tampoco queremos serlo! Sabemos que los procesos de Dios siempre nos convierten en mejores cristianos y en mejores seres humanos. Nuestro trabajo apenas comienza. Tal vez jamás comprenderemos el método de Dios, sólo sé que lo que Él determina es siempre lo mejor. Me deleité al escuchar el escrito de un antiguo capellán del Senado de los Estados Unidos, llamado Richard C. Halverson, y hoy quisiera compartirlo contigo:

"Uno puede ofrecerle sus ideas a otros como balas o como semillas. Puede dispararlas o sembrarlas; pegarle en la cabeza a la gente con ellas, o plantarlas en sus corazones.

»Las ideas usadas como balas, matarán la inspiración y neutralizarán la motivación. Usadas como semillas, echarán raíces, crecerán y se volverán realidad en la vida en la que fueron plantadas.

»El único riesgo en usarlas como semillas es que, una vez crecen y se convierten en parte de aquellos en quienes fueron plantadas, es probable que nunca te reconozcan el mérito de haberlas ideado. Pero si uno está dispuesto a prescindir del crédito... recogerás una rica cosecha".

Dios depositó en mis manos y en mi boca un puñado de semillas. Tuve la oportunidad de sembrar algunas en buen terreno y verlas germinar en hombres y mujeres salvos, capaces de terminar la carrera; llenos de inspiración divina, de honra, de fe y buenos frutos. Tuve la oportunidad de sembrar en corazones tiernos, con hambre y sed de justicia, llenos de amor y pasión por la obra. Gente que recibió el mensaje de la poderosa Palabra de Dios y aún lo aplica como regla infalible de fe y de conducta. He visto el puñado de semilla buena que cuidadosamente aparté para los de mi casa: mi mujer, mis hijos; y hoy, después de muchos días, me alimento de esa siembra. ¡Tuve oportunidad de todo! Las sembré, las planté, coseché; y alguna que otra también la disparé, ¡pegándole fuerte con ella a alguien en la cabeza...!

"...Todo tiene su tiempo y todo lo que se quiere debajo del cielo tiene su hora ... Tiempo de plantar, y tiempo de arrancar lo plantado ... Tiempo de esparcir piedras, y tiempo de juntar piedras; tiempo de abrazar, y tiempo de abstenerse de abrazar ... Tiempo de romper, y tiempo de coser; tiempo de callar, y tiempo de hablar ... Tiempo de guerra, y tiempo de paz" (Ecl 3:1,2,5,7,8).

El tiempo de las nuevas generaciones ha llegado. Nosotros, los que vamos pasando, debemos dejar una marca, una estela y luego abrir paso. Nunca insistas en ocupar el lugar que el Maestro ha determinado y diseñado para otro. Sé sabio y haz un mutis elegante y a tiempo. Es el tiempo de "Josué"; deposita de tu dignidad en tus sucesores, y preséntalos al pueblo.

"Y llamó Moisés a Josué, y le dijo en presencia de todo Israel: Esfuérzate y anímate; porque tú entrarás con este pueblo a la tierra que juró Jehová a sus padres que les daría, y tú se la harás heredar" (Dt 31:7).

Oro a Dios que al finalizar la lectura de este libro, su bendición repose sobre tu vida y la de los tuyos. Nosotros, "los Torres", hemos descorrido el velo de nuestra intimidad con el solo fin de que logres conocerlo a Él... el Autor y Consumador de la fe. Un Dios real y personal; ¡capaz de descender a nuestra naturaleza humana con el propósito de regalarnos salvación y vida eterna! Recibe la exhortación de un Pastor anciano, que anhela cumplir la comisión de su Maestro. Tú serás el mejor sello de mi trabajo... Yo sólo soy un vaso, un ente pasajero, peregrino en esta tierra. Algún día seré "recogido" por mi Señor, "como la gavilla del trigo que se recoge a su tiempo". ¡Y si estás allá, nos gozaremos!

"Sabrás que hay paz en tu tienda; visitarás tu morada, y nada te faltará. Asimismo echarás de ver que tu descendencia es mucha, y tu prole como la hierba de la tierra. Vendrás en la vejez a la sepultura, como la gavilla de trigo que se recoge a su tiempo" (Job 5:24-26).

...Y cuando haya pasado el tiempo y ya de mi existir sólo quede un recuerdo, quedarán estas páginas como un legado de lo que mi Dios me ha permitido conocer, experimentar y vivir durante todos estos años que he permanecido en esta tierra.

Y si algún día, alguien te dice: "Torres Ortega murió", no les creas; no será cierto. Estaré más vivo que nunca, descansando para siempre en el regazo de mi Amado...

"Y oí una gran voz del cielo que decía: He aquí el tabernáculo de Dios con los hombres, y él morará con ellos; y ellos serán su pueblo; y Dios mismo estará con ellos como su Dios. Enjugará Dios toda lágrima de los ojos de ellos; y ya no habrá muerte, ni habrá más llanto, ni clamor, ni dolor; porque las primeras cosas pasaron" (Ap 21:3-4).

Así que ya lo sabes; si no nos conocemos aquí, nos reuniremos pronto... Tú ya sabes donde...

"Y el que estaba sentado en el trono dijo: He aquí yo hago nuevas todas las cosas. Y me dijo escribe: Porque estas palabras son fieles y verdaderas. Y me dijo: Hecho está. Yo soy el Alfa y la Omega, el principio y el fin. Al que tuviere sed, yo le daré gratuitamente de la fuente del agua de la vida. El que venciere heredará todas las cosas, y yo seré su Dios y él será mi hijo" (Ap 21:5-7).

"Y no vi en ella templo; porque el Señor Dios Todopoderoso es el templo de ella y el Cordero. La ciudad no tiene necesidad de sol ni de luna que brillen en ella; porque la gloria de Dios la ilumina, y el Cordero es su lumbrera" (Ap 21:22,23).

"He aquí yo vengo pronto, y mi galardón conmigo, para recompensar a cada uno según sea su obra. Bienaventurados los que lavan sus ropas, para tener derecho al árbol de la vida, y para entrar por las puertas de la ciudad" (Ap 22:12,14).

Apéndice

Citas del Pastor

"Jesús, el Caballero de la cruz"
"Voz de Dios y no de hombres, voz de Dios y no vinglería humana."
"Aprende a mirar por encima de la cabeza de los hombres."
"Mejor muerto que comprometido con el diablo."
"O Espíritu Santo o nada; porque nada puede sustituir al Espíritu Santo."
"Un hombre como yo no huye."
"Cada alma ganando un alma"
"No dejes que nadie te maneje, no dejes que nadie te manipule."
"El Coloso Pablo..."
"David, el dulce cantautor de Israel"
"El topo odia la blancura del lirio."
"Sé hombre de una sola pieza."
"A Dios no hay quien le gane dando."
"Volver a Dios es como regresar a casa después de un largo viaje."
"Iglesia, sube la alabanza."
"Hay muerte en la olla."
"Nadie puede robarle a Dios el privilegio de llamar a sus hijos."
"Dios nunca permitirá que le sentemos en el banquillo de los acusados, hemos sido diseñados para obedecer."
"La Biblia es regla infalible de fe y de conducta."
"Dios te saca del 'babote' (cenagal) de los intestinos de Satanás."
"¡Hasta la amezca!"
"Compay, compay, pero la gallina vale seis reales."
"A las bambúas..."
Y para los más íntimos esta última..., *"¡Ay..., déjate de boberas".*

Carta al Pastor

Pastor, príncipe del Señor, me honra ocupar aún una página de tu primer libro. Libro de tu nuevo ministerio como escritor. Libro con alas de ángel que volará honrando a Dios, igual que tus otros fructíferos y variados ministerios.

Agradezco al Señor que me escogiera entre aquellos y con aquellos que te amaron, te aman y te amarán en el Señor. Tú enseñaste que no se fijen en ti, sino a lo que Dios diga y haga a través de ti.

En tu primer libro, empezaremos a ver y oír las profundidades y grandezas de Dios a través de su amado hijo Rafael, en su gran prueba. Antes, vivías dentro de la iglesia; ahora, la iglesia vive dentro de ti.

Sabemos que Dios es el Dios de las puertas: dile, ábreme puertas y enséñame a reconocerlas y a entrar y salir por ellas, dejándote glorificado. También, Dios te abre nuevas ventanas para ver su gloria. Ahora eres un pastor distinto:

Los trinos de las aves del cielo te cantan como nunca. El ruiseñor, tu favorito, madruga a cantarte y, más cerca a tu ventana. El amanecer te dice, buenos días, Rafael y, el bello atardecer de oro te dice, hasta mañana, Rafael. Y, tú le sonríes al Creador.

Sí, ahora Rafael es distinto: no hay lugar para él. Dios lo ha ocupado todo. Como el apóstol Pablo, dice con certeza: "Ya no vivo yo; Cristo vive en mí".

Pero, aun viviendo Cristo en él, en su gran prueba del aguijón, sabes que en angustia clamó por tercera vez rogando al Señor sanarlo, pero le dijo el Señor: "Bástate mi gracia porque mi poder se perfecciona en la debilidad". Con razón por sus muchas pruebas, Dios hizo del apóstol Pablo el más grande y glorioso embajador e intérprete del Evangelio de Cristo. ¡Gloria a Dios!

Y, ahora amado Pastor, pienso que tú no me darás parte en tu segundo libro si no te incluyo en éste, el soneto que te dediqué en la inauguración de tu hermoso santuario, titulado: "¡Hay que ser loco!", publicado en mi libro *Somos Peregrinos*, Vol. I, y, si sobra espacio, que yo sé que sobra, va un nuevo soneto dedicado a ti en tu prueba, titulado "¡Amigo del Caballero de la Cruz!".

Guillermo Rodríguez
A mi amigo y colega hasta la eternidad

¡Hay que ser loco!
*Al Pastor Rafael Torres Ortega
en la inauguración del Santuario.*
por: Guillermo Rodríguez

Compañero, varón de tierra adentro.
Amigo del Caballero de la Cruz.
Quien te cambió tus tinieblas por luz,
te ha dado como estandarte, ¡Encuentro!

Al tropezar con aquel Caballero
no has podido volver a ser el mismo.
Te pareces a Él en fanatismo.
Fiero cual león, manso cual cordero.

¡No te detengas! ¡Se te muere el mundo!
Gime y clama. No pierdas un segundo.
No calles... yo no callaré tampoco.

Que tu Santuario sea un trampolín
para ganar al mundo antes del fin.
¡Sigue tu locura... hay que ser loco!

Amigo del Caballero de la Cruz
Al Pastor Rafael Torres Ortega en su prueba.
por: Guillermo Rodríguez

Te bendiga el Señor constantemente:
tú sabes bien cómo el Señor consuela.
Te acaricie doquiera que te duela...
Te bese Iris cada día en la frente

con un beso de Dios, así cual fuente;
beso de esposa, de madre y de abuela.
Todos los tuyos sean cual centinela
portadores del más tierno aliciente...

¡Le cante toda la Naturaleza
al príncipe de Dios que en llanto seco
aún sin dudar, abriga la certeza

que es cristiano de una sola pieza
sin fingimiento y sin embeleco,
conocedor de Dios y Su Grandeza!

Cartas al lector

22 de octubre de 2003
Bayamón, Puerto Rico

Estimado lector:

Hace veintidós años tuve un maravilloso encuentro con el Señor Jesucristo, Dios Todopoderoso, que verdaderamente cambió radicalmente el rumbo de mi manera de vivir. En ese proceso divino en mí, en el cual el Espíritu Santo llenaba mi vida con su gracia, amor y misericordia, Dios usó poderosamente a uno de sus siervos en su ministerio radial, que se difundía a través de una emisora local para esa época, hasta dos años atrás. Todas las mañanas en el horario de 7:00 a 8:00, se escuchaba la voz única de ese siervo de Jesucristo, Rafael Torres Ortega, pastor y abogado.

Suman muchos miles de almas rescatadas de las tinieblas, del pecado del mundo, que por la predicación del mensaje de salvación a través de su programa "Encuentro" por radio y televisión, tuvieron un encuentro con el Señor.

Aquel mensaje del "Caballero de la Cruz, el rubio de Galilea, el Deseado que viene ya, el Lirio de los valles", como suele adjetivar Torres Ortega al Señor en su estilo prístino, articulado, pero sobre todo, ungido y donde la proclamación de las Buenas Noticias llegaba para edificar, sanar y consolar. Mensaje que con avidez esperaba el pueblo desde el púlpito radial, el "Aposento Alto", la televisión o desde el altar de la Iglesia de Cristo Defensores de la Fe de Bayamón, Puerto Rico. La monumental obra del pastor Torres Ortega no tiene parangón en nuestra preciosa Isla y posiblemente en otros países del mundo.

Nunca imaginé que aquel hombre que ministraba a mi vida a través de los medios de comunicación allá para el año 1980, sería más tarde mi mayor amigo y consejero. Así obra Dios.

Incansable, recio, fuerte como el acero, "de una sola pieza", pero suave como el terciopelo, así es la textura de la seda de la cual Dios formó a Torres Ortega. Infatigable, intrépido, firme, hombre de palabra, comprometido hasta los tuétanos de los huesos con el Señor Jesucristo, con el Evangelio, el bien, la verdad y la justicia. De elocuente verbo, testimonio intachable, íntegro, incisivo, honesto, identificado totalmente con los valores éticos, espirituales, y con su impresionante personalidad, formada por el Alfarero divino, ha alcanzado multitudes para el Reino de Dios, viajando por el mundo llevando la semilla de la Palabra de Dios a los que tienen hambre y sed de justicia. En fin, un hombre de Dios, sin lugar a dudas ¡un hombre de cualidades excepcionales!

Padre extraordinario, esposo especial, buen hijo, sincero, humilde, al servicio de los pobres, los menesterosos, desamparados, entregado a causas nobles. Desprendido, afable, de mirada y sonrisa apacible y complaciente, dispuesto siempre a extender su mano amiga. Estoy seguro que la vida ejemplar de este hombre de Dios y su legado impactarán tu vida de forma extraordinaria.

Ahora, estimado lector, le invito a que disfrute la lectura de este hermoso libro que registra en síntesis, la vida de un extraordinario ser humano que colocó todas sus capacidades al servicio de su Dios y ¡todo para su gloria!

El Señor le bendiga grandemente.

Rev. Lic. Pedro R. Cintrón Rivera

24 de octubre de 2003
Bayamón, Puerto Rico

Estimado lector:

Cuando pienso en el pastor Lic. Rafael Torres Ortega, llegan a mi mente varios adjetivos: guerrero espiritual, general de cinco estrellas, hombre grande en valores eternos, un gran siervo de Jesucristo.

Recuerdo como en el pasado, los creyentes afiliados al movimiento que creía en Pentecostés, éramos ridiculizados con epítetos despectivos cargados de desprecio y de risa por nuestras creencias. Podemos decir, sin temor a equivocarnos, que la figura del Lic. Torres Ortega elevó nuestra casta a un gran sitial en la vida de la comunidad cristiana y en la integración total a la sociedad. No quedó duda alguna de que ¡el Evangelio es para todos! Su verbo, su estilo único, su exposición en los medios de la radio y la televisión, añadieron credibilidad y altura a nuestro mensaje. Él siempre reconoció que todo lo que hacía era por los méritos de Jesucristo, y que a Él pertenecía toda la gloria. Pero, como dice el dicho popular, "Honor a quien honor merece".

Una de las cualidades que más he admirado siempre en el Rev. Torres Ortega es su verticalidad en sus postulados. Virtuoso y grande para el Reino de los cielos, no pierde su sencillez y su calidad humana. Amigo fiel y ganador de almas incansable. Yo, Andrés Rosa, me siento honrado de haber contado con su amistad y consejo durante años.

Es mi oración que este gran siervo de Dios, que ha sido inspiración para más de un ministro del Evangelio en mi país, continúe cumpliendo en salud el propósito para el cual el Señor nos lo devolvió.

Torres, ¡gracias por tanto! Que el Señor te bendiga, junto a toda tu casa, y que el Señor bendiga a la Rev. Iris Nanette Torres Padilla, por dejarse usar de Dios tan poderosamente.

Te amo en Cristo,

Rev. Andrés Rosa

Transcripción exacta de una predicación del pastor Torres Ortega para el programa radial Encuentro para la emisora Radio Luz en Orlando, Florida, el 30 de octubre de 1999.

(Introducción del programa por el locutor puertorriqueño José Antonio Ayala)

"...el hombre de nuestro tiempo camina sin rumbo fijo, no tiene meta al andar; y camina tan aprisa que nada puede entender. Si no conoces a Cristo, tú eres el hombre de nuestro tiempo. Te invito a que lo conozcas, a que le dejes tus cargas, a que confíes en Él. Tan solo te estoy pidiendo que vengas a conocerlo, porque sé que si lo haces tú mismo querrás tener un encuentro con Él."

(Voz del pastor Torres Ortega)

"Señoras y señores, muy buenas tardes. Soy vuestro compañero de milicia cristiana. Mi nombre es Rafael Torres Ortega y soy el pastor de la Iglesia de Cristo Defensores de la Fe, la cual está ubicada en la ciudad de Bayamón, P. R. Gozo y privilegio me da el Señor de poder en esta tarde compartir con toda la audiencia de esta poderosa emisora.

Vayamos a lo que dice el Sagrado Libro. A través del profeta Jeremías, en múltiples ocasiones, Dios manifestaba, dejaba sentir su dolor, su pena, su angustia, su tristeza por la forma y manera en que su pueblo actuaba. Para poder captar este mensaje, vamos a establecer una hipótesis con usted: en un momento dado, ¿alguien le ha dejado a usted?, lo abandonó?, ¿le abandonó su marido o su mujer, sus hijos? Cuando aquellos a los cuales usted amaba ya no le procuran, el amigo o la amiga que rompió esa amistad, y hoy usted vive en la soledad, desengañado, abatido, cargado, cansado, triste. ¡La soledad duele! Y nos sentimos heridos cuando aquellos a los cuales amábamos, en un momento dado rompieron ese vínculo amistoso que nos unía a ellos. Cuando todo se vino abajo, se derrumbó el castillo que se había levantado, que se había construido, se hizo sal y agua. Mucha gente, muchas personas que nos están escuchando en el día de hoy o en la noche de hoy, están pasando por ese tipo de experiencia. Eso mismo ocurre cuando en un momento determinado usted, amigo mío, amiga mía, dejó a Dios, rompió con Él, se alejó... Ese vínculo, ese cordón umbilical que lo unía a su Creador se rompió, dejaste a Dios, te fuiste.

Y el profeta Jeremías, que se constituyó en el vocero de Dios en la boca de Dios, le decía a Israel cuando este se apartaba, 'Tú me dejaste, te volviste atrás, me dejaste' (vea Jer 15:6). De la misma manera que quizás te abandonó el ser más querido, identificado contigo, y que trajo como consecuencia el abatimiento, la angustia, la depresión o la ansiedad, Dios le dice a su pueblo: 'Tú me dejaste, me abandonaste, rompiste mi amistad, te separaste, me diste la espalda. Tú me dejaste, tú te volviste atrás'. No sé si usted ha experimentado en este momento la angustia de vivir tan lejos de Dios. ¡Qué triste debe ser, qué agonía usted debe sentir! ¿Cómo usted puede vivir tranquilo o tranquila, habiéndole dado la espalda a tu Dios y a tu Señor? 'Tú me dejaste, te volviste atrás'. Y sabe usted lo que Jehová le dijo: 'Estoy cansado de arrepentirme'. Cuántas veces has tratado de regresar, comienzas y vuelves y te vas. No ha habido honestidad, no ha habido sinceridad, ausencia total de compromiso. Entras y sales, sales y entras. ¿Hasta cuándo?, ¿hasta cuándo vas a actuar así?, ¿hasta cuándo vas a ser esclavo de esa incertidumbre, de la duda y de la ausencia, repito, de compromiso? ¿Qué va a pasar un día en que retornes y te vuelvas? Cabe la posibilidad que no regreses más. Que venga lo peor, que venga el día malo, el día del conflicto, el día terrible del cual Dios habla en el Salmo número veinte. Conflicto, problema, quebrantamiento, enfermedad, abatimiento, derrota, soledad, suicidio.

La Biblia dice que es mejor no conocer a Dios que habiéndolo conocido y dejarlo (vea 2 P 2:21). La Biblia nos amonesta de la peligrosidad del hombre o la mujer descender de lo alto a lo bajo. Como dice el amado médico Lucas: 'Un hombre descendía de Jerusalén a Jericó...' y cuando viajaba fue víctima de unos asaltadores. Le robaron y le quitaron todo lo que tenía. Lo hirieron y lo dejaron abandonado (vea Lc 10:30-35). Cuando uno le da la espalda a Dios, se constituye en un perdedor. Tú no eres un ganador, eres un perdedor, eres un fracasado. Lo vas a perder todo. Lo has perdido todo. La Biblia dice que todo aquel que abandona a Dios, que todo aquel que levanta las manos del arado y vuelve atrás, hará cosas que nunca antes de conocer al Señor hacía (vea Mt 12:43-45). Siete demonios peores van a poseer tu vida o han poseído ya tu vida. Y por eso, hasta la persona misma se asombra diciendo, '¿pero si antes yo no hacía esto?'. Esclavizado, atado, ligado, poseído por el poder de los demonios.

Por lo tanto, la Biblia dice: 'Tú me dejaste, rompiste conmigo, te volviste atrás' (vea Jer 15:6). Y la Biblia dice que en un momento dado Dios puede declarar 'estoy cansado de bregar contigo, de arrepentirme, no acepto más tu juego, tu conducta, tu conducta impropia, negativa, hostil, rebeldía, ausencia de sinceridad, ausencia de compromiso'. Y yo me pregunto, ¿hasta cuándo vas a seguir así? No crees que ya es tiempo de hacer un alto, porque a medida que pasa el tiempo, vas descendiendo y descendiendo, haciendo cosas que quizás nunca habías hecho.

Vas a llegar al abismo, a lo profundo de la mar, al pozo de la desesperación, vas a llegar a las arenas movedizas, vas a llegar a un lugar de don-
de jamás tendrás retorno. 'iOh Jehová, esperanza de Israel! todos los que te dejan serán avergonzados' (Jer 17:13). 'Tú me dejaste..., te volviste atrás...' (15:6). 'Estoy
cansado —dice Dios— de arrepentirme.' No sabes quizás la peligrosidad,
la mala experiencia o lo que te espera, si sigues manteniendo esa conducta de hostilidad y rebeldía contra tu Dios. Te fuiste sin justificación. No
hubo razón alguna para hacerlo. Dios no te dio razón alguna para haberlo abandonado. Pusiste tu mirada donde no tenías que ponerla. En un
momento dado tus ojos se colocaron sobre personas y en vez de ver el
bien viste el mal. Y por estar criticando y poniendo los ojos, no en el autor y consumador de la fe sino en el hombre, ¡fallaste! Y al fallar entablas-
te una batalla y una guerra contra el 'Caballero de la cruz', Jesús, el hijo
del Dios altísimo. No sé hasta donde has descendido en tu regreso al pecado, al mundo, a las tinieblas, a la muerte. No sé qué te ha pasado y qué
te ha sucedido. Quizás has vuelto al adulterio, a la fornicación, a la dro-
gadicción, al alcohol, al tabaco, la mariguana, la cocaína, la violencia, el
odio. Por qué no haces un alto, un detente, un 'ibasta ya!' y te miras.
¡Contémplate, obsérvate, examínate!

El apóstol San Pablo le escribe a los corintios y les dice: 'Examinaos
a vosotros mismos para ver si estáis en la fe' (vea 2 Co 13:5). Mírate en un
espejo, observa las huellas, los surcos que poco a poco van apareciendo
en tu rostro a consecuencia de tu pecado. Observa tu mirada lánguida a
la distancia, ausencia de brillo en tus ojos, la tristeza, la agonía; como poco a poco va desapareciendo tu deseo y tu anhelo de vida. Ya no eres el
mismo, si sonríes, tu sonrisa es ficticia, no es real, no eres el mismo, no
eres la misma. Porque es mejor no conocer a Dios, que conocerlo y dejarlo. ¿Hasta cuándo vas a vivir así? ¿Cuánto tiempo más? ¿Hasta dónde vas
a llegar dando coses contra el aguijón? (vea Hch 9:5). Pretendes justificar
lo que no se puede justificar, razonar cuando tu razonamiento no es váli-
do delante de Dios, argumentos que no tienen validez ni moral ni espiri-
tualidad para tú apoyar tu conducta y tu estilo y forma de vivir. No lo vas
a encontrar.

'Tú me dejaste... te volviste atrás', dice el Señor. Vas y vienes, vienes
y vas; un tiempo en la iglesia, otro tiempo fuera de la iglesia. Quizás en
esta oportunidad estoy hablándole a alguien que participó de una manera especial dentro del santuario, en una íntima y estrecha comunión con
los fieles y los santos de Dios. Ocupaste posiciones, cantabas, enseñabas,
predicabas, eras un líder, parte del Cuerpo de Cristo en la institución a la
cual pertenecías. Oye, ¿qué pasó? ¿Qué sucedió? Descuido, una pequeña
locura, una dejadez, un desliz, dejaste, dejaste y abandonaste. Te descui-
daste tú mismo; aquel celo, aquella seriedad, aquella responsabilidad que

habías contraído con el Evangelio y con el Señor del Evangelio. Por tu descuido, por tu desliz, resbalaste, te caíste y no has tenido la entereza de reconocer tu falta, tu pecado, levantarte y regresar. Como dice el profeta Miqueas: 'aunque caí he de levantarme, y aunque yo more en tinieblas, el Señor será mi luz' (vea Mi 7:8).

Hoy te llamo a que tomes una decisión de altura, de envergadura, de honestidad y compromiso. Todavía estás a tiempo. No esperes a que Dios te vomite, te expulse, te deseche (vea Ap 3:16). No lo hagas, porque un día vas a querer y Dios te va a decir, 'ya es demasiado tarde'. Hay personas que llegarán al altar demasiado tarde. Hay gente que pretenderá buscar a Dios cuando ya es demasiado tarde. Heridos de muerte; una enfermedad terminal, hecho pedazos, hecho cantos, envejecidos, destruidos, acabados. ¿Quiere Dios que tú vengas así? ¡No! La Biblia dice: 'Hoy es el día aceptable' (vea 2 Co 6:2). Si oyes la voz del Dios que te llama, levántate, responde, vuelve, reconoce tu error, acepta que tú fallaste, que tú pecaste, que eres culpable de todo lo que ha ocurrido, es tuya la responsabilidad. Hoy es día de reconciliación, hoy es día de regresar a tu casa, a la casa de Dios. Es el momento hermoso de volver a recibir la verdad; 'compra nuevamente la verdad, y no la vendas' (vea Pr 23:23); 'estoy cansado de arrepentirme'.

La Biblia está plagada de ejemplos de hombres, como el rey Saúl que Dios le dio toda clase de oportunidades, y al Dios llamarlo y separarlo para que fuese príncipe sobre el pueblo de Dios, se puso altivo, jactancioso, altanero, mentiroso, desobediente, carnal, impío. A pesar de que fue lleno del Espíritu Santo y anduvo con los profetas. Pero un día cuando llegó a la poltrona, cuando Dios lo bendijo y lo separó sin méritos de clase alguna, entonces se rebeló contra Dios. Nunca aprendió a hacer la voluntad de Dios. Dios ordenaba una cosa y él hacía otra cosa. Dios decía 'haz esto' y él hacía lo contrario. Y un día el Espíritu de Dios se alejó de él; un día el Espíritu de Dios lo abandonó y un espíritu malo, con permiso de Dios, entró en Saúl. Fue víctima de una locura, de una esquizofrenia y Dios lo vomitó de su boca. Y cuando Samuel le dijo a Dios que estaba orando por Saúl, Dios le dijo: 'No ores más por él, yo lo deseché'. La parte final, triste, angustiosa, lastimosa; la Biblia lo narra, lo narra con lujo de detalles. Este hombre se suicidó (Lea 1 S 10 al 16, 31:5). Hoy está en el infierno y pasará la eternidad con el diablo y los demonios.

Permita el Señor que esta experiencia bíblica, que se debe adaptar a nuestra vida, sea un llamado con profunda seriedad cristiana para aquellos que juegan con el Evangelio; que entran y salen, que están un tiempo fuera y otro tiempo dentro, que no hay compromiso ni con los clavos ni con las llagas ni con la sangre, con nada de Cristo sino que ven el Evangelio como una religión. ¡Cuidado!, porque la Biblia dice: 'Tú me dejaste...te volviste atrás... estoy cansado de arrepentirme'. '¡Oh Jehová, esperanza de Israel! todos los que te dejan serán avergonzados'. La exposición musical en este momento está a cargo de uno de los grandes exponentes de la música sacra. Roberto Orellana canta para ti de la siguiente manera:

Cómo has podido vivir

Sí es verdad, el mundo ya te vistió de vanidad
Tu corazón lento agoniza en tu afán de sol a sol.

coro

Cómo has podido vivir lejos de toda verdad
Cristo te llama, no dudes te ama
No tienes la vida sin Él.

Sí es verdad, vives de sueños y engaños nada más
Vas por ahí perdiendo el tiempo intentando ser feliz.

coro

Cómo has podido vivir, amigo, lejos de toda verdad
Cristo te llama, no dudes, te ama
No tienes la vida sin Él
Cristo te llama, no tienes la vida sin Él.

Basta de engaños, mentiras y falsedades. Tú no podrás jamas burlar a Dios ni lo puedes engañar. Reconcíliate, arrepiéntete, y en esta oportunidad, ahí donde estás, dile a Dios que te perdone y te dé la capacidad y las fuerzas para levantarte.

(Oración)

Mi Dios y mi Señor, envía el Espíritu Santo sobre estas vidas; envía, Señor amado, tu gracia. Extiende tu mano y saca del pozo de la desesperación a aquellos que a ti te ha placido tocar. Ayúdalos y bendíceles; lávalos con tu preciosísima sangre. Y permite que puedan comenzar nuevamente contigo hasta la eternidad. En el nombre de Jesús.

Dios te bendiga, Dios te guarde, te salve. Si quieres comunicarte conmigo, ésta es la dirección: Rafael Torres Ortega, Apartado 635, Bayamón, P.R. 00960. Que Dios te bendiga y la paz de Dios sea contigo y con los tuyos. Muchas gracias y adiós....

Transcripción exacta del programa televisivo
"Encuentro"
Anfitrión: Rafael Torres Ortega

Introducción (voz del locutor: Bolívar Marín)

"¿Qué busca el hombre de hoy con tanto afán? ¿quizás la fama? Y para lograrla a veces hace cosas descabelladas. Otros van tras las riquezas, esperan ser felices en la opulencia. El poder es la meta de otros, dominar a los demás, riendas que no querrán soltar. Otros buscan descubrir lo que nadie ha descubierto, aunque en el mundo nada hay de nuevo. En lo profundo de la tierra o del mar hay quienes buscan tesoros perdidos, todos buscan en una forma u otra, buscan felicidad. Pero la búsqueda que realmente les dará mayor felicidad, es aquella que conduce al "Encuentro con Jesús". Y ya con ustedes, el Lic. Rafael Torres Ortega, en su programa 'Encuentro'."

(Voz del pastor Torres Ortega):

"Señoras y señores, muy buenas noches. Bienvenidos al púlpito televisivo del programa 'Encuentro'. 'Encuentro' se origina en los estudios principales de la Cadena Encuentro Visión en la ciudad de Bayamón, y llegamos a ustedes a través de los canales 34, 42, 64 y un sistema de cable que nos permite cubrir prácticamente toda la isla de Puerto Rico.

Soy vuestro compañero de milicia cristiana, mi nombre es Rafael Torres Ortega, y soy el pastor de la Iglesia de Cristo Defensores de la Fe, que ubica en la carretera 167 de Bayamón a Comerío antes de Rexville Plaza.

Estamos alegres, felices por la oportunidad que Dios nos concede de hablar de Él, de dar testimonio de la potencia y de la realidad, de la hermosura del Evangelio; y sobre todas las cosas, el privilegio que usted me da, de permitir entrar a su casa por medio de este programa.

Lo vamos a hacer hoy con cariño; hoy tenemos algo completamente diferente. Una experiencia que vamos a narrar, una vida, tantas cosas lindas, tantas cosas hermosas.

No vamos a hablar nada desagradable. Por el contrario, hay una cosa que se llama testimonio, vamos a testificar, a testimoniar de lo que el Evangelio ha hecho. Lo que es el Evangelio, la definición clásica de lo que es el Evangelio de Cristo y cómo éste impacta, y de cómo las vidas impactadas por el mismo cambian.

Señor director, vamos a colocar ante la consideracion del pueblo televidente a una joven, producto de nuestra iglesia, que se llama Yolanda Montes, y ella canta para ti así."

(Se canta la alabanza "Necesito tenerte Jesús siempre junto a mí")

(Nuevamente la voz del pastor Torres)

"Señoras y señores, esta noche el púlpito televisivo del programa 'Encuentro' va a tener una tónica completamente distinta. No podemos dejar de decir lo que hemos visto y lo que hemos oído. Pero también, lo que Dios ha hecho en nuestras vidas. En el programa de hoy estamos indentificados de una manera especial con lo que se va a decir, narrar, contar. Y créame que me siento sumamente complacido y esperamos que las páginas de nuestro libro personal, al descorrerse, pueda usted entendernos y a la vez disfrutar de una vida completa dedicada a mi Dios y a mi Señor.

'Vete y cuéntale a los tuyos', así le dijo Jesús a aquel hombre que vivía en Gadara. La obra de liberación y de salvación que llevó a cabo el Maestro transformó a aquel hombre encadenado, ligado por los demonios, separado completamente de la sociedad, enajenado, loco. Ni aún las cadenas podían aguantarlo. Hasta que un día llegó Jesús a la tierra de Gadara. La Biblia dice que lo sanó, lo libertó. Cristo decide retornar para seguir predicando en su tierra a los suyos el Evangelio. Aquel hombre liberado, sanado, que Cristo hizo que volviese a la realidad, despertando aquel hombre de un letargo infernal. Él quiso quedarse con el Maestro, pero Él le dijo: 'No, tú te vas a quedar aquí. Vete y cuéntale a los tuyos, dile lo que Dios hizo contigo, y que ha tenido de ti misericordia'. Esto se lo dijo estado sentado este hombre con Cristo en pleno juicio, en una mesa. Cristo se fue, retornó a su ministerio, a llevar a cabo, a realizar aquella obra para la cual el día había sido programado. Y aquel hombre, el gadareno, aquel ciudadano de Gadara fue y cumplió cabalmente la comisión que Cristo le encomendó.

Estamos llevando a cabo una comisión, una obligación, una labor, una responsabilidad y sentimos satisfacción. Pero detrás de este ministerio (ministerio entre comillas, yo lo llamo compromiso y mi obligación con Aquél que me llamó de las tinieblas a la luz) hay unas figuras, hay otras personas, hay un hogar, hay una familia; y hoy vamos a descorrer el velo. Vamos a contarle cosas, que quizás nunca le hemos contado a usted. Hoy vamos a decirle a usted, qué pasa dentro de las cuatro paredes de la casa pastoral. De lo que una vez fue la casa de un abogado, luego convertido al Evangelio, luego abandonó la profesión, luego se constituyó, por un llamado divino, en pastor de la única iglesia que he dirigido desde que Dios me llamó de las tinieblas a la luz, y de la cual he sido miembro hace más de cuarenta años. ¿Qué ocurre, cómo es el ambiente, qué pasó? No vamos a narrarle una novela, no creo en la s novelas. En las novelas de filo literario sí, en las chavacanas de la television que corrompen y destruyen no. Pero le vamos a abrir una de las páginas de las tantas que aparecen en nuestra familia, en nuestro hogar, en nuestro matrimonio. Esperamos que esta información que le vamos a dar, sencilla, limpia, pura, clara verdad sea para que usted me permita a mí llegar. Y luego de terminado el programa, al filo del programa 'Encuentro', usted pueda tener una idea más clara, más precisa de quién y de qué se compone la familia pastoral.

Lo hacemos porque estamos celebrando una fecha muy especial, Y de ese evento y de ese acontecimiento, le vamos a contar, dialogar, compartir en la noche de hoy. Es sumamente interesante. No tenemos temor de exponernos bajo ninguna circunstancia, porque hemos vivido una vida cristalina, limpia, desde que Cristo nos sacó un día del pozo de la desesperación, de las arenas movedizas, puso nuestros pies sobre la peña, y nos dio una nueva canción. Y de esa nueva canción, antes y después de conocer a Jesús, vamos a contar. Señor director, vamos a colocar frente a la pantalla del televisor a una jovencita de 18 años, miembro de la Iglesia de Cristo Defensores de la Fe, que aspira a estudiar medicina, y que yo sé que lo va a lograr, porque viene de una madre identificada con el Evangelio. Custodia, maestra con su ejemplo, y así deben ser las madres para ver el fruto de lo que ella está viendo en su niña. Esta le canta al Señor, en su letra y música para ti dice así."

(Alabanza)
(Voz del pastor Torres nuevamente)

"Señoras y señores, invité a este programa especial de diálogo familiar a mi esposa Rosa Iris Padilla."

Doña Iris: "Buenas tardes, Dios bendiga al pueblo de Dios y me siento sumamente contenta, por haberme invitado a tu programa."

Pastor: (Risas) Nos casamos tú y yo, ¿cuándo?

D.I.: "En el '58."

P: "¿Qué día?"

D.I.: "El 26 de julio de 1958."

P: "Así que cumplimos cuarenta y dos años de casados."

D.I.: "Si Dios permite en julio 26."

P: "Muy bien, ¿dónde naciste?"

D.I.: "En Naranjito."

P: "¿Barrio?"

D.I.: "La Jagua de Naranjito."

P.: "Donde yo prácticamente viví por cuatro años. (Risas) Tú estudiaste en Naranjito."

D.I.: "Exacto."

P.: "Luego, ¿estudiaste dónde?"

D.I.: "Luego pasé a San Juan. Estudié en la Central, luego en el Colegio Royal Greck de San Juan en la Fortaleza. Luego fui a estudiar a la escuela graduada del Doctor Hugo Serrano."

P.: "Una maestría en Consejería Pastoral."

D.I.: "Exactamente."

P.: "Muy bien. Fuimos novios cuatro años."

D.I.: "Cuatro largos años, pero buenísimos."

P.: "Muy bien. Cuando yo te conocí, yo era estudiante del colegio de derecho...no, estaba estudiando el bachillerato."

D.I.: "Estabas culminando el bachillerato."

P.: "Muy bien. Después entré en el Colegio de Derecho tres años, y ahí cumplimos tres años de novios."

D.I.: "Yo estaba en segundo año de escuela superior."

P.: (Risas) "¿Cuántos años tenías cuando nos hicimos novios?"

D.I.: "¡Quince años!"

P.: "Quince años y yo no voy a decir los mios... (Risas) Eran bastantes...y te conocí una noche, no, te ví."

D.I.: "Una invitación que me hicieron, regularmente mi mamá era bien fuerte y no me dejaba salir, a menos que ella no fuera. Una prima mía luchó para que me dejaran ir a unos rosarios..."

P.: "Cantados."

D.I.: "Nunca los había escuchado y quise ir a ver cómo eran."

P.: "Allí estabas cuando a mí me invitaron también y nos vimos...a media luz. (Risas) ¿No es así? Yo te vi a ti."

D.I.: "Yo estaba en el balcón, creo que con mi primo, mientras adentro cantaban los rosarios, y alguien me llamó. Quiero presentarte a este joven. Mire así, seguí cantando con las personas que estaban cantando, y ahí quedó la situación. Pero, ¿qué pasó en ti?"

P.: (Risas) "No, terminaron los rosarios, tu madre te vino a buscar."

D.I.: "Exacto."

P.: "Muy bien. Y yo me fui detrás de ti, sin tú saberlo (Risas)."

D.I.: "Ahhh...Ahora lo sé."

P.: "¿Y qué pasó esa noche? Dile a la gente. Es simpático, te traje para que esta gente sepa quiénes mi esposa y yo somos."

D.I.: "Esa noche, recuerdo que al lado de mi casa había como una pequeña tiendita de campo. Y antes se usaban las 'velloneras' [rocola, traganíquel]. Y yo me fui a dormir porque mi mamá era fuerte."

P.: "Y es fuerte...(Risas)"

D.I.: "Y yo escuchaba que en la 'vellonera' tocaban un disco que decía, 'Te declaro mi amor'."

P.: "¿Oh sí?"

D.I.: "¿Cuántas veces lo escuchaste? (Risas)"

P.: "Era a 'vellón' [níquel]. (Carcajadas)"

D.I.: "Exacto, yo creo que te amaneciste tocando ese disco.Yo en sueños escuchaba ese disco."

P.: "Muy bien, ahí se inició luego un noviazgo."

D.I.: "Pasó algun tiempito, y recuerdo que a pesar de que yo tenía una corta edad, y era católica, buena católica, iba a misa los domingos, confesaba los sábados, era ferviente. Yo tenía un tío que era alcohólico, y tenía a mi papá que le gustaba el juego, mi mamá fumaba y mi papá fumaba. A mi corta edad yo decía, 'nunca voy a tener un novio que fume, que beba o que juegue'. Yo veía a mi tía que sufría muchísimo con mi tío alcohólico, y mamá que sufría muchísimo porque a mi papá le gustaba jugar, y jugaba en el casino y perdía todo. Mi mamá y mi papá fumaban y no me gustaba la ceniza del cigarrillo, así que ya Dios me estaba preparando el camino para lo que iba a suceder luego.

Me decía mí misma, 'no me voy a enamorar de un hombre que fume ni que beba ni que juegue'."

P.: "Y me encontraste a mí."

D.I.: "Y me encontré contigo."

P.: "Soy tu príncipe azul." (Risas de ambos) "Estoy dialogando con mi esposa, porque cumplimos cuarenta y dos años de casados. Y creo que es la primera vez que nosotros descorremos el velo para hablar de estas cosas bonitas que todavía las recordamos y que echaron raíces en nuestro noviazgo y luego en nuestro matrimonio. Y seguimos en el matrimonio."

D.I.: "Eso fue así."

P.: "¿Tú te graduaste primero que yo?"

D.I.: "Comencé a trabajar primero que tú."

P.: "Y yo estaba en el colegio de derecho."

D.I.: "Exactamente."

P.: "Ok, nos casamos estando yo en el colegio de derecho en el último año."

D.I.: "Sí, tú estabas en el tercer año. Yo trabajaba y tú trabajabas de noche dando clase a los veteranos, ¿te acuerdas?"

P.: "Así es. Y tú en el municipio."

D.I.: "No, yo trabajaba en Méndez y Compañía para aquel entonces."

P.: "Cuando éramos novios."

D.I.: "Exacto, y tú dabas clases de noche y de día estudiabas leyes. Fueron años bien difíciles."

P.: "Luego cuando me gradué, pasaste a trabajar al municipio de Bayamón.con el Lic. Latoni."

D.I.: "Lic. Latoni, sí, Ramos y Latoni."

P.: "Abogados, porque tú fuiste secretaria, eres secretaria..."

D.I.: "No estudié eso, estudié dos años en contabilidad, pero aprendí también a trabajar con abogados."

P.: "Muy bien. Nos casamos el 26 de julio de 1958. El 26 de julio cumplimos cuarenta y dos años de casados. O sea, que yo quiero que usted comprenda que para yo poder terminar mi carrera, mi esposa trabajaba, yo enseñaba en la escuela de noche, en la escuela superior en Bayamón, y ella trabajaba de día. Y nos casamos."

D.I.: "Y los sueldos de maestro ¡eran tan altos! (Risas de ambos) Creo que el sueldo tuyo eran cincuenta y tres dólares mensuales."

P.: "Lo que daba era una clase."

D.I.: "Dabas dos clases, y con eso pagabamos la casa, gracias a Dios."

P.: "Pagábamos cincuenta y cinco dólares de casa. Muy bien. Ehh, como no teníamos dinero sino amor, cariño, porque nos enamoramos, empezamos a prepararnos para la boda. Compramos muebles Luis XIII, Luis IX y Luis XV. (Risas de ambos)"

D.I.: "Hicimos una alcancía de pesetas, ¿te acuerdas? Y con esa alcancía reunimos quinientos dólares y compramos la opción de una casa en Sierra Linda. Luego esa casa no nos gustó, la vendimos a tu hermana y compramos en Flamingo."

P.: "Al casarnos, dile a la gente cuántos platos compramos, porque no teníamos dinero. (Risas de ambos)"

D.I.: "(Entre risas) Un caldero, una olla, cuatro platitos y dos tazitas. Lo indispensable, pero la casita estaba muy bien decorada."

P.: "¿Cuántos tenedores?"

D.I.: "Lo indispensable para dos personas.(Risas)"

P.: "(Entre risas) Y los muebles, ¿eran de Luis XV?"

D.I.: "Los muebles, fuimos a Tartak, pero era cuando ellos vendían cosas baratas y pequeñitas."

P.: "Y un televisor de un cajón. Compramos una cama de dormir y no habían closets."

D.I.: "La casa era alquilada, acuérdate, y los veteranos te hicieron como una percha en uno de los cuartos y allí pues acomodábamos la ropa. Pero éramos felices, y somos felices."

P.: "Somos felices. Y allí fue donde primeramente hicimos contacto con el Evangelio."

D.I.: "Es que Dios es terrible, fuimos a vivir la casa de Sierra Linda; nos la entregaron pero Dios permitió que no nos gustara. Tuvimos que esperar que nos construyeran la casa en Flamingo y nos mudamos a vivir al lado de la familia Montañez en Vista Alegre. Una casita de cemento lo más bonita, pero Dios permitió que fuéramos allí para conocer una familia cristiana."

P.: "Exactamente."

D.I.: "Y lo grande de todo esto, que no nos entregaron la casa en Flamingo hasta tanto tú no te convertiste al Evangelio. O sea, había un propósito divino vivir en aquel lugar."

P.: "A los dos años de casados tuvimos a Nany."

D.I.: "Iris Nanette. ¡Ah, pero estás diciendo la edad de Nany, vas a tener problemas...! (Risas)"

P.: "Lo importante es que ella es la mayor. Y si la memoria no me es infiel, esa familia nos pidió a Iris Nanette para presentarla en el templo Defensores de la Fe."

D.I.: "Mi hija se enfermó y le dio pulmonía."

P.: "Por poco se muere."

D.I.: "Fue hospitalizada en el Hospital Presbiteriano. Tú estabas estudiando para la reválida. Dios fue tan lindo, nosotros no teníamos dinero para pagar el hospital, pero un tío mío cubrió todos los gastos de hospitalización de la niña, y allí yo estuve quince días con quince noches. Nuestros vecinos que eran evangélicos fueron a orar por mi niña. Lo que a mí me asombró es que yo pasaba las misas de rodillas, ¿te acuerdas?"

P.: "Claro."

D.I.: "En la calle Comerío donde estaba la iglesia de don Lolo, casi frente la Iglesia Católica a la cual tú y yo asistíamos. Creíamos fervientemente que los católicos tenían la verdad, confesábamos, comulgábamos, éramos fieles, pero cuando mi niña se enfermó, extrañé a los sacerdotes, a las monjitas, a mis hermanos católicos. Pero sin embargo, aquellos evangélicos, la familia Montañez, mis vecinos, fueron a orar por mi niña. Desde que ellos oraron por mi niña, ella comenzó a mejorar y cuando el médico en la tarde la 'chequeó', el médico dijo: 'Gracias a Dios, ya yo veo que la niña se va a salvar'."

P.: "La anciana Benny Montañez fue vital."

D.I.: "Doña Amalia Montañez y doña Benny Montañez, mujeres de Dios que daban testimonio de que algo diferente había en ellos."

P.: "Mientras yo estudiaba para la reválida, tú trabajabas y ellas cuidaban la niña."

D.I.: "Doña Amalia me cuidaba la niña."

P.: "Muy bien. Ellas nos pidieron un día que le diéramos la niña para ser presentada en la iglesia evangélica."

D.I.: "Exacto. Cuando la niña me la dieron de alta, imagínate tantos días sin dormir, doña Beni me dice: 'Ahora tú vas a dormir y yo voy a velar la niña. Yo me acuerdo que ella puso una silla al lado de la cuna en el cuarto de mi niña y allí se amaneció. Eso me supo a gloria, yo sé que yo caí en la cama y no supe más nada. Doña Beni atendía mi niña, le daba bibí y me la atendió mientras yo descansaba. Eso no lo hizo más nadie por mí."

P.: "Ni aún nuestros familiares."

D.I.: "Ni aún nuestros familiares."

P.: "Nany fue al templo primero que nosotros, al templo Defensores de la Fe."

D.I.: "Bueno, en agradecimiento a esta familia, ellos me pidieron a la niña para ser presentada al Señor. Había un contratiempo. Primero no eramos evangélicos. Yo era católica, tú eras católico y cuando me pidieron la niña lo consulté contigo. Recuerdo que te dije, 'Esta familia ha sido muy buena con nosotros, tengo un agradecimiento muy grande para ellos'; y tú dijiste: 'Bueno, pues vamos a dársela'. Y así fue como comenzó todo."

P.: "La hoy pastora, fue la primera que llegó al templo. Luego llegué yo, luego mi esposa, y de ahí pasamos al templo grande que presidimos en la ciudad de Bayamón."

D.I.: "Y fue la primera que llegó, porque fue presentada al Señor."

P.: "Ella fue la primera que llegó. O sea, que no es una casualidad que hoy sea una pastora de alta calidad, una muchacha sumamente y excesivamente brillante. ¿Cuántos hijos tuvimos o tenemos?"

D.I.: "Tenemos cinco hijos."

P.: "Cinco hijos."

D.I.: "Iris Nanette, Dorcas, Vanessa, Rafy y Rolando."

P.: "Tres mujeres y dos varones. ¿No es así? Muy bien. Todos estudiaron en la universidad."

D.I.: "Gracias a Dios. Todos estudiaron en la Universidad de Puerto Rico. Mis primeras tres niñas con beca. Y los demás niños también por sus notas."

P.: "Todos son profesionales."

D.I.: "Yo siempre le he dado a Dios gracias por eso. Tú le decías a tus hijos, especialmente cuando te llamaron al pleno ministerio: 'Dinero no les puedo dejar, pero sí una buena educación'. Habíamos guardado cierto dinero, mientras tú trabajabas como abogado, para sus estudios. Pero, gracias a Dios que cuando uno es obediente a Dios como lo fuiste tú que lo dejaste todo para servir al Señor, Dios nos dio lo más maravilloso, unos niños inteligentes, sanos. Por eso yo le doy gracias a Dios todos los días, porque mis hijos salieron sanos, una mente clara, inteligentes, buenos, unos niños de los que yo me siento bien orgullosa y todos los días cuando madrugo cada mañana le digo: 'Señor, gracias por mis hijos'. Tienen unos sentimientos tremendos y gracias a Dios todos completaron sus estudios."

P.: "Estamos hablando de Nany, un bachillerato y luego una maestría, estamos hablando de Dorcas, un doctorado en física."

D.I.: "Mi hija Dorcas, la Universidad Interamericana la becó después de su maestría para estudiar su doctorado en física en España."

P.: "Y lo terminó. Y luego viene Vanessa, que es química."

D.I.: "Vanessa tiene varias profesiones, porque en la farmacéutica ella tiene su bachillerato en química, luego continuó con ingeniería ambiental, maestría en computadora y cuántas cosas. Tiene varias profesiones."

P.: "Ella pertenece a la jerarquía, es presidenta de la institución. Rafy estudió también."

D.I.: "Rafy estudió su bachillerato también en la Universidad de Puerto Rico, lo terminó con altos honores, y terminó su maestría en recursos humanos en la Universidad Interamericana."

P.: "Y Rolando, que es químico."

D.I.: "Mi hijo, el más pequeño, Rolando, es químico y trabaja en una farmacéutica en Manatí."

P.: "¿Te sientes feliz?"

D.I.: "Yo me siento realizada, porque yo siempre le pedí al Señor: 'Señor, yo no quiero que mis hijos dependan ni del gobierno ni dependan de ninguna persona, sino que ellos puedan sostenerse. Tú le has dado la capacidad y la inteligencia, y así ha sido. Yo pensaba, a lo mejor alguno va a estudiar leyes como su papá, pero ninguno escogió la carrera de leyes, cada cual escogió la suya. Nosotros nunca le impusimos."

P.: "Exactamente. Carreras."

D.I.: "No lo que quisiéramos nosotros que ellos estudiaran, nunca se lo impusimos, sino lo que ellos escogieran. Todos se fueron por diferentes caminos. Ciencias Naturales casi todos, excepto Nany que cogió su bachillerato en Sociales porque quería ser abogada y luego pues encaminarse a juez, si la nombraban. Pero Dios, cuando ella terminó su bachillerato la escogió para un camino mejor."

P.: "Dios la llamó. Concepto que Iris Padilla tiene de la familia, a base de la familia que hemos levantado."

D.I.: "No puede haber nación sin familia y no puede haber familia si Dios no es el centro de esa familia. En estos tiempos se ha canalizado la familia en un medio círculo frente a la television. Yo pienso que no hay familia sin un círculo de oración, una familia que comunica, que ora, que habla con Dios, que van a la iglesia juntos, tiene un cien por ciento para perseverar y permanecer unidos, y esa familia nadie la puede romper. Cuando existe unión y comunicación es como hacer un cerco al lado del precipicio. Es una forma de proteger a la juventud. Que exista amor, un corazón ardiente, húmedo, no una cabeza caliente sino un corazón tierno."

P.: "Además, ¿qué piensas del matrimonio, tomando en cuenta el nuestro de cuarenta y dos años?"

D.I.: "Nos casamos bien enamorados (Risas), y seguimos enamorados. Yo te amo, tú me amas..."

P.: "Caminamos juntos."

D.I.: "Siempre estamos juntos."

P.: "No importa los países que yo he visitado, mi esposa me acompaña."

D.I.: "Y una de las cosas más importantes, yo sé que el tiempo se acerca, tú vas a cumplir sesenta y nueve años, yo no voy a decir la edad pero ya estoy en las seis décadas, y todos los días cuando yo estiro la mano y sé que tú estás ahí, los huesitos de las piernas los toco... (Risas de ambos) Estás ahí. Yo digo: 'Señor gracias, todavía está mi marido ahí, si algún día yo le falto o él me falta te tengo que seguir dando gracias porque han sido cuarenta y dos años de felicidad. Que han habido problemas, discrepancias, en todo matrimonio hay discrepancias, pero el común denominador es la comunicación y especialmente Jesucristo en el centro. Cuando Jesucristo está en el centro uno empieza a analizar todo lo bueno que tiene su pareja. Y cuando uno analiza las cositas malas que pueda tener las rechaza, porque si ellos nos perdonan a nosotras las cosas malas que tenemos, todos tenemos nuestro ladito obscuro, tenemos que perdonar. La base del matrimonio cristiano: número uno, Jesucristo; segundo, la comunicación; y tercero, el perdón. Cuando uno aprende a analizar y a entender y a comprender que esa pareja que Dios te dio no es perfecta sino es un hombre, es humano con sus errores y con sus virtudes, aprendes a canalizar sus valores y a amarlo tal cual es, no comparándolo con nadie sino tal cual es, tú eres feliz. Y yo te tengo que confesar en esta noche que yo soy la mujer más feliz del mundo, que no me cambio con nadie. Esta mañana te decía, 'Rafael, si Dios te permitiera retroceder en el tiempo'; tú me dijiste, 'No, yo he sido feliz, quiero seguir así con mi edad'. Y yo te dije, 'Yo lo mismo, no quiero volver a empezar'. El caminar de nosotros no ha sido fácil, comenzamos sin nada, trabajamos duro, fuerte, y seguimos trabajando fuerte, pero hemos criado una familia honesta, seria, responsable y honrada. Y eso me llena de orgullo."

P.: "En esos cuarenta y dos años yo nunca me he ido de mi casa."

D.I.: "Jamás."

P.: "Ni tú tampoco."

D.I.: "Jamás. La crianza antigua era tan diferente, ¿verdad? A mí me educaron a tener un solo novio, un solo esposo. ¡Qué difícil hubiese sido si tú no hubieses sido bueno, ah!

P.: (Risas)

D.I.: "Y hubieses sido un maltratante...(Risas)"

P.: "Tú no hubieses aguantado. (Risas)"

D.I.: "La educación fue diferente."

P.: "Tú le dabas con el caldero por la cabeza...(Risas) A base de nuestra fidelidad, y de la fuerza de ese matrimonio nuestro, ¿cómo eso ha afectado a nuestros hijos?"

D.I.: "Yo veo a mis hijos y le doy tantas gracias a Dios, porque verdaderamente Dios nos dio la capacidad, la sabiduría y el entendimiento para criarlos en el Señor. Darles ese amor y el calor de hogar. Porque hoy hay mansiones de casas hermosas, pero no hay hogar. La responsabilidad como padre o madre es una responsabilidad mía, no es una responsabilidad del gobierno ni de la maestra ni de la iglesia, es mi responsabilidad. Criar mis niños que sean estables, emocionalmente hablando. Y me siento orgullosa porque mis hijos están estables. Fueron educados, aman a Dios sobre todas las cosas y también son buenos servidores públicos. Trabajan y no viven de la nación sino que aportan a la nación, y eso me hace sentir a mí feliz."

P.: "Se casaron todos, salieron de mi casa. ¿Cómo es la relación de nuestros hijos que se fueron?(Risas)"

D.I.: "Hay que decirles, '¡Soo!', espantarlos, porque si por ellos fuera vivieran en mi casa. ¿Y mis nietos? Mis nietos hay que tenerles su cuarto, y hay que decirle, 'Calienten sus casas de vez en cuando'."

P.: "Los cuartos que mis hijos desocuparon, ahora vinieron los nietos. ¿Tenemos cuántos?"

D.I.: "Tenemos seis nietos."

P.: "Y uno que viene de camino."

D.I.: "Seis y medio."

P.: "Casi siete nietos. Nos reunimos en familia."

D.I.: "Exacto, nos reunimos los sábados, los domingos, los días de fiesta, Acción de Gracias, Noche Buena, Año Viejo, Cumpleaños; bueno, siempre hay un 'revolú' para celebrar."

P.: "Les gusta estar en nuestra casa."

D.I.: "Les encanta y a mí me fascina que ellos vayan."

P.: "Nuestra relación con ellos es de amistad, compañerismo, amigos."

D.I.: "Bueno, además de padre y madre, porque estamos ahí cuando tenemos que aconsejarlos o hablarles fuerte o hablarles dulce porque esto es la vara y el callado. Es una relación de amigos, nos hablan sus problemas, nos cuentan todo, tenemos una comunicación abierta. Cuando tienen problemas y están tristes, los consolamos; cuando tienen necesidad económica les ayudamos."

P.: "Señoras y señores, estamos abriendo una página, no en el internet (Risas),sino en nuestro diario vivir de cuarenta y dos años. Soy marido de una sola mujer, y mi esposa es esposa de un solo hombre. Cinco hijos, mayores de edad, profesionales, seis nietos, cuatro varones y dos niñas y el que viene. El que viene es varón, así que los varones prevalecen."

D.I.: "Van corriendo al frente los varones."

P.: "Y las dos nietas, encantadas de la vida... (Risas)"

D.I.: "Se quedaron reinando."

P.: "¿Cómo ayudó el Evangelio?"

D.I.: "Bueno, cuando tú te convertiste, que fue para los años sesenta, viniste al Señor. Al principio, como dice la Biblia: 'No he venido a traer unión sino división', para mí fue un caos. Eso fue horrible, porque a mí se me había educado en la religión católica, amaba mi religion, servía en mi religión.

A mí me dijeron que esa era la verdad, la única verdad, no conocía otra verdad y cuando te convertiste al Evangelio fue un choque fuerte. Luego tú entraste en ese primer amor (Risas), vivía en la iglesia. Ayunaba, salía de la oficina y se quitaba el gabán, le quitaba el mapo al conserje y le decía: 'Déjame 'mapear' [trapear] la iglesia'; eso fue una conversión radical."

P.: "Después los jóvenes."

D.I.: "Después tomaste los jóvenes."

P.: "Estábamos tres y cuatro días encerrados en ayuno y oración."

D.I.: "Exacto, y yo no entendía eso, no lo podía entender. Yo te acompañaba a la iglesia, porque siempre fui una esposa obediente, pero mi corazón no estaba ahí. Mis ojos estaban abiertos para ver los errores que se cometían para criticar. Vi también muchas cosas bonitas, positivas; vi en una ocasión cuando Dios te usó orando por un enfermo y el Señor le sanó una llaga cancerosa. Vi cuando Dios te usaba para orar por los jóvenes y eran liberados. Vi cosas que me espantaron, como ver demonios ser reprendidos y echados fuera en el nombre de Jesús, pero no le había dado el corazón a Dios como debe ser. Recuerdo que me convertí en mi casa con el Rev. García."

P.: "David García Madera"

D.I.: "Comencé a hacer pininos en el Señor y a ser buena contigo, pero cuando llegabas de predicar, en vez de estar tranquila había un poder en mí que me hacía hacer lo que yo no quería hacer como dice el apóstol Pablo; y en vez de recibirte con amor entonces comenzaban las discordias. Te decía cosas que te ofendían porque no entendía por qué tú tenías que salir a predicar cuando salías de la oficina en vez de quedarte conmigo y con mis hijos. Hasta que un día Dios se reveló a mi vida. Yo recuerdo que un día tú saliste al barrio Campanillas a predicar y yo me quedé bien molesta. Y estaba tan molesta que me arrodillé a orar y le dije: 'Mira, Señor, si tú estás con esos 'aleluyas' locos, alborotadores, gritones (pensaba yo que no estaba ahí), que yo me pueda convertir a ti. Pero si tú no estás con ellos, saca a mi esposo de esos locos; y si él no va a salir de ahí, mejor llévame'. Se me olvidó que yo tenía dos niñas y me acosté a dormir. Ahí fui tomada y llevada en el Espíritu a diferentes lugares. Primeramente, visité mi iglesia, la que yo tanto amaba, la católica, y contenta porque desde que estaba visitando contigo la evangélica no había podido ir. Entonces me arrodillé ante las imágenes. De repente sentí que una venda se me quitaba de los ojos y pude observar como detrás de cada imagen se anidaban muchos demonios, bien pequeños. Ellos abrían mis poros y penetraban mi piel. Me asusté tanto en el sueño que recordé los dichos evangélicos: 'El Señor te reprenda', y así lograba que se apartaran de mí. Fue tanto el temor que de allí salí huyendo y me refugié en la iglesia evangélica. Allí sucedió una cosa bien hermosa. Vi un personaje maravilloso, hermoso, vestido de blanco, vi su cabello pero su rostro era indefinido. Su ropa me impresionó; en la calle Comerío el altar era altito..."

P.: "Alto, sí."

D.I.: "...Y el ropaje de ese personaje llegaba casi hasta la mitad del pasillo. Y yo veía a aquellos que yo criticaba, vestidos de blanco con unas copas de oro en las manos; y yo observaba cómo en una fila iban y entregaban esas copas a ese personaje. Eran recibidos y enviados a un lugar especial. Yo me acomodé en aquella fila porque había salido corriendo huyéndole a los demonios, pero cuando yo me miré mi ropa no era blanca sino de un color normal, y no tenía copa. Miré hacia el lado y vi una copa de metal y la agarré. Los hermanos tenían tantos frutos en sus copas que se desbordaban y caían al suelo. Entonces yo me doblé y comencé a recoger frutos de los que se caían y los echaba en mi copa. Al llegar mi turno de presentarme frente a aquel personaje, me dice: '¿Qué traes para mí?' Yo le entregué la copa y en esos momentos Él me miró. Su mirada no era como la del hombre. Era una mirada llena de amor, llena de ternura, no hay palabras que yo pueda describirte a ti como fue esa mirada. Nunca me habían amado como me amó, nunca había sentido una ternura y una sensibilidad como la que sentí en ese día. Y entonces me preguntó: 'Hija mía, qué tú me traes, mira lo que tú me traes'. Yo miré la copa y de la copa salían gusanos. Una de las cosas que más terror yo le tengo es a los gusanos, hasta los gusanos que salen en los gandules [granos], salgo corriendo cuando veo un gusano. En esa visión las manos se me llenaron de gusanos y yo tiré la copa en el piso y comencé a sacudirme los gusanos de las manos. Luego pasamos a otra sección en la visión y me vi en un lugar lleno de flores, todas vivas, y los árboles adoraban a Dios en el silbido apacible. Todo adoraba a Dios, ¡qué lugar más maravilloso y hermoso! Allí ese personaje maravilloso me predicó Romanos capítulo ocho. Jamás podré olvidar ese mensaje, eran palabras vivas que entraban en mi corazón. Yo quería quedarme en ese lugar. Aquel mensaje predicado por aquel personaje maravilloso, que no es otro que Jesús de Nazaret, entró a mi corazón. Entonces pude entender y comprender lo que es el Evangelio. Pude comprender la diferencia de lo que es servir a Dios y servir a los ídolos, pude entender y comprender lo que es la verdadera religión. Me fue predicado aquel mensaje y quedó garbado. Cuando yo despierto pensé que Rafael todavía estaba predicando, pero lo toqué y estaba acostado a mi lado; eran horas de la madrugada. Ante el impacto de lo que yo acababa de vivir en aquel lugar tan hermoso, lleno de paz, de felicidad, era un lugar especial, yo no quería regresar, quería estar en aquel lugar. Pero allá se me dijo: 'Hija, si quieres estar en este lugar, haced frutos dignos de arrepentimiento'. Esas fueron sus últimas palabras. Yo despierto llorando, gritando desesperada, y lo único que salía de mis labios era la palabra: 'Perdón. Perdóname Rafael, perdóname Rafael'. Rafael me decía, 'Mujer cállate, baja la voz, que los vecinos escuchan y van a pensar que yo te estoy haciendo algo'. Y mientras más el me decía eso yo más gritaba, porque era que lo que yo vi y sentí era tan grande que estuve más de treinta minutos pidiéndote perdón. Y yo te decía: 'Yo tengo que pedirle perdón a mi iglesia, yo tengo que pedirle perdón a mi pastor don Leonardo Castro, yo tengo que pedirle perdón a doña Catín, yo tengo que pedirle perdón a los hermanos de la iglesia, porque yo los creía tan poca cosa. Para mí eran escoria, porque nosotros teníamos unos planes y en esos planes estaba incluido un puesto grande en el gobierno y la silla principal, y para eso trabajamos, laboramos y nos sacrificamos. Pero Dios cambió esos planes y yo no lo entendía, hasta ese día. Así lo hice, pedí perdón a mi iglesia, a mi pastor y de ahí en adelante comencé a crecer en el Señor."

P.: "Señoras y señores, este es el púlpito televisivo del programa 'Encuentro'. Traje hoy a mi esposa. Cumplimos hoy cuarenta y dos años de casados y estamos contándoles unas experiencias que por primera vez se narran en la television para que usted vea quiénes somos. Somos una carta abierta, un libro abierto. A veces la gente forma opiniones, ideas, conceptos, porque no saben la verdad. Hemos venido a servir a Dios, estamos sirviendo al Señor, amamos a este pueblo, amamos nuestra gente y sobre todo, amamos a la iglesia de Jesucristo. Regreso en breve al púlpito televisivo del programa 'Encuentro'. Señor director..."

(Pausa comercial)

P.: "Volvemos al púlpito televisivo del programa 'Encuentro'. Permítame hacer un paréntesis para colocar uno de los himnos más hermosos. Me fascina, me encanta a mí, a mi esposa y a la iglesia, cantado por la Coral de Fe. Le pedí al señor director que mostráse esta grabación porque quiero llevarla ante su consideración. Por favor, Josué, vamos a exponer la música de la Coral de Fe, en este mensaje cantado que para ti dice así..."

(Himno de la Coral de Fe "Gloria Cantemos")

P.: "Este es el púlpito televisivo del programa 'Encuentro'. Estamos hoy dialogando con mi esposa de cuarenta y dos años de casados. Dile a este pueblo televidente cómo ha sido la labor pastoral y ministerial entre tú y yo... (Risas)"

D.I.: "Como dije antes, nosotros teníamos planes, eso fue antes; antes y despúes de Cristo. Cuando tú te graduaste de abogado, yo me dije,

'Bueno, ya yo no tengo que trabajar tanto', y así fue. Dios te habló que yo dejara mi trabajo, y me quedé en mi casa. Lo que siempre me gustaba era criar mis niños, porque yo entiendo que de cero a cinco años, se forma la personalidad del ser humano. Para mí esos años eran vitales para yo estar junto a mis niños en la casa. Y como tú comenzaste tu oficina, abriste tu pequeño bufete, se pusieron las cositas un poquito buenas. Enseguida dejé mi trabajo y pensé que jamás yo volvería a trabajar. Pero se me olvidó que un día Dios te había llamado, y ahí comenzó el trabajo triple y no fue fácil. Comenzó una etapa de acoplamiento un poco difícil. Lo más interesante de todo esto es que cuando Dios te llamó al pleno ministerio, quince años después fue que se cumlió esa profecía. Mientras tanto, tú estabas trabajando, tenías tu oficina, todo marchaba bien, pero nosotros siempre sabíamos que Dios te había llamado al pleno ministerio, que algún día tú ibas a ser pastor."

P.: "A tiempo completo, porque pastor era ya."

D.I.: "No, eras pastor a las dos semanas de haberte convertido. Yo recuerdo que te pusieron a predicar y el anciano y antiguo pastor don Lolo me dijo: 'Pronto yo voy a caminar un camino...y Dios ya me trajo mi sustituto'. Yo no entendía nada de eso, siempre me decía eso y yo no quería entender por qué me molestaba mucho. Yo pensaba, 'Tanto sacrificio para que mi esposo terminara su carrera', porque antes no era como ahora que hay becas. Ahora todo el mundo tiene automóvil antes no; se viajaba en las 'guaguitas pisa y corre de peseta' [autobuses]. (Risas) Yo te hacía un 'sandwich' [emparedado], porque no tenías dinero para almorzar y fue un sacrificio terrible. Yo me decía: 'Después de tanto sacrificio, ¿dejar la profesión? No, esta gente está loca?' Y pensaba que tú siempre ibas a ser abogado y que ibas a ser ayudante del pastor. Pero Dios tenía otros planes. Estaba muy cómoda, muy feliz, pero ya Dios nos había enviado mensajes por diferentes personas y comenzamos nosotros a economizar. Nos pusimos de acuerdo, antes lo gastábamos todo, repartíamos a los misioneros, viajábamos y demás, pero el Señor nos dirigió a economizar. El llamado era tan genuino; yo no quería, Dios comenzó a tratar conmigo y cada vez que comenzaba a orar me hablaba: 'Llamo al pleno ministerio a tu esposo'. Yo me levantaba y salía corriendo porque no quería escuchar esas palabras. Pasó un mes y Dios me continuaba diciendo lo mismo. Le dije: 'Señor, acepto tu mandato, pero lo único que te pido es que yo pueda tener un certificado de ahorro para cada niño, que pueda construir mi casa'. Para ese tiempo nosotros vivíamos en Flamingo y la casa comenzó a hacerse pequeña para tanta familia. Nosotros teníamos un terreno de dos cuerdas en Hato Tejas y le pedí al Señor que me dejara hacer mi casa. Dios nos permitió economizar y terminar nuestra casa. La hicimos pagando al contado porque vendimos una propiedad que teníamos en Hermanas Dávila, un terreno que teníamos en Vega Alta, otro que teníamos a la orilla del mar y la casa de Flamingo. Construímos nuestra casa cómoda, de cinco habitaciones, tres baños, marquesina para ocho carros, terraza, piscina y cancha de baloncesto. La hicimos pensando en que nuestros niños no tuvieran que buscar nada afuera y que tuvieran todas sus comodidades para criarse en el Evangelio. Dios nos lo permitió, y lo mejor es que no la debíamos. Economizamos para sus estudios, alguito para Rafael y para mí cuando las cosas se pongan malas y Dios nos lo permitió. Teníamos dos carros saldos. Ahora estábamos listos, no queríamos ser carga. Después pasaron algunas cosas en las que Dios me enseñó a depender sólo de Él. El dinero que guardamos para los estudios de los muchachos no tuvieron que utilizarlo, porque gracias a sus buenas calificaciones recibieron becas. Antes de casarse, se los regalamos a cada uno para el pronto de una casa. Esa es la verdadera historia. Entonces vino el mensaje que tú lo has contado muchas veces."

P.: "Y yo recuerdo que cuando llegó el momento de la desición no fue fácil porque yo tenía cinco hijos, mi esposa y yo, siete, y Juanita, la señora que vive hace muchos años en casa, ocho. Mi problema era el sueldo-...(Risas), porque no es lo mismo una oficina, como era la mía, una oficina próspera (porque yo ejercía mi profesión con honradez, con hidalguía, con honestidad), pero cuando todo se cerró... porque ahí vino la crisis de mi hijo Rafy, ante una negativa de mi parte para ser pastor. Yo quería ser pastor sólo de noche, y Dios me decía que de noche no, que era de día y de noche. Ya le hemos contado la crisis que llegó con uno de mis hijos. Cuando yo me siento con la junta de gobierno de la iglesia me dijeron: 'Solamente le podemos dar trescientos dólares semanales...(Risas) ¡Trescientos dólares para cinco hijos, mi esposa y yo, Juanita (ocho), para el agua, la luz, la compra! ¿Te acuerdas?"

D.I.: "Yo recuerdo que eso tú me dabas para hacer la compra, trescientos semanales, y para la ropa de los niños."

P.: "Ahí comencé yo, trescientos dólares, ahí comenzamos. Pero lo grande de esto es que el Señor me dijo: 'Deja que tu esposa administre el dinero'. Porque es que yo tengo un problema y es que a mí se me pierde el dinero de una manera increíble. ¿Verdad que sí? (Risas)"

D.I.: "Eso es así."

P.: "Mi interés nunca ha sido el dinero, mi esposa lo sabe. O sea, yo no sé, yo estoy abajo, pero mi mente está allá arriba. Y con trescientos dólares nosotros comenzamos, ocho de familia, con nada más que trescientos dólares. Pero empezamos honestamente, honradamente. Toda mi vida he actuado con pulcritud y con honestidad, yo no brego con el dinero de mi iglesia nunca, ni mi esposa ni ninguno de mis hijos. Ni aun la pastora Iris Nanette. Nosotros hemos hecho un reglamento, hemos levantado por muchos años un cuerpo de síndicos que son los que custodian, cuentan, velan y llevan al banco el dinero, así era en aquel entonces.

Luego alquilamos el servicio de la Wells Fargo. Así que el que diga que me ha visto a mí depositando el dinero de la iglesia está mintiendo."

D.I.: "Está mintiendo. Puede ser que te hayan visto ir a un banco a pedir un préstamo para el Canal... (Risas)"

P.: "O para la iglesia... (Risas) cuando yo iba mucho. Pero yo nunca he bregado con el dinero. A estas alturas, yo no firmo los cheques. Ya estoy cobrando el seguro social. Esto no ha sido fácil, no es lo mismo usted verlo de lejos que ver las lágrimas, los sacrificios, las malas noches, la agonía, la persecución, la difamación, la burla, la mofa y lo que más duele es gente de adentro del Cuerpo de Cristo...incluyendo evangelistas, pastores, líderes conciliares y enemigos del Evangelio. Cuando usted actúa con honradez, con honestidad, cuando mis manos están limpias no hay temor. Yo camino con mi frente en alto al igual que mi esposa y mis hijos, que nunca le han sido carga a la iglesia bajo ninguna circunstancia."

D.I.: "Tampoco solicitamos aumento de sueldo, los síndicos mismos entendiendo el costo de la vida lo hacían. Mientras tanto, yo recuerdo el primer sueldo de Rafael, cuando me lo dio en mis manos yo dije: 'Señor, qué yo voy a hacer con esto'. Pues le puse las manos y comencé a orar: 'Señor, multiplícalo'. Nunca me expliqué cómo Dios siempre proveyó. Las nenas mías comenzaron a trabajar en la clínica dental (ya estaban grandecitas) para su ropa. Nosotros teníamos las economías personales y de ahí vivimos en lo que las cosas comenzaron a mejorar en la iglesia. Comenzamos a trabajar de una forma terrible, luego nos mudamos para esta tierra. Yo recuerdo que para construir este templo... ¿Te acuerdas de la guaguita vieja?"

P.: "Claro que sí, hicimos una cafetería."

D.I.: "Había una guaguita vieja en el 'parking' [estacionamiento]. De todo el dinero que teníamos guardado ya habíamos usado una gran cantidad del mismo. Como teníamos un sueldo bajito, usamos nuestro dinero para complementar los gastos de la casa. Me quedaban mil dólares de mis ahorros y yo le dije al Señor: 'Qué yo hago con mil dólares para un templo tan grande que se va a hacer'. Y el Señor me dijo: '¿Qué tú tienes en las manos? Multiplícalos'. Con ese dinero arreglamos la guaguita, la colocamos en el estacionamiento del terreno, la llenamos de mercancía y nunca jamás se había hecho tanto dinero como en aquella cafetería ambulante."

P.: "Cien mil dólares en un año."

D.I.: "Todo el mundo venía a comprar allí. Las hermanas me traían alcapurrias [croquetas], bacalaitos [frituras de bacalao], donas [roscas dulces], bizcochos [tortas]. Nos lo regalaban y nosotros los vendíamos y le entregábamos a la iglesia mil dólares semanales en aquella guaguita. ¿Cómo lo hizo? Dios multiplicó. Yo recuerdo que una amiga mía de San

Juan, vino un día a la iglesia de visita, y yo salí del culto y me fui a la guagua cafetería junto a muchas hermanas amorosas que me ayudaban. Allí
todo el mundo trabajaba para Dios..."

P.: "Incluyendo a mi hermana Ana, que la bajó Dios del pedestal...
(Risas)"

D.I.: "Ana y el esposo, que Dios los tenía allí sirviendo. Yo estaba
bien ocupada recibiendo las órdenes de compra: 'Dame una alcapurria,
dame una empanadilla'; porque en las iglesias evangélicas no hay muchos millonarios. Los templos se construyen con sudor, lágrimas y sufrimientos. Hay mucha gente de clase media y de clase media baja, y pobres
que tenemos que ayudarlos. Así que mi amiga me vio allí y como me conocía de antes me dijo: '¿Tú friendo alcapurrias, tan orgullosa que tú eras
y aquí friendo alcapurrias?' Yo me quedé mirándola y sentí pena, esa es
la verdad, y le dije: 'Mira, mi vida, para mi Dios frío alcapurrias, hago donas, lo que sea para la obra de Dios'. De aquel 'chinchorrito', obtuvimos
cien mil dólares para construir ese templo. Por eso, cuando escucho murmuraciones, vuelvo atrás en el camino y digo: 'Si la gente supiera todos
los sacrificios que se hicieron para construir ese templo'. De allí salíamos
con las piernas hinchadas, y un carrito que Rafael me había comprado, él
siendo abogado, se le dañó la transmisión porque lo cargábamos de re-
frescos para vender allí; y me siento honrada del trabajo que pude hacer
para mi Señor."

P.: "Y yo, para terminar porque la historia es muy larga, estoy dando un resumen. Luego del templo, se levantó una academia, luego vinieron los tres canales de televisión; todo esto es el trabajo de la mejor iglesia del mundo, porque para mí no hay una iglesia como la Iglesia de
Cristo Defensores de la Fe. La amo con todas las fuerzas de mi alma,
porque no es una iglesia rica. Nosotros no dependemos de millonarios
ni de especuladores, dependemos de la fe. Un pueblo lindo, hermoso,
que se vacía."

D.I.: "Sí señor."

P.: "No me pregunte cómo hemos podido lograr los tres canales y un
templo como ese, y la academia, porque sinceramente nunca me he puesto a pensar y ver. No quiero ver, no quiero ser como Nabuconodosor. Yo
sé que está ahí y la gloria es de Dios."

D.I.: "Dios lo hizo."

P.: "Y permítame decirle también, que toda esa propiedad, todos los
canales, la academia, el templo y un terreno que la iglesia tiene en Toa Alta para hacer un campamento pertenece, no a mí, no a mi esposa, no a
mis hijos, pertenece a este complejo que se llama Iglesia de Cristo Defensores de la Fe."

D.I.: "Exacto."

P.: "Nada es mío. Vine con las manos vacías y me iré para el cielo con las manos vacías. Le he dado testimonio a mis hijos de lo que es honestidad, lo que es pulcritud y lo que es honradez. Es cierto que mi hijo fue nombrado por la junta de gobierno, presidente ejecutivo de la telecadena, ha hecho un trabajo descomunal, porque de la nada ha levantado todo esto para la gloria de Dios. Me siento complacido en que mi hija [Iris Nanette] fue nombrada por la iglesia pastora. No pastora asociada, pastora en propiedad. Por Vanessa que está en el departamento de escuela dominical como superintendente y todo lo demás. Estamos contentos, felices, esta mujer y yo somos felices. La amo tanto que cuando yo me muera me la voy a llevar... (Risas)"

D.I.: "Comenzamos nuestra labor a las seis de la mañana..."

P.: "...Y terminamos a las doce de la noche."

D.I.: "Y nos sentimos más que felices, yo me siento joven. El trabajo no mata a nadie, un poquito sobrepeso pero me siento feliz. Sea que fuera flaca o un poco más gordita soy de Cristo y estoy feliz. ¿Qué más quiero de la vida? Y hablando verdad delante de mi Dios. Queremos llegar al cielo y el que va para el cielo tiene que caminar derechito, no puede caminar torcido. Caminar derecho y hablar verdad."

P.: "Señoras y señores, nos tenemos que ir..."

D.I.: "...¿Ya? Tantas cosas que faltan."

P.: "Vamos a decirles que nos queremos mucho."

D.I.: "Nos amamos."

P.: "Nos amamos, nos queremos. Y el mayor testimonio, pregúntele a nuestros hijos. Uno se llama Rafy, otro Rolando, Vanessa, Dorcas, y la pastora Iris Nanette."

D.I.: "¿Sabes qué? Yo siempre digo, 'Si yo me enfermo, Torres Ortega que ore por mí'. Porque yo te conozco y sé de tu integridad, tu seriedad y tu amor por Dios."

P.: "Muy bien. Gracias por haber participado con nosotros. Gracias por darnos la oportunidad de descorrer una página de nuestra historia de cuarenta y dos años y de nuestra envoltura con el Evangelio. Amo a esta tierra, le amo a usted, amo la iglesia de Jesucristo, pero sobre todas las cosas amo a un hombre llamado Jesús de Nazaret, el Caballero de la Cruz. Buenas noches y adiós...."

Lic. Rafael Torres Ortega y su esposa doña Rosa Iris Padilla, en el tradicional corte del bizcocho de bodas, el día 26 de julio de 1958 en Naranjito, Puerto Rico.

Torres Ortega recibe su diploma de abogado de manos del catedrático Lic. Jaime Benítez en su graduación de la Escuela de Leyes de la Universidad de Puerto Rico en el año 1960.

Junto a doña Iris, embarazada de Iris Nanette quien nació una semana después.

Foto de la familia pastoral en el año 1976. De izq. a der. (atrás): Dorcas, doña Iris, Torres Ortega, Iris Nanette. Abajo sentados: Rafael, Vanessa y Rolando.

Foto de la familia en su casa del Barrio Pájaros de Bayamón para el año 1976. De izq. a der. (de pie): Iris Nanette, Dorcas y Vanessa. Sentados (mismo orden): Rolando, doña Iris, Torres Ortega y Rafael.

Colocación de la primera piedra en los terrenos que sería instalada la carpa y donde luego se construiría el templo en el año 1980.

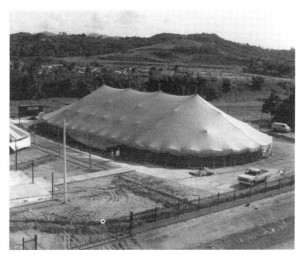

Vista aérea de la gigantesca carpa levantada en los terrenos anexos donde se construiría el futuro templo de la Iglesia de Cristo Defensores de la Fe de Bayamón, P. R.

Vista exterior del templo localizado en la carretera estatal 167 de Bayamón a Comerío, antes de Rexville Plaza.

Corte de cinta en la dedicación oficial del nuevo templo por el pastor Torres Ortega en el año 1984. Le acompañan: Doña Iris, don Ramón Luis Acevedo (Pres. de Síndicos), Sra. Virginia Díaz y el pastor asociado Melvin Torres.

El pastor Torres Ortega y su esposa doña Iris, hacen entrada a las facilidades del nuevo templo, acompañados del Hon. Gobernador de Puerto Rico, Rafael Hernández Colón, en diciembre de 1984.

El pastor Torres comparte con el Evang. Yiye Ávila la noche de la dedicación del templo. Observa el Rev. José Castro, de Radio Redentor, y Rafael Hernández Colón, ex Gobernador de P. R.

En uno de los servicios evangelísticos de la campaña "Cada Alma Ganando un Alma", efectuada en el templo en el año 1986.

El pastor Torres Ortega junto al Evang. Yiye Ávila, en una campaña celebrada en el templo para la semana santa del año 1985. Sentados a su derecha líderes del cuerpo pastoral y la anciana madre del evangelista.

En una entrevista en vivo desde la unidad móvil de Radio Redentor junto al Rev. José Castro. Observa su hijo Rolando.

Al frente de una parada por las calles de Bayamón en una campaña dirigida en contra del maltrato a la niñez.

De rodillas en oración por nuestra tierra en uno de los eventos de "Humillación Nacional", celebrados desde el 1994 al 2003.

En el púlpito de la iglesia, orando por todos los senadores, representantes y alcaldes que presenciaron una de las actividades de "Humillación Nacional" en el año 1998.

En un aparte de la misma actividad saluda a su amiga la Hon. Juez Zaida "Cucusa" Hernández, ex Presidenta de la Cámara de Representantes de P. R.

Torres Ortega sentado junto a su amigo y compañero de estudios, Lic. Rafael Hernández Colón, en un concierto celebrado en el Centro de Convenciones de P. R. a beneficio de la Telecadena Encuentro Visión en el año 1987.

En uno de sus programas televisivos, "Foro Visión", donde fue invitada la candidata a la gobernación, ex Senadora Victoria "Melo " Muñoz.

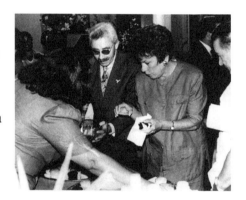

Torres Ortega en una visita oficial al presidente de Paraguay, Alfred Stroessner, en el año 1985.

El pastor en su habitación del hospital de rehabilitación Health South en Miami, Florida. En la pared se observa la cartulina que muestra las huellas de las manos de sus hijos pintadas en colores.

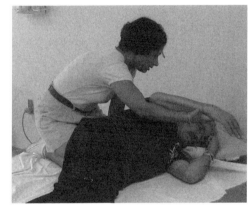

En su jornada diaria, durante más de cuatro meses, recibiendo terapia física por una de las especialistas del hospital.

Celebrando junto a doña Iris su aniversario de bodas número 43 el 26 de julio de 2001 en Miami, Florida.

Torres Ortega junto a Claribel y su hermano Noly y esposa Elba, todos saliendo por última vez de la "casita" ubicada frente al hospital en Miami.

En el avión que los traería de regreso a su isla, luego de una larga estadía en Miami, Florida.

Junto a sus hermanos de sangre Noly, Cilita y Ana María. Al fondo, Elba, esposa de Noly y su cuñada Zoraida (sentada). Todos compartieron de la cena familiar en su hogar a su regreso el 13 de octubre de 2001.

El día de su bienvenida a la iglesia, domingo, 14 de octubre de 2001, haciendo su entrada por el pasillo posterior acompañado de su inseparable esposa doña Iris y de algunos familiares y amigos.

El 14 de octubre de 2001, el hermano Jesús Sánchez, amigo y escudero inseparable del pastor, expresa en un gesto amoroso la alegría de volverle a ver.

Los jóvenes de la iglesia cantan un himno dedicado al pastor en señal de calurosa bienvenida, todos con camisetas alusivas a la ocasión que leían, "Te Amamos Pastor".

El día 3 de marzo de 2002, en el altar de la iglesia. De izq. a der., doña Iris, el pastor Torres Ortega, el ex Gobernador de P. R., Lic. Rafael Hernández Colón y el pastor Luis de Jesús Ginestre.

En plena ceremonia de unción de la pastora Iris Nanette Torres Padilla a cargo de su padre, el pastor Torres Ortega. Le acompaña su madre doña Iris y su esposo Ricardo.

La pastora Iris Nanette Torres Padilla junto a su esposo, el Sr. Ricardo Figueroa Butler, en la noche de su toma de posesión como pastora general de la iglesia que pastoreó su padre por 43 años.

El 3 de marzo de 2002, están algunos dignatarios invitados a la toma de posesión de la pastora Iris Nanette Torres Padilla. De izq. a der.: Ramón Luis Rivera, hijo (Alcalde de Bayamón), Ramón Luis Rivera (ex Alcalde de Bayamón), Ing. Carlos Pesquera, Torres Ortega, Hon. Carlos Vizcarrondo (Pres. de la Cámara de Representantes) y el Lic. José Hernández Mayoral.

El pastor Torres comparte con el Hon. Miguel Hernández Agosto, ex Presidente del Senado de P. R, y su esposa, la Sra. María Casanova de Hernández, la noche de la recepción.

Junto a la familia Montañez, familia de muy buen testimonio y muy querida por la familia Torres, responsables de presentar al Señor a Iris Nanette cuando era una bebé y de llevar al pastor Torres Ortega a los pies de Jesús.

En un momento de la recepción, junto a su amiga, la Prof. doña Rosa María Cancel, especialista en Desarrollo Humano y Organización Neurológica Funcional.

El pastor Torres Ortega, junto con su esposa doña Iris, coloca la primera piedra para la construcción del Campamento Siquem el 23 de marzo de 2003.

¡Al fin pudo disfrutar sus vacaciones familiares, un año y seis meses luego de su prueba! La familia disfruta unida en un parque de diversiones en Orlando, Florida.

Pastor Torres Ortega, en su llegada a Puerto Rico, junto a Claribel Hernández Colón a quien pastoreó por muchos años y es la coautora de este libro.

Rafael Torres Ortega y su esposa, doña Iris Padilla, disfrutan de un viaje en crucero en el año 1999. ¡Tan enamorados como siempre!